全国革命老区县发展史丛书·广东卷

湛江市麻章区革命老区发展史

湛江市麻章区革命老区发展史编委会　编

SPM 南方出版传媒·广东人民出版社
·广州·

图书在版编目（CIP）数据

湛江市麻章区革命老区发展史／湛江市麻章区革命老区发展史编委会编. —广州：广东人民出版社，2021.6

（全国革命老区县发展史丛书·广东卷）

ISBN 978-7-218-15077-2

Ⅰ．①湛…　Ⅱ．①湛…　Ⅲ．①区（城市）—地方史—湛江　Ⅳ．①K296.54

中国版本图书馆 CIP 数据核字（2021）第 105102 号

ZHANJIANG SHI MAZHANG QU GEMING LAOQU FAZHANSHI

湛江市麻章区革命老区发展史

湛江市麻章区革命老区发展史编委会　编

出 版 人：肖风华

责任编辑：钱飞遥
文字编辑：郝婧羽
装帧设计：张力平等
责任技编：吴彦斌　周星奎

出版发行：广东人民出版社
地　　址：广州市海珠区新港西路 204 号 2 号楼（邮政编码：510300）
电　　话：（020）85716809（总编室）
传　　真：（020）85716872
网　　址：http://www.gdpph.com
印　　刷：广州市浩诚印刷有限公司
开　　本：715mm×995mm　1/16
印　　张：20.25　插　页：8　字　数：312 千
版　　次：2021 年 6 月第 1 版
印　　次：2021 年 6 月第 1 次印刷
定　　价：76.00 元

如发现印装质量问题，影响阅读，请与出版社（020-85716808）联系调换。

售书热线：（020）85716826

广东省编纂《革命老区县发展史》丛书
指导小组

组　　长：陈开枝（广东省老区建设促进会会长）

副组长：林华景（广东省老区建设促进会常务副会长）

宋宗约（广东省农业农村厅二级巡视员、广东省老
区建设促进会副会长）

刘文炎（广东省老区建设促进会副会长）

郑木胜（广东省老区建设促进会副会长）

姚泽源（广东省老区建设促进会副会长兼秘书长）

谭世勋（广东省老区建设促进会副会长）

廖纪坤（广东省农业农村厅总经济师）

办公室

主　　任：姚泽源（兼）

副主任：韦　浩（广东省农业农村厅扶贫协作与老区建设处
处长）

柯绍华（广东省老区建设促进会副秘书长）

伍依丽（广东省老区建设促进会副秘书长）

微信扫描二维码 ◀◀◀
您立即获得本书作者的
相关资料。

《湛江市麻章区革命老区发展史》编纂委员会

主　　　任：符　贤（中共湛江市麻章区委书记）

常务副主任：杨杰东（中共湛江市麻章区委原副书记、麻章区原区长）

常务副主任：陈思远（中共湛江市麻章区委副书记、麻章区代区长）

副主任：黄大庆（中共麻章区委副书记）

　　　　　柯　召（麻章区副区长）

　　　　　余康培（麻章区政协原主席、麻章区老促会会长）

　　　　　黎　劲（麻章区政协原副主席、麻章区老促会常务副会长）

成　　员：陈沿龙（中共湛江市区委常委、区委办主任）

　　　　　杨小珏（麻章区副区长、麻章镇委书记）

　　　　　黎相辉（麻章区政府办主任）

　　　　　陈周悦（麻章区湖光镇委书记）

　　　　　王文光（麻章区太平镇委书记）

　　　　　冯　波（麻章区财政局局长）

　　　　　宋晓燕（麻章区委宣传部副部长）

　　　　　吴晓捷（麻章区农业农村和水务局书记）

　　　　　郑　聪（麻章区农业农村和水务局局长）

　　　　　郑永丰（麻章区教育局局长）

　　　　　吴　坚（麻章区交通运输局局长）

　　　　　陈　羽（麻章区民政局局长）

洪小泽（麻章区科工贸和信息化局局长）

李宏武（麻章区卫生健康局局长）

彭柏森（麻章区档案局局长、地方志办主任）

庞颖慧（麻章区人力资源和社会保障局局长）

吕珠明（麻章区文化广电旅游体育局局长）

林　颂（麻章区生态环境分局局长）

杨润富（麻章区医疗保障局局长）

彭　彬（麻章区麻章镇委副书记、镇长）

李　盛（麻章区湖光镇委副书记、镇长）

周忠民（麻章区太平镇委副书记、镇长）

编辑办公室：

主　　　编：余康培

副 主 编：黎 劲　黄民英　高关保　何公博　卢子任

执 行 主 编：高关保

执行副主编：卢子任

图片摄影编辑：黄民英　彭镇强　彭光斌

文 字 校 对：何公博　陈元伟　梁兆梅　方良贤

　　　　　　　陈炳光　冯炳生　陈鸣鸿

在举国欢庆新中国成立 70 周年前夕，中国老区建设促进会王健会长请我为《全国革命老区县发展史》丛书作序，作为一名在老区战斗过并得到老区人民生死相助的老兵，回首往事，心潮澎湃，感慨万千，深感义不容辞，欣然应允。

中国革命老区，是以毛泽东为代表的中国共产党人在领导人民推翻帝国主义、封建主义和官僚资本主义三座大山，争取民族独立和人民解放伟大斗争中建立的革命根据地，在这片红色的土地上，诞生了无数可歌可泣的革命英雄儿女，为后人树起了一座不朽的丰碑，她是新中国的摇篮，是党和军队的根。

在艰苦卓绝的战争年代，老区人民把自己的命运与中华民族的命运紧紧地联系在一起，与中国共产党和人民军队的命运紧紧地联系在一起，他们生死相依，患难与共。我曾亲历过战争年代，并得到过老区红哥红嫂的救助，切身感受到发生在身边的一幕幕撼天动地的革命故事，在那极其艰难的条件下，老区人民倾其所有、破家支前，不怕艰难困苦，不怕流血牺牲。"最后一碗米送去做军粮，最后一尺布送去做军装，最后一件老棉袄盖在担架上，最后一个亲骨肉送去上战场"，这是当时伟大的老区人民为建立新中国做出巨大牺牲的真实写照，它将永远镌刻在中国共产党、中国人民解放军、中华人民共和国的历史丰碑上。他们的光辉业绩永载史册，他们的革命精神必将影响一代又一代的革命新人，造就一代又一代的民族脊梁。

在社会主义革命和建设时期，革命老区和老区人民响应党的号召，面对落后的面貌、脆弱的经济、恶劣的生态环境，他们本色不变，精神不丢，自力更生，艰苦奋斗，干一行爱一行。始终坚持"革命理想高于天"，自觉做共产主义远大理想的坚定信仰者和忠实实践者，勇于向恶劣的自然环境和贫穷落后宣战，他们在各条战线上为国建功立业，用平凡的双手创造了一个又一个不平凡的奇迹，彰显了老区人的崇高精神和人格力量。

在改革开放的伟大进程中，老区人民解放思想，勇于创新，发奋图强，攻坚克难，老区的经济社会建设取得了辉煌成就。特别是在改变中国的面貌、中华民族的面貌、中国人民的面貌、中国共产党的面貌的伟大实践中发挥了至关重要的作用。老区人民既是改革开放的参与者，也是改革开放的推动者。

艰苦练意志，危难见精神。老区人民在近百年的革命战争、社会主义建设和改革开放的伟大实践中，孕育形成了伟大的老区精神：爱党信党、坚定不移的理想信念；舍生忘死、无私奉献的博大胸怀；不屈不挠、敢于胜利的英雄气概；自强不息、艰苦奋斗的顽强斗志；求真务实、开拓创新的科学态度；鱼水情深、生死相依的光荣传统。这是党和人民宝贵的精神财富、丰厚的政治资源，是凝心聚力、振奋民族精神的重要法宝，也是社会主义核心价值观的重要内容。

中国老区建设促进会怀着强烈的政治责任感和历史使命感，组织全国各地老促会人员克服困难，尽心竭力编纂《全国革命老区县发展史》丛书，记录老区的光辉历史和辉煌成就，传承红色基因，弘扬老区精神，是功在当代、利及千秋的一件大事。手捧这部丛书的部分书稿，读着书中的故事，倍感亲切，深感这部丛书具有资政、育人、存史的社会功能，有着重要的时代和历史价值。它是不忘初心、牢记使命的源头活水，是赞颂共产党、讴歌老区人民的一部精品力作，是弘扬老区精神、传承红色记忆的丰厚载体，是一项继承优秀传统文化、弘扬革命文化、发展社会主义先进文化，坚定"四个自信"的宏大文化工程。它必将成为一种文化品牌，为各界人士了解老区宣传老区支持老区提供一部有价值的研究史料。希望读者朋友们能从中了解并牢记这些为党和民族的利益不断奉献的老区人民，从中得到教益，汲取人生奋斗的精神动力。

　　新时代赋予新使命，新起点开启新征程。让我们更加紧密地团结在以习近平同志为核心的党中央周围，坚持以习近平新时代中国特色社会主义思想为指导，增强"四个意识"，坚定"四个自信"，做到"两个维护"，弘扬老区精神，铭记苦难辉煌。为实现"两个一百年"奋斗目标，实现中华民族伟大复兴的中国梦作出新的更大的贡献！

邵清田

2019 年 4 月 11 日

　　2017 年 6 月，中国老区建设促进会组织全国各地老促会启动编纂《全国革命老区县发展史》丛书，按照"建立中国共产党、成立中华人民共和国、推进改革开放和中国特色社会主义事业"三大里程碑的历史脉络，系统书写革命老区百年历史，深入挖掘革命老区红色文化资源，这对于充实丰富中国革命史籍宝库、在新时代传承红色基因、弘扬革命精神、强固根本，对于激励人们在新的历史条件下夺取中国特色社会主义伟大胜利，实现中华民族伟大复兴的中国梦具有重要意义。

　　丛书编纂以习近平新时代中国特色社会主义思想为指导，以《中国共产党历史》《中国共产党的九十年》等重要文献为基本依据，以党的领导为核心，以老区人民为主体，以老区发展为主线，体现历史进程特征，突出时代发展特色，坚持辩证唯物主义和历史唯物主义相统一、历史真实性与内容可读性相统一的原则，书写革命老区从站起来、富起来到强起来的光辉革命史、不懈奋斗史、辉煌成就史，把老区人民的伟大贡献、伟大创造、伟大成就、伟大精神充分展示出来，形成一部具有厚重历史特征和鲜明时代特色的精品力作。这是一部培根铸魂、守正创新，既为历史立言，又为时代服务，字里行间流淌着红色血脉、催生着革命激情的传世之作。丛书的编纂出版将成为讴歌党讴歌人民讴歌时代、传播红色文化、为革命老区和老区人民树碑立传的重要载体。

丛书按照编年体与纪事本末体相结合、以编年体为主的编写体例确定框架结构；运用时经事纬、点面结合的方式记述史实；坚持人事结合、以事带人的原则处理人与事的关系；采取夹叙夹议、叙论结合以叙为主的方法展开内容。做到了史料与史论、历史与现实、政治与学术统一，文献性、学术性、知识性相兼容。

为编纂好《全国革命老区县发展史》丛书，打造红色文化品牌，中国老区建设促进会认真组织积极协调，提出政治立场鲜明、史料真实准确、思想论述深刻、历史维度厚重、时代特色突出、编写体例规范、篇目布局合理、审读把关严格、出版制作精良的编纂出版总要求，力求达到革命史籍精品的精神高度、思想深度、知识广度、语言力度，增强丛书的权威性和社会影响力。各省（区、市）、市（州、盟）、县（市、区、旗）老促会的同志，以强烈的使命感、责任感和紧迫感，勇于担当，积极作为，认真实施，组织由老促会成员、专家学者等参加的十余万人编纂队伍。编纂工作主体责任在县，省、市组织协调、有力指导、审读把关。各方面人员以高度负责的精神和科学严谨的态度，满腔热情地投入工作，为丛书编纂出版做出了重要贡献。丛书编纂工作还得到了党和国家有关部委、地方各级党委政府及有关部门的大力支持和积极参与，社会各界也给予了热情帮助。中共中央政治局原委员、中央军委原副主席、原国务委员兼国防部长迟浩田上将，对老区人民怀有深厚感情，对革命老区建设发展十分关注，欣然为《全国革命老区县发展史》丛书作总序。

丛书由总册和1599部分册（每个革命老区县编纂1部分册）组成，共1600册。鉴于丛书所记述的史实内容多、时间跨度长和编纂时间紧，不妥之处，敬请批评指正。

中国老区建设促进会

南路工人代表会议及麻章区第一个党支部成立活动旧址———遂溪第七小学（现麻章中心小学）

创办于1939年初的甘霖抗日民众夜校（设在梁氏宗祠内），该校培养了300多名抗日骨干分子。该旧址2005年被湛江市政府评为重点文物保护单位

麻章镇笃头村交通情报站之一——四王庙旧址（重建）

土地革命时期雷州半岛革命领导人之一——卢保昌故居

麻章镇革命老区村西边村的革命烈士纪念碑

大路前桥旧址。1947年，南路解放军在此桥附近高地伏击罪大恶极的国民党少将戴朝恩（铁胆）及其手下

图为隆泰书店旧址。1939年，中国共产党在太平圩设立"隆泰书店"，该店是党的地下交通情报联络站

飞马连成立遗址——畅侃村陈氏宗祠

1948年，中共遂溪县东南区飞马连在现麻章区畅侃村陈氏宗祠前成立。连长殷福、指导员王南炳、副连长蔡南。该村在接应国民党六十二军邱德明、彭智浚部起义和解放湛江市的战斗中做出了贡献

图为南夏路口界墙战场旧址。1949年8月，粤桂边纵二支新五团在此伏击敌某团特务连

中共湛江市工委在解放湛江战前筹备会议旧址——麻章镇古河村徽泉公祠

抗日战争时期遂溪县委党员培训班旧址——太平镇洋村东吴氏宗祠

青抗会、抗日交通联络站旧址——洋溢村黄氏宗祠

中共广州湾党支部、抗日交通情报联络站旧址——祝美村吴氏支祠

麻章区委书记符贤（左三）深入湖光镇革命老区村庄指导新农村建设

2018年8月，区委书记符贤（左三）带领区四套班子有关领导到太平镇调研贫困老区村产业结构调整工作。区委常委温平（左二）、区人大常委会副主任李景隆（左一）、区政府副区长柯召（左四）陪同

广东省老区促进会陈开枝会长（右）在麻章区区长杨杰东（左）陪同下，深入到太平镇角塘村了解老区新农村建设

2020年3月，区委副书记、代区长陈思远（右二）和区委常委、组织部部长陈敏（左三）、区政协副主席王立光（右一）在湖光镇调研振兴农村工作。镇委书记陈周悦（左二）、区农业农村和水务局局长郑聪（左一）陪同

广东省老区促进会陈开枝会长（左）在麻章区副区长柯召（右）陪同下，到麻章区了解老区新农村建设

麻章区委副书记黄大庆（左二）带队督查革命老区村人居环境整治工作

左图：原兰州军区副司令员、中将陈超将军（左二）回到他曾经活动过的抗日革命老区村甘霖村。区老促会会长余康培（左三）、常务副会长黄民英（右一）、副会长高关保（左一）陪同

右图：麻章区老促会成员在研究编写《湛江市麻章区革命老区发展史》

左图：革命老区村麻章村发扬革命传统，在社会主义建设中做出贡献，获得国务院表彰

上图：麻章区城区一角

湛江高铁西站，坐落于麻章镇老区村笃豪、柳坑、迈合岭、冯家塘、车路溪等村之间

可与城市媲美的革命老区村——麻章镇沙墩村新貌

花园式的革命老区村——黄外村鸟瞰图

革命老区村——东岸村
新貌

麻章区革命斗争的策源
地——原遂溪第七小学、
现麻章中心小学新貌

革命老区村——广东省
二级渔港码头的太平镇
通明村新貌

广东省生态文明示范村——抗日时期革命老区村大路前村

革命老区村湖光镇祝美村新貌

老革命王桂芳（又名黄建涵）出资兴建的、长1000米的湖光镇老区村临东村主路，村民称之为"桂芳路"

革命老区村——城家外
村新颜

使周围几条革命老区村
都受益的六坑水塔

位于革命老区村后湾村之西的年产值超十亿元的湛江德利车辆配件有限公司

位于革命老区村潮发、后湾村之间的碧桂园城邦花园

位于革命老区村合流村东的高新技术企业广东诺科冷暖设备有限公司

位于革命老区村三佰洋、
合流村之间的湛江安度斯
生物有限公司

位于革命老区村合流村、
三佰洋村之间的燕塘乳业
有限公司

湛江市生态文明村——革
命老区村坡塘村

微信扫描二维码
您立即开展本书的
延伸阅读。

2018 年春，麻章区老促会根据中国老促会、广东省老促会关于编写《革命老区发展史》丛书的要求，麻章区委区政府高度重视，成立《湛江市麻章区革命老区发展史》丛书编写委员会，下设编辑室并指定由区老促会负责主编。此后，区老促会组织编写人员开展工作。

现麻章区所辖麻章、湖光、太平三个镇。在革命斗争各时期隶属于中共遂溪县委和广州湾租界的党组织所领导。

麻章区人民具有抗法斗争的革命光荣传统。早在土地革命时期，就建立中共党组织，建立农民协会，打土豪，分田地，进行土地革命。抗日战争爆发后，麻章区各界爱国仁人志士，掀起抗日革命热潮，成立党组织青抗会、农会和武装村队、通讯联络站、妇女会等组织，进行抗日战斗。解放战争时期，建立与发展党的组织，成立交通联络站，壮大与发展乡村武装游击队，发动与组织青壮年加入中国共产党武装队伍——南路人民解放军参军参战。在当年极端困难条件下，麻章区人民群众节衣缩食，支持革命斗争，把各村的枪支、弹药、粮食、现金等捐献出来支援革命，传递革命情报，护理战伤病员，冒着杀头危险，掩护在农村工作的各级党的领导人和革命同志等。麻章区的广大党员干部和广大人民群众，为中国人民的解放事业作出了牺牲和贡献。

新中国成立前，麻章地区参加抗日战争和解放战争的老区人民群众有 6 万多人，加入中国共产党的有 516 人，直接参军参战的人员有 1943 人，英勇牺牲的革命烈士有 78 人（不含失踪人员）。

新中国成立后，经三次评划革命老区村庄，并获广东省人民政府批准，麻章区共有 110 个老区村庄，其中抗日战争老区村庄 57 个，解放战争老区村庄 53 个。老区村庄人口和土地面积分别占全区的 53% 和 61%。同时，麻章镇和太平镇被评为革命老区镇。

麻章区委、区政府及区老促会始终惦记着各个老区镇、村的发展，决心为老区排忧解难，为老区服务，提高老区人民的生活水平。据统计，老区人民的人均收入也由 1949 年的 30 元提高至 1978 年的 110 元，再到 2017 年的 15065 元，比 1978 年增长近 136 倍。2018 年，老区人民的人均收入 16717 元。现在，全区上下响应党中央的号召，全面实施振兴乡村战略。我们坚信，在麻章区委、区政府的正确领导下，一个宜居宜业、面貌焕然一新的麻章新农村将展现在世人面前。

经过一年的努力和各方支持配合，《湛江市麻章区革命老区发展史》应运而生。这是一本集思想性、知识性、革命性较强的革命老区发展史的实录。本书观点鲜明，史料翔实，是一份对革命后代和广大青少年进行爱国主义教育和革命传统教育的地方教材，她将启迪我们从历史革命斗争中认识中国共产党的英明和伟大，使我们认识到中国革命的伟大胜利，新中国的建立来之不易，更加激发我们饮水思源，不忘先烈，继承和弘扬前辈的革命传统和斗争精神。展望未来，麻章区老区人民群众，将继续革命，不忘初心，牢记使命，在习近平新时代中国特色社会主义思想的指导下，在以习近平总书记为核心的党中央的领导下，高举中国特色社会主义伟大旗帜，继续前行！

《湛江市麻章区革命老区发展史》编委会
2020 年 2 月

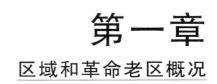

第一章

区域和革命老区概况

　　湛江市麻章区位于雷州半岛东北部，湛江市中心城区西部和南部。东经 110°73′—110°29′，北纬 20°55′—20°47′。东南临雷州湾，面向南海。东与赤坎区、霞山区相邻。西北与遂溪县接壤，西南与雷州市以通明河为界。麻章区总面积 805.73 平方千米，其中陆地面积 479.7 平方千米（含国有湖光农场）。现直辖麻章镇、太平镇、湖光镇和间接辖国有湖光农场。属于热带季风气候，年均气温 23.8℃，气候湿润，四季如春。

第一节 历史沿革及行政区域

麻章区地域于隋开皇十年（590 年）设置铁杷县，县治在今麻章区湖光镇旧县村。唐天宝二年（743 年），铁杷县更名遂溪县，县治仍在旧县村。北宋开宝五年（972 年）撤销遂溪县并入海康县，县治遂废。南宋绍兴十九年（1149 年）恢复遂溪县，南宋乾道四年（1168 年）迁址惠民坊，即今遂溪县治。元朝初，设在硇洲岛的翔龙县撤销并入吴川县。明隆庆年间，倭寇骚扰老区内沿海村庄，明王朝令建白鸽寨，在调蛮村（今太平镇通明村）驻扎水师，专司"海上备倭"之责，白鸽寨成为雷州水师重镇。清光绪二十五年（1899 年），法国强租广州湾。区境的寸金桥—云头—志满—湖光岩—旧县—新圩—太平—洋村等以东南被划入广州湾租界。1943 年 2 月，日军侵占了广州湾，麻章区又一度被日军占领。1945 年 8 月 15 日，日本宣布无条件投降，同年 9 月 21 日，国民党政府正式接收广州湾。国民党政府收回广州湾后，于 1946 年 1 月 1 日在原地域成立湛江市，郊区置潮满、新鹿、坡头、北渭、东山、东简、通平、硇洲 8 个区。

新中国成立后，1950 年，郊区设置潮满、新鹿、东海、硇洲、通平、滨海 6 个区公所，仍由湛江市人民政府直接管辖。后部分区域有变动，1951 年滨海区划归吴川县，通平区划归遂溪县，后又划回来（1961 年，太平公社划归郊区管辖）。1956 年 4 月，湛江市设置郊区工作办公室管理郊区的行政事务。1957 年 5

月，成立郊区办事处，为市政府派出机构。1958 年 10 月，原属遂溪县下辖的甘霖、麻章、迈龙、迈合 4 个乡划回湛江市郊区。1970 年 8 月撤销郊区办事处，将海头公社和麻章公社分别划归霞山区和赤坎区管辖，其他区域由市政府直管。1973 年 1 月，经省批准恢复郊区办事处，仍是湛江市革委会的派出机构。郊区办事处管辖麻章、湖光、太平、海头、东山、民安、东简、硇洲、南三、坡头、龙头、乾塘等 12 个公社，共 220 个生产大队、3652 个生产队。1979 年 3 月，又将龙头公社分为龙头、官渡两个公社。1983 年撤社建区改乡成立村委会，郊区共设 13 个区公所，辖 122 个乡，970 个村委会。同年地市合并，实行市领导县体制。

1984 年 6 月 25 日，广东省人民政府批准湛江市郊区为县级建制市辖区。1992 年 7 月，划出民安、东山、东简、硇洲 4 个镇成立东海经济开发试验区（人民代表工作和武装、检察、审判仍属郊区）；郊区行政管辖的有麻章、湖光和太平 3 个镇。1994 年 10 月 10 日，经国务院批准，湛江市郊区更名为湛江市麻章区。1997 年 1 月，麻章区委区政府驻地正式从霞山迁到麻章镇。2004 年，麻章区管辖的麻章、湖光、太平 3 个镇共设村委会 64 个。2017 年，麻章区有 247 个自然村，设 91 个村委会，9 个居委会。总人口 301216 人（含国有湖光农场），其中乡村人口 161916 人，常住人口 274064 人，城镇化率 46.25%。

资源条件

麻章区的地形主要是雷北火山群形成的台地和滨海平原。区内最高点是北部与遂溪县为界的笔架岭，海拔 176.7 米。笔架岭向东南由高渐低，低处是洋田（即调塾洋和畅侃洋），再由低渐高延伸至交椅岭，海拔 165.3 米，构成"马鞍状"地形。交椅岭向东、向南延至海边是冲积平原。麻章区的南部是台地，长年受雨水冲击地形不平坦，直到武乐水（城月河）和雷州湾海岸，岸边形成小块冲积平原。

一、区域位置

麻章区位于湛江市中心城区以西，地处湛江市西南交通咽喉部位，距湛江机场 8 千米。区内铁路有黎湛线、粤海线、广湛高速铁路，高铁西站在区政府以西 2 千米处。还有国道 325 线、207 线，玉湛高速公路，省道 373 线、374 线、293 线、288 线、545 线，雷湖快线，湛江大道穿行其中，瑞云路、南通路、金川路、金河路、政通路、寸宝路、广海路、朝南路、南方路、湖海路、麻南路遍布麻章城区，市道 670 线、668 线、669 线及各乡道、村道纵横交错穿插其中，交通十分便利。麻章区属于热带季风气候，年均气温 23.8°C，气候湿润，年均降雨量 1480 毫米 – 1780 毫米，四季如春。麻章区是湛江市发展工业、商业、交通、物流、房地产等不可多得的宝地。

二、自然资源

（一）土地资源

全区陆地479.7平方千米，其中耕地19.19万亩，林地8万亩，荒地0.12万亩，其他用地27.31万亩。还有海滩涂30万亩（其中湖光镇18万亩、太平镇12万亩）。砖红壤土是麻章区主要的土壤类别之一，砖红壤由玄武岩风化发育形成，含铁质较多，主要分布在马鞍形的较高地带。其他台地分布沙质土，土质较脊瘦，渗水量大。

（二）水资源

麻章区海岸线长74.5千米，海滨土壤主要有盐渍沼泽土和海滨盐土、滨海砂土。在沿海靠近淡水资源的地方开辟为农田，其他地域有全国面积最大、保护完整的红树林。由于东海岛的屏障作用，雷州湾内海海域风浪小，适合海水养殖，常年放养鱼类、贝类，养殖面积达3万—5万亩。麻章区内无大河流，主要有铁钯河（又名旧县河），发源于境内官田岭，全长34千米；武乐水全长33.7千米；通明河全长28.1千米。这些河流水流量小，均在麻章区内流入雷州湾。

（三）动植物资源

1. 动物资源

海产动物：有海洋鱼类17目73科131属170种，主要有大黄鱼、带鱼、马友、马鲛、白鲳、刺鱼、石斑、鱿鱼、墨鱼、海蜇、沙虫、泥虫、鲈鱼、虾、大眼鲷、乌贼、牡蛎、中国鲨……淡水动物有：鲩鱼、鳊鱼、鳙鱼、鲫鱼、鲤鱼、草鱼、乌鱼、泥鳅、鲭鱼、塘虱、各种螺……野生动物：龟、马鬃蛇、金环蛇、银环蛇、水蛇、眼镜蛇、蟒蛇、蜥蜴、山猪、穿山甲、松鼠、黄鼠狼、狐狸、鼠、蝙蝠、青蛙、蟾蜍、野蜂、竹蜂、蜈蚣、蝎子……

2．植被资源

热带季风雨林是区境森林植被主要类型，有大戟科、无患子科、茜草科、楝科、桑科、樟科、松科等几百种。常见灌木主要有桃金娘、岗松、两面针、刺勒木、山芝麻。草本植物有芒萁、含羞草、香附子、山芝麻、蜈蚣草、画眉草、马鞭草、地胆头、金钱草、仙人掌等几十种。红树林有 3.48 万亩，植被种类有 18 科 21 种，主要有秋茄、桐花、海桑、木榄、海漆、水椰、黄模、海芒果、红茄冬等。

（四）矿产资源

麻章区矿产资源丰富，金属矿产有钛铁矿、锆英矿等；非金属矿产有玄武岩、高岭土、泥炭土、建筑用砂等。能源矿有低级褐煤、未炭化木材和地热。还有藏量丰富的矿泉水。

（五）旅游资源

麻章区旅游资源丰富。湖光岩位于麻章区湖光镇内，是国家 AAAA 级旅游景点。湖光岩是 16 万年前雷北火山群爆发形成的产物，是中国唯一的玛珥湖，已被联合国教科文组织批准为世界地质公园。湖光岩风景秀丽，环境优雅，景色独特，历来为墨客骚人向往，宋代丞相李纲在这里亲笔题写"湖光岩"三个大字（后人已石刻）。每年参观人数超过 60 万人次。

革命老区情况

麻章区现辖三个镇，其中麻章、太平两镇是革命老区镇。全区有革命老区村庄 110 条，其中抗日战争时期革命老区村庄 57 个，解放战争时期革命老区村庄 53 个，全区老区人口 15 万人，占全区人口总数 53%，全区耕地 19.19 万亩，老区耕地 11.8 万亩，占全区耕地面积 61.49%。在革命战争年代，全区老区有 6 万多名群众出钱、出粮、出物支援革命，有 1943 人为革命参军参战，有 78 人牺牲并被评为烈士。麻章区人民为中国人民的解放事业做出了不可磨灭的贡献，其中，麻章镇和太平镇被评为革命老区镇。

一、革命老区镇情况

老区镇麻章镇具有光荣的革命传统，1898 年法国侵略者占领广州湾时，麻章人民就于第二年组织了麻章抗法斗争营部，拿起土枪、大刀、长矛，架起土炮，取得新埠之战、双港之战和东菊（麻章）之战的完全胜利，杀得法军不敢越寸金桥半步。在抗日战争和解放战争中，麻章镇人民不畏强敌，有 308 人参加共产党（其中甘霖村 56 人），建立了 3 个党总支部，17 个党支部，15 个党小组；585 人参军参战（其中甘霖村 123 人），46 人被评为革命烈士（其中甘霖村为革命献出生命的有 29 人，被评为烈士的有 19 人），被敌人杀害的群众有 12 人，被敌人打残的有 18 人，被捉坐牢的有 238 人次。此外，被烧房屋 400 多间，被烧甘蔗地 160 多亩，被抢耕牛、生猪、三鸟、财物等一大批。新中国成立后，43 个村庄被评为抗日战争时期革命老区村庄，20 个村庄被评为解放战争时期革命老区。老区镇太平镇也极具革命传统，在法国侵略者占领太平镇时，太平人民就多次组织义军反抗。土地革命时期，东岸青年投身革命，1930 年就诞生了太平地区第一个中国共产党党员。在抗日战争和解放战争中，太平镇人民有 148 人加入共产党组织，加入农会的有 2240 人，加入妇女会的有 1890 人，近 300 人直接参军参战，全镇牺牲 30 多人，27 人被评为革命烈士。解放后，9 个村庄被评为抗日战争时期革命老区村，21 个村庄被评为解放战争时期革命老区村。

湖光镇虽然不是革命老区镇，但在法国侵略者侵占广州湾初期，就成立以彭竹修为营官的 250 人抗法斗争志满营，该镇青壮年 130 多人加入，全营英勇善战，参加溪仔塘、新埠、双港和麻章等战斗。在抗日战争和解放战争中，该镇有 60 人加入中国共产党，直接参军参战的有 177 人，支前 361 人，捐白银 1307 块、粮食 8.6 万公斤、枪支 43 支，被敌人杀害 10 多人，被评为烈士的 6 人。新中国成立后，被评为抗日战争时期革命老区村庄的有 5 个，被评为解放战争时期革命老区村庄的有 12 个。

二、革命老区村情况

新中国成立后，经四次评划，麻章区革命老区村庄共 110 个。

1. 1958 年经广东省人民政府批准，麻章区共有 12 个村庄被评为革命根据地和游击区，即麻章镇的甘霖、田寮、水粉、洋溢、三佰洋下、笃头、七星岭、西边山（含内村）、龙井、外园，太平镇的南夏、后塘仔。

2. 1989 年被评为抗日战争时期革命老区村庄的有：麻章镇

33 个村庄，大路前、赤岭、沙墩、北罗坑、柳坑、麻章、林屋、三佰洋上、三佰洋中、迴龙内、迴龙外、新坡仔、冯家塘、英豪内、英豪中、车路溪、北沟、后湾、鸭曹、水口、黄屋、岭仔、水塘、西边、合流、克初、古河、符竹、高阳、大鹏、新赤水、老赤水、调塾；太平镇 7 个村庄，文里、田头尾、东岸、肖渔、通明、塘边西、洋村东；湖光镇 5 个村庄，临东、临西、群麻坡、祝美、蔡屋。

3. 1989 年被评为解放战争时期革命老区村庄的有：麻章镇 3 个村庄，聂村、冯村、沙沟尾；湖光镇 1 个村庄，料村。

4. 1992 年被评为解放战争时期革命老区村庄的有：麻章镇 17 个村庄，后北、潮发、迈龙、黄外、白水坡、李家、杨屋、花村、畅侃、城家外、郭家、云头下、谢家外、东边岭、江门坡、迈合岭、大塘；太平镇 21 个村庄，海岚、南山下、上店、下店、山后、后坑、角塘、甘园、文昌、东黄、仙凤、其连、仙村、恒泰、乌塘、文里叶、文里李、卜品、调浪、陈渔、洋村西；湖光镇 11 个村庄，大坡、塘北、坡塘、竹山、体村、赤忏、云脚、司马、群井、交椅岭、后坛。

第四节 老区建设促进会机构

　　麻章区老区建设促进会成立于 1991 年 1 月 11 日。其主要宗旨是：关心老区，热爱老区，为老区建设服务，为老区人民谋利益，推动老区创新进取，加速发展。其业务职能是：（1）宣传老区，宣传党和政府对老区建设的方针政策，宣传老区历史，宣传老区改革发展的新人新事、新风貌，形成全社会关心支持老区建设的氛围；（2）深入老区镇、村搞调研，总结经验，反映老区人民的诉求和问题，积极向区委区政府及有关职能部门提供加快老区建设的建议；（3）协助党委、政府做好革命斗争史的编写，建立革命烈士纪念碑，保护、维修革命活动遗址，收集整理革命斗争历史文物，建立革命传统教育基地，发展老区教育、科技、文化、卫生等事业，积极扶持老区创业培训和开发老区资源，促进老区加快发展经济和创新；（4）加强与各地老促会的联系与沟通，共同促进老区建设发展。

　　麻章区老区建设促进会（下称"老促会"）成立后，在麻章区党委、区政府的领导下，各届理事们虽然已上了年纪，但对老区村庄的关心没有变，积极挖掘老区村庄的革命史迹，编写革命史料，努力为革命老区村庄的发展摇旗呐喊，想方设法为老区村庄经济建设、人民生活水平的提高而勤恳服务。

　　麻章区老促会第一届理事会，1991 年 4 月 30 日至 1995 年 1 月 11 日，有理事长、副理事长共 7 人。

麻章区老促会第二届理事会，1995 年 1 月 11 日至 1998 年 7 月 14 日，有理事长、副理事长共 5 人。

麻章区老促会第三届理事会，1998 年 7 月 14 日至 2002 年 7 月 12 日，有理事长、副理事长共 5 人。

麻章区老促会第四届理事会，2002 年 7 月 12 日至 2005 年 1 月 18 日，有理事长、副理事长共 5 人。

麻章区老促会第五届理事会，2005 年 1 月 18 日至 2010 年 6 月 13 日，有顾问、名誉理事长、理事长、副理事长、秘书长、副秘书长共 7 人。

麻章区老促会第六届理事会，2010 年 6 月 13 日至 2017 年 3 月 28 日，有理事长、副理事长、秘书长、副秘书长共 7 人。

麻章区老促会第七届理事会，2017 年 3 月 28 日至今，有理事长、副理事长、秘书长、副秘书长共 7 人。

第二章

大革命时期与土地革命战争时期

麻章区人民早在大革命和土地革命前，就有反帝、反封建的斗争意识和实际行动。在法国侵略者占领广州湾期间，麻章区人民就拿起武器与法国侵略者进行多次不屈的斗争。1899年，他们组织了抗法斗争团练麻章营和志满营共500人，还有其他团丁1000多人；发动群众捐献大洋两万多块，到广州和香港购买土炮、枪支弹药武装团练和团丁；公推具有抗法斗争经验的冯绍琮为团总兼麻章营官，彭竹修为志满营官。团练成立后，与法军进行了溪仔塘战斗、东菊之战、双港大埠之战、黄略保卫战、平石之战等战斗，打死法军七八十人，打伤100多人，在中国近代反对外来侵略历史上写下光辉的一页。

第一节 大革命时期

在雷州地区尚处于国民党军阀邓本殷统治下时，遂溪青年黄学增和韩盈就分别于 1921 年冬和 1923 年冬加入了中共党组织，两人经常寄进步书籍到遂溪第七小学（现麻章中心小学），介绍俄国十月革命和中国五四运动的情况，启迪青少年学生树立救国救民的远大理想，为麻章地区青少年开展革命活动奠定了思想基础。1924 年，国共两党合作后，大革命运动以广州为中心向全国展开。1925 年秋，中共广东区委任命黄学增为中共南路特派员，到南路地区领导开展革命斗争，在遂溪六区（洋青一带）开展农民革命的秘密活动。1925 年 10 月，黄学增、韩盈、黄广渊、苏天春、薛文藻等人根据中共广东区委和共青团广东区委的指示，组建了中国共产主义青年团雷州特别支部。这是一个由共产党员创建，以共青团名义出现的党团混合支部。此后，遂溪有了中国共产党的正式组织。1925 年 11 月，国民革命军邹武司令率属部五百多人进驻遂溪城，受到遂溪县广大人民的热烈欢迎。至此，遂溪县的革命形势发生变化，农民革命运动的开展从秘密转为公开化，形成了遂溪县农民革命运动的新高潮。

具有抗法斗争光荣传统的麻章区广大人民，在中国共产党的领导下，在中共遂溪县党组织的直接指挥下，开展了轰动雷州地区的农民革命运动。

一、农民协会建立与发展

1925 年秋，麻章工人纠察分队成立，主要成员是麻章圩从事打铁翻砂、农具制作、搬运的工人和遂溪七小（现麻章中心小学）的师生。1925 年，麻章的洋溢等村率先成立农民协会。同年冬季，太平镇文里乡在黄荣（太平南夏村人）的发动下，成立了文里乡农民协会。

1926 年 1 月 10 日，遂溪县发布宣言，号召人民组织革命队伍，开展革命运动。1926 年 3 月，遂溪县已有 5 个区 45 个乡成立农民协会，会员共 2800 人；农民武装自卫队有 600 人。同月，广东省农民协会设立南路办事处，黄学增任主任。4 月 17 日，遂溪、海康两县发布农民协会成立联合宣言。4 月，在遂溪县党组织负责人颜卓领导下，麻章镇的农民协会正式成立，会员 205 人，农民武装自卫队 61 人，农民纠察队 21 人。至 1926 年初，麻章镇的麻章圩、洋溢、车路溪、后湾、甘霖、鸭曹、高阳、英豪、太平镇的文里乡等地也正式成立农民协会，笃头、北沟、水沟、长布、迥龙、黄外等村的农民协会小组也进一步发展，全区农民协会会员有 500 多人，农民自卫军共 150 多人。麻章区农民协会按遂溪县农民协会制定的《农会会旗》《农协会会员章程》《农民协会员须知》等制度严格办事，每村农民协会配备一面"犁头"标志的会旗和一枚椭圆形的印章，会员每人发有一枚圆形铜质胸章。此后麻章区的农民、工人革命队伍迅速壮大发展，并在麻章的调塾村、湖光的料村等地相继成立农民协会。

二、开展农民革命运动

许汝旗（1897—1975 年），又名周纪，湖光镇料村人，1925 年 4 月参加中国共产党。他受遂溪县农民协会委派，与薛经辉多次前往遂溪县界炮圩和麻章镇等处指导农民革命运动，经常深入到麻章区当时的各村农民协会和农会小组、农民自卫军、工人纠察分队当中，悉心指导这些组织开展斗争活动，使这些组织虽处国民党统治中心的广州湾前沿阵地，仍立不败之地，并在大革命中展开农民斗争运动。

1925 年 4 月 15 日（农历三月初四）麻章各地农民协会共 12 人参加在遂溪县四区（城月）召开的遂溪县农民协会成立大会，大会选举韩盈、陈光礼、邓成球、颜卓、周纪、欧善堂、周永红、黄学新等人为遂溪县农民协会执委，邓成球为委员长。麻章农民协会代表回去后，立即到三区各村进行传达，农协会的主要任务是团结发动广大农民起来与地主、土豪作斗争，改变土地占有的不合理状况，做到"耕者有其田"，因此农民的积极性空前高涨。

麻章农民协会成立后，多次参加遂溪县和麻章圩各界人士举行的游行示威活动，教广大农民唱《国民革命歌》《工农兵联合起来》等歌曲，激发农民的斗争热情和斗志。以减租减息、抗拒赋税、清匪反霸、游行集会等形式开展轰轰烈烈的农民革命斗争活动，使麻章区各级农民协会活动逐步走向正规化、合法化、战斗化。1925 年 11 月 28 日，省港罢工委员会在雷州设立办事处，重点封锁广州湾和北部湾运往香港的货物，麻章工人纠察分队立即在麻章路口（现麻章供销社至麻章中心小学一带交叉路口）设关卡，检查禁运的各类货物，支援省港大罢工。

1926 年 1 月 10 日，遂溪县人民代表大会发布宣言，号召人民组织革命队伍，开展农民革命运动。1926 年春，南路工人代表大会在今麻章中心小学召开。遂溪和广州湾部分工人参加了大会，会议决定支持省港大罢工。会后举行游行示威，高呼"打倒英法帝国主义""打倒军阀""收回广州湾"等革命口号。4 月 17 日，遂溪、海康两县发布农民协会成立联合宣言。1926 年 5 月 30 日，麻章工会、麻章学生联合会、麻章农民协会、麻章商民协会派出代表 30 多人，参加在遂溪县城召开的遂溪各界"五卅纪念大会"，大会通过《援助香港罢工决议方案》。代表回来后，纷纷加强对工人、农民、学生、商民纠察队的领导，联合在麻章设关卡，加强对禁运货物的检查。于 7 月麻章圩的一个圩日，在麻章农协会的发动和精心组织下，麻章圩邻近的笃头、北沟、车路溪、后湾、赤岭、洋溢、水塘、甘霖、田寮及黄略等村庄农协会会员突然包围了麻章圩税站，捣毁收税关卡，有效打击震慑了土豪劣绅，斗争取得初步胜利。

1926 年 6 月，由于遂溪县长伍横贯对法国侵略者大量走私货品视而不见，对农民、学生、商民纠察队联合设卡盘查走私事件有意刁难打击，从而激起麻章农民义愤，他们主动联合遂溪县一区（附城）农民协会，在县农民协会的支持下，将劣迹斑斑的反动县长伍横贯告上省政府，请求省政府将伍横贯革职，不久伍横贯被赶下台。麻章的农民革命运动显示了强大的威力。

1926 年 10 月 9 日，省港罢工委员会驻遂溪工人纠察队，奉命前往驻雷州办事处，途经革命老区麻章圩时，被反动地主民团拦截并捣毁汽车，纠察队被迫向赤岭甘霖方向撤退，被团警及源泰汽车公司数百人围攻殴打，被抢去枪械、公款和物资，特派员陈车铭、工人纠察队队长符抗雄等 26 人被拘禁于遂溪法庭，受到严刑迫害。1926 年 10 月 20 日，笃头、北沟、后湾、长布、甘霖、洋溢等各村农民协会会员、社会各界人士共 600 多人举行游行示威，高呼"释放纠察队员""严惩凶手""打倒军阀""打倒土豪劣绅"等口号。在遂溪的中共党组织的支持下，民国遂溪县署最终将法官陆法铨革职查办，并严惩了不法民团和劣绅，释放了被抓人员，退还了被抢财物，斗争取得了胜利。

1927 年 4 月 24 日，中共遂溪县委召集部分党员骨干和县、区农协会、工会负责人，在遂溪县二区的杨村圩开会，被国民党反动军警突袭，除黄广渊等几个人突围脱险外，中共遂溪县委大部分领导人及农民革命骨干被国民党军警逮捕。同日，中共遂溪县委、县农协会等机关也遭到反动军警包围查封。抱病在家的韩盈也落入了国民党手里。是年 5 月 21 日，中共南路特委委员，中共遂溪县委书记韩盈等 14 人被国民党集体杀害于遂溪县城月竹行岭。6 月 29 日，国民党军队在麻章、城月的反动民团配合下围攻乐民城农民武装，农军势单撤退。1929 年 8 月，韩盈伴侣钟竹筠不幸被捕（1929 年，在北海西炮台刑场英勇就义）。由于失去党组织的带领和指引，麻章轰轰烈烈的大革命运动失败了。

土地革命战争时期

大革命失败后，国民党疯狂"清党"和高压统治，各地农会被迫转移和隐蔽，有的解散，共产党领导人民进入极其艰苦的土地革命斗争时期。

一、继续集结力量，进行土地革命

为集结革命力量反抗国民党的野蛮屠杀行径，1927 年 5 月初，南路十五县农民代表大会在广州湾秘密召开，麻章、太平两地的农民协会均选出代表参加此次会议。会议成立了南路革命委员会，统一领导南路地区的农民武装斗争。5 月 18 日，黄广渊率领海山一带 300 多名农民自卫军在海山武装起义，麻章圩的工会、农会、学生会部分成员提前到达海山村，加入起义队伍，后随起义队伍转战到斜阳岛、东海等地进行斗争。1928 年 9 月 8 日，遂溪农民革命军领导人陈光礼率领农军与陈可章"靖安团"武装部队汇合攻打遂溪县城，遂溪县长周泽中见农民自卫军攻势猛烈，率残兵撤退到麻章圩当铺里，与麻章反动民团勾结，负隅顽抗。陈光礼率领农军追至麻章，包围当铺，因当铺楼高墙坚，农军没有攻坚武器，连攻 3 日未下，国民党当局从廉江调兵驰援，农军主动撤出战斗。1927 年 4 月 12 日，蒋介石发动"四一二"反革命政变，共产党组织遭破坏。1928 年 12 月，中共南路特委及属下机关也接连遭国民党破坏，特委领导人大部分被捕牺牲，广州湾和南路党组织与上级党组织失去联系，革命转向低潮。1929 年 9 月初，陈光礼率领农军回师廉江安铺，因力量悬殊，陈可章也潜入海南岛。

二、太平青年卢保昌，弃商走上革命路

卢保昌（1893—1932）太平东岸村人，出身农民家庭，读过数年私塾，后专门从事蒲织品生意，收入颇丰。1929 年 9 月，他在海南岛海口市经营蒲织品销售时，结识了陈可章。在陈的启蒙下，卢保昌走上了农民革命道路，加入黄广渊、陈可章领导的遂溪农民革命军。1930 年 8 月他加入中共党组织，以经营蒲织品生意为掩护，在太平的东岸村靖康公祠成立遂溪农民革命军太平联络站。陈可章、黄凌氏（遂溪黄广渊母亲）等革命者经常来往东岸村，送来了一批又一批的枪支弹药和军用服装，都分别藏在卢保昌家宅和靖康公祠。卢保昌动员和引导东岸村卢登庄等 30 多名青壮年参加遂溪农民革命军，并在靖康公祠南侧的荔枝园里进行军事训练，练习实弹射击，教官就是陈可章（外称"陈伯"）。至今东岸村还流传着卢保昌教村里青少年的自编雷州歌，歌词是"农民兄弟要翻身，赶快加入遂农军，打倒土豪和恶霸，实行耕者有其田""火烧筋骨心不死，雾露回湿又青萋，海水有落必有涨，台风横南看明年"。1931 年农历六月十八，黄凌氏带领遂溪农民革命军从东海岛出发，卢保昌带着太平农民革命军 16 人里应外合，进攻太平圩法国侵略者统治的太平公局，未克，黄凌氏撤军返回东海调那村。同年 9 月，黄凌氏再次带领遂溪农民革命军在调那村一带活动，遭到敌人的包围袭击，黄凌氏被捕，后来，被敌人杀害于遂溪城南莲花塘（遂溪二中），享年 51 岁。

1932 年农历四月初二晚，陈可章、卢保昌等人率领遂溪、太平等村农民革命军三十多人潜入海康县雷州城，策划攻打雷州城

反动派。在此战中，由于叛徒陈德桂（系卢保昌表亲，太平岭头村人，后来投靠国民党，1949年秋，解放太平时，被中共遂溪南区游击队枪决于太平圩）告密，雷州城反动派提前搜捕，陈可章脱险，卢保昌被捕，敌人许以高官厚禄，卢保昌不为所动，也不为炮烙之刑所屈服。当月初六，卢保昌英勇就义于海康县雷州城校场坡，时年39岁。他的遗体安葬于太平中学北侧荒坡上。新中国成立后遂溪县人民政府追认卢保昌为革命烈士。《湛江市人民政府革命烈士名录》《湛江市志》、雷州市历史博物馆与遂溪县革命烈士纪念碑分别记载卢保昌系遂溪县太平农民武装力量组织者。

太平农民革命军组织者卢保昌被杀后，轰轰烈烈的麻章地区土地革命运动，因遭到国民党的血腥镇压而失败。

麻章人民进行的大革命和土地革命虽然失败了，但它沉重打击了国民党黑暗势力，有力响应了当时的广州起义，也为后来的抗日战争和解放战争积累了经验。

第三章

全面抗日　驱除日寇

　　抗日战争是中国人民于 1931 年至 1945 年在中国共产党主张建立的抗日民族统一战线旗帜下，以国共合作为基础，全国各族人民共同进行的反抗日本军国主义侵略的正义战争，是世界反法西斯战争的重要组成部分，也是中国近代以来抗击外国敌人入侵第一次取得完全胜利的伟大的民族解放战争。

　　在抗日战争时期，麻章地区成为整个南路地区抗日救亡运动的中心，亦处在法国侵略者及日、伪政权中心区前沿咽喉地带，但麻章人民抗日意志坚定，决心在南路地区树立一面反抗日本军国主义的旗帜，在中共遂溪县委和广州湾党组织的领导下，抗日救亡运动蓬勃发展，在敌人眼皮底下建立了党的组织，以及游击小组、抗日自卫队等革命群众组织。麻章区有 57 个村庄成为抗日战争时期根据地，在轰轰烈烈的抗日救亡斗争中发挥了重大作用。

建立党团组织，培养救亡骨干

一、党组织的建立

1922 年，在广州参加中共党组织的黄学增回到家乡开展革命活动，点燃遂溪的革命之火。1925 年，周纪（又名许汝旗，湖光镇料村人）加入中国共产党，成为麻章区第一个共产党员。1925年 10 月，韩盈等共产党员以共青团的名义在遂溪创建雷州特别支部。1926 年 10 月，韩盈、黄广渊、钟竹筠、陈光礼、邓成球、颜卓、周纪等 12 人组建中共遂溪县部委，韩盈任书记，其余 11人任委员。此后，黄学增、韩盈经常给遂溪县立第七小学（现麻章镇中心小学）的教师学生邮寄各种进步书籍，介绍俄国十月革命和中国五四运动情况，启迪师生树立共产主义思想和救国救民远大抱负，为麻章地区青少年开展革命活动奠定了思想基础。

1931 年，日本侵略军侵占东北。1937 年 7 月 7 日找借口全面侵华，中华民族危在旦夕。1938 年 7 月，在广州江村师范学校读书的遂溪籍共产党员黄其江、陈其辉根据中共广东省委的指示回到遂溪组建抗日团体，发展党组织。他们以遂溪七小为据点开展抗日救亡活动。遂溪七小校址设在麻章圩（即现麻章中心小学前身），该小学始建于 1921 年，初名为国民小学，翌年改名遂溪县立第七小学。当时遂溪党组织通过两条线发展党员，一条是经黄其江、陈其辉发展；一条是经遂溪中学地下党员李康寿发展。

1939 年 1 月合并党组织，在赤坎潮州会馆成立中共遂溪县中心支部，黄其江任中共遂溪中心支部书记。中心党支部下设两个支部，遂溪县青年抗敌同志会（以下简称"青抗会"）党支部和遂溪县立第七小学党支部。支仁山任七小党支部书记，党员有支仁山、何森、招离、王国强。七小党支部发展高年级学生梁和（甘霖村人）和全九如、全国明（新坡仔村人）、钟江（颜村人）入党，后来王椒园又转入党组织关系，这时有党员 8 人。1939 年 5 月中共遂溪县工委成立，支仁山调入县工委负责宣传工作。遂溪七小党支部书记由何森担任。遂溪县立第七小学的共产党员和爱国师生发扬革命精神，先后奔赴抗日斗争第一线，成为党的领导干部。

1939 年 3 月，遂溪县立第七小学教师支仁山、王国强、招离等到麻章甘霖村开办农民政治夜校，在办夜校和宣传抗日救亡工作中培养了一批革命骨干，为甘霖村发展党的组织打下了基础。1939 年 1 月，七小党支部成立后决定以甘霖村为据点，建立农村第一个党支部，支仁山、王国强先后秘密吸收许旺、梁甫、梁汝新、梁汝宏等人加入中国共产党。1939 年 5 月正式成立甘霖村党支部，许旺任党支部书记，甘霖村党支部直属中共遂溪县工委领导。在抗日战争期间，甘霖村党支部共吸收村中 55 个进步青年入党，并先后派员在甘霖村周边的 12 个邻村建起党支部或党小组。甘霖村 29 人为民族解放事业献出了生命，其中被评为烈士的 19 人中就有共产党员 12 人。在抗日战争至解放战争中，经梁汝新介绍加入中国共产党的就有 61 人。他的足迹遍及麻章区 33 个革命根据地村庄和遂溪县其他革命根据地村庄。

1941 年 10 月，中共麻章田寮村党支部成立，左福为党支部书记，他还培养左金入党，左金能用制爆竹的炸药制成威震敌胆的土炸弹打击敌人。1942 年 7 月，中共太平洋村东村党支部成立，曾锡驹任支部书记。8 月中共麻章三佰洋村党支部成立，梁汝新、王秀充先后任书记。12 月，中共麻章洋溢村党支部成立，黄永全任书记。1943 年 2 月，中共麻章合流村党支部成立，郭永和任书记。是年春，中共麻章水口村党小组成立，梁保任组长。中共麻章大鹏村党小组成立，徐德桂任小组长。中共麻章车路溪村党小组成立，梁兴隆任小组长。4 月，中共麻章北沟村党支部成立，潘有珍任书记。7 月，中共麻章北罗坑村党支部成立，黄光礼任书记。8 月，中共太平南夏村党支部成立，洪志臣任书记。9 月，中共太平东岸村党支部成立，卢廉泉任书记。中共太平后塘仔村党小组成立，陈文海任组长。秋，中共麻章龙井村党支部成立，陈海任书记。冬，中共麻章赤水村党支部成立，高秉贵任书记。1944 年 3 月，中共麻章符竹村党小组成立，陈秋桂任小组长。春，中共麻章潮发村党小组成立，梁炳辉任小组长。4 月，中共麻章后湾村党小组成立，陈玉明任小组长。5 月，中共麻章古河村党支部成立，唐克敏、梁道贯先后任书记。6 月，中共麻章后湾村党小组成立，陈玉明任小组长。中共麻章杨屋村党小组成立，杨居兴任小组长。中共太平南山下村党小组成立，归太平南夏村党支部管辖。中共麻章英豪中村党小组成立，梁汝新任小组长。中共太平调浪村党小组成立，吴定广任组长。7 月，中共麻章西边村党支部成立，黄典伍任书记。9 月，中共太平文里村党小组成立，李福弟任组长。是年秋天，中共太平洋村西村党小组成立，徐燕吉任组长。同时还有：中共麻章外园村党小组成立，冯锡明、冯昌周先后任小组长。中共麻章西边山村党小组成立，黄学品任小组长。中共麻章七星岭村党小组成立，冯道才任小组长。中共麻章迈龙村党小组成立，黄自英任小组长。中共麻章克初村党支部成立，唐克敏、梁汝新先后任书记。

1945 年 1 月，中共麻章沙沟尾村党支部成立，李仕颖任书记。中共太平卜品村党小组成立，林生任组长。2 月，中共麻章新坡仔村党支部成立，全如仁任书记。中共太平塘边村党小组成立，杨太增任组长。春，中共湖光蔡屋村党小组成立，蔡成仕任组长。5月，中共通明村党小组成立，林生任组长。6月，中共湖光群麻坡村党支部成立，梁汝新任书记。同月，中共湖光临西村党小组成立，何达江任小组长。中共湖光临东村党小组成立，王达远任小组长。7月，中共湖光祝美村党支部成立，梁汝新任书记。1945年党组织又派梁汝新到群麻坡工作，吸收孙其昌、孙太毫、孙安家加入中国共产党，成立群麻坡村党支部，梁汝新任支部书记，接着又吸收何鸿盛、孙那希、孙太发、蔡庆三等人入党。

抗日战争时期，现麻章镇分属遂溪东区和中区管辖。遂溪东区区委管辖麻章、笃豪、鸭曹、赤岭、洋水岭、甘霖、赤水、田寮、水粉一带村庄。东区区委书记是：邓麟彰（1939年10月至1940年1月）、黄明德（1940年1月至1941年2月）、沈斌（1941年2月至1942年秋）。特派员：沈斌（1942年秋至1944年8月）、黄明德（1944年8月至1946年6月）。

遂溪中区区委管辖现麻章镇的龙井、高阳、迈龙、迈合、英豪一带村庄。中区区委书记是：陈醒吾（1939年10月至1940年6月）、陈熙古（1940年6月至1941年2月）、沈汉英（1941年2月至1942年秋）。特派员沈汉英（1942年秋至1944年8月）、黄明德（1944年8月至1946年6月）。

抗日战争时期，太平地区属中共遂溪县南区领导。从1939年至1944年11月，中共遂溪县委委派陈同德、周超群为特派员。1944年11月至1945年8月，谢华胜接任遂溪南区特派员。1945年3月又增派郑仲珏任遂溪南区特派员。他们都是以教师的身份，潜入太平地区发展中共党员，建立党支部或党小组，筹备枪支弹药，扩大游击小组，逐步展开抗日游击武装斗争。

1941年1月，中共遂溪县委特派员陈同德、周超群趁太平学校聘请教师之机应聘为该校教师。他们白天在培基小学授课，深夜在东岸村端敏公祠办政治夜校，向东岸村参加学习的青年宣传抗日救国道理，教育和组织东岸村有识之士投入抗日救国的革命斗争。

1943年8月，周超群介绍卢廉泉参加中国共产党。卢廉泉、陈同德、周超群又先后秘密地介绍卢志雅、卢其茂、肖树模和卢秉动加入中国共产党。当年9月，东岸村党支部成立，卢廉泉任党支部书记，肖树模任副书记，卢志雅、卢秉动为党支部委员。东岸村党支部活动多数在东岸村端敏公祠开展。东岸村党支部隶属中共遂溪南区委领导，从成立直至1949年12月湛江解放，7年时间，历任党支部书记的有卢廉泉、肖树模、卢秉动、卢其茂、蔡祖尚、卢家传等6人，先后发展中共党员13人，其中女党员3人。东岸村党支部为中国人民解放事业献出自己宝贵生命的有卢保昌、卢妃林两位党员同志。东岸村党支部是太平地区第一个党支部。

1943年10月，在中共遂溪南区陈同德和保安乡副乡长洪荣（中共党员）的组织下，南夏村党支部成立，洪至臣任书记，洪光辉、洪妃布任支部委员。南夏村党支部活动在该村业统公祠开展。

中共遂溪县委特派员周超群1944年介绍陈华香、陈和连参加中国共产党。1944年9月，南文乡文里陈村党支部正式成立。周超群宣布陈华香任党支部书记，陈和连、陈尊三为党支部委员。在文里陈村党支部组织下，南文乡一带（文里、元里、鹿坑、虎头坡、李宅塘、后塘仔、田头尾、南夏、乌塘、上店、下店等13个自然村）建立党小组、武装游击小组等革命组织，开展抗日报国的革命斗争。1945年南文乡武装游击中队编入中共遂溪县南区城太第二中队，陈玉为中队长，陈华香为中队指导员，直至湛江解放。

抗战前期，王信（女，又名秀珠，黄略人）在家乡加入中国共产党，后嫁到笃头村，她给村中进步青年符中青、符中兴传播革命思想，引导他们拿起武器与敌人作斗争。

在抗日战争时期，麻章区各级党组织先后发展仁人志士和农民革命骨干分子加入中国共产党的有 322 人，其中麻章镇 227 人，太平镇 53 人，湖光镇 42 人。在抗日救国艰苦复杂的革命斗争中，麻章区党组织和广大共产党员充分发挥了党组织的战斗堡垒作用与广大共产党员的先锋模范作用，为抗战取得胜利作出了历史贡献。

1945 年 8 月 15 日，日本天皇发布《终战诏书》，宣布无条件投降，中国抗日战争胜利结束。是年 9 月 21 日，驻雷州半岛日军代表在赤坎签署投降书，雷州各县全部光复。

二、冲破恐怖，踊跃入党

抗日战争期间，麻章区出现一批抗日先锋志士，他们冒着被杀头的危险，冲破白色恐怖，加入中国共产党。全区共 322 人

（一）麻章镇有 227 人参加中国共产党，他们分别是：许旺、梁汝芳、梁甫、梁汝新、黄桂、黄南保、黄永章、梁和、梁其禄、梁德庆、梁飞养、梁有、梁铁王、梁太安、黄郡仲、黄子贵、黄南盛、黄桐、梁洁、梁符、梁玉英（女）、梁玉心（女）、梁庆、梁汝英、朱生、梁法、梁明辉、梁树汉、梁汝有、梁福、梁中佑、梁副、吴森（女）、李兰（女）、郑姐（女）、梁月英（女）、梁彪、梁松、梁梅英（女）、梁周喜、梁有、谢可发、蔡英、何启门、李桂连（女）、梁伍、梁振兴、梁中流、梁安仔、简常、肖秀连（女）、洪华连（女）、梁兰英（女）、梁培英（女）、梁才英（女）、梁汝宏、李春秀、左永金、林建、林王生、左远昌、

李荣生、左建连（女）、左福、左远明、郭喜、李吴庆、蔡连（女）、左琴英（女）、左成、左赊、李宝安、李田兴、林进、左永祥、左永轩、林玉进、林东、郭永清、王梅英（女）、陈昌合、伍星、蔡进海、黎国君、梁全、杨生、梁光、陈赤、蔡南、吴口尚、黄典伍、黄河、黄学范、黄学品、黄学忠、黄其经、黄其利、黄其加、黄中信、黄其兴、黄学辉、黄其明、黄亚吴、全国明、全如仁、全家成、全家和、全观来、全良、杨胜、占秋富、黄振仁、冯太、冯锡祥、冯昌周、冯春、冯亚洁、冯进庭、冯福明、冯道才、冯那二、冯亚南、冯锡堂、冯高、冯亚才、冯学胜、黄振辅、黄石、梁道贯、刘家（女）、梁桂英、李治、王玉文（女）、王进玉、王美兴、廖桂荣、王信（女）、杨振齐、潘有珍、潘忠景、梁中保、梁炳春、梁炳辉、郑永健、李村（女）、陈明、潘有栋、陈华镇、梁保、梁荣、梁汝明、杨居兴、杨广、杨合、陈英（女）、李拾、李秋九、李那盘、李庭兴、李森、郑贤林、郑红、郑安（女）、许桂英（女）、郑德汉、梁瑞祥、黄尚喜、杜清、杜南兴、黄和盛、黄土里、黄锦、黄红华、黄永全、黄永新、黄锦发、黄加兴、黄永冲、王秀玉、王兆荣、王秀充、王轩、王基庆、盘启林、黄光、盘境进、陈宏柱、冯仁章、陈玉和（女）、林泥、吴七、梁兴隆、洪永海、梁昌顺、郭永和、黄光、何生、黄保财、黄光兴、李志文、郑培祥、高秉贵、高成彬、高成友、高秉义、钟世贤、钟其寿、钟世东、钟世鸣、陈玉明、郑兴、罗佑、左秀珍（女）、陈秋桂、黎秋胜、黎启腊、徐德贵、陆珠明、薛妹、全启其、梁秋生、全华轩、全秋保、全亚才、全永庚、林昌宏。

（二）太平镇有 53 人参加中国共产党，他们分别是：卢保昌、吴定瀛、洪荣、卢妃林、卢廉泉、卢秉动、卢志雅、肖树模、卢其茂、陈发仁、卢家文、卢家传、卢卜贵、吴其明、徐燕吉、杨明卿、唐南、陈华香、徐茂荣、陈煜远、陈尉文、陈和连、陈玉、陈尊三、陈统垂、陈义芳、冯恒抚、冯元绍、湛立义、陈发余、陈文海、洪至臣、洪剑锋、洪国光、洪高德、洪妃布、林生、洪妃生、陈昌悦、卢昌诗、陈耀明、洪光辉、何为方、洪起德、杨家杰、唐迪、王柏珠（女）、陈济碧、王少娴（女）、洪升平、洪玉双、李丰进、李秋波。

（三）湖光镇有42人参加中国共产党，他们分别是：许汝旗（周纪）、吴德中、陈星、吴玉由、陈尚珠、谭韶、吴公芝、王桂芳、王达远、王龙田、王昌善、王昌理、陈那陆、何达江、孙树珊、孙守中、何宏俊、陈秋金、陈昌隆、何宏广、黄庆华、何发祥、何宏勋、陈那庸、何发荣、孙炳荣、何发育、孙其昌、孙太毫、孙安家、何鸿盛、孙那希、孙太发、蔡庆三、蔡成仕、彭康义、彭益廉、彭英才、许意美、许妃广、许菊、许有恒。

以上党组织的建立和党员队伍的发展，成为领导麻章区人民抗日战争的中坚力量。

成立青抗会和办民众夜校宣传救亡图存

1938 年，日本侵略者占领海南岛之后，经常出动飞机轰炸徐闻、海康和遂溪等县区。铁鸟横行，日寇野蛮，民众激愤。麻章区的中共党员、仁人志士掀起抗战救国新高潮。

一、成立青抗会，武装抗日思想

1937 年"卢沟桥事变"后，日本铁蹄全面侵略中国。1937 年 7 月上旬，在广州江村师范学校读书的共产党员黄其江、陈其辉二人，受中共广东省委组织部温焯华的派遣，返回遂溪县开展青年革命运动和建立党组织。他们根据国共合作、一致抗日的工作方针和本地区的革命实际情况，就成立青年革命组织——遂溪县青年抗敌同志会进行商讨。1937 年 10 月，共产党员郑为之和郑星燕回到母校遂溪七小，与何森、支仁山、邹延炳等人筹建遂溪三区抗敌同志会。经筹备，同年 11 月底，遂溪三区抗敌同志会在七小成立，负责人何森。遂溪三区抗敌同志会创办了会刊《抗敌前线》，郑星燕为主编。1938 年初，遂溪三区青抗会洋溢分会首先在洋溢村黄氏宗祠成立，支仁山为分会会长，成员有洋溢村的黄永全、黄锦发、黄永新、黄永炎、黄康志、黄乘轩、黄春光、黄永冲、黄永兴，水塘村的杜清、杜南兴、杜浦，岭仔村的黄尚喜，黄屋村的黄和盛、黄土理、黄胜光，共 16 人参加分会。这是麻章地区第一个农村青抗分会。6 月，支仁山、王国强根据青抗会的决定成立遂溪青年抗敌同志会甘霖通讯站，站长梁德庆，成员含附近村民共 300 人。

1938 年 8 月上旬，广州湾晨光小学（在赤坎区）校长许乃超（共产党员，后任该校党支部书记）和遂溪七小爱国进步教师何森发动成立遂湾联合抗日宣传工作团，成员 80 多人，许乃超为团长，何森为副团长，七小教师邹延炳负责宣传工作，殷杰负责总务工作，团部设在遂溪县第七小学。工作团在遂溪赤坎城乡开展抗日救亡宣传活动。出版《救亡周刊》，铅印两千多份，进行散发与销售。同时，组织演剧歌咏队伍，下乡入城进行宣传演出。在演出时，教唱《松花江上》《义勇军进行曲》《大刀进行曲》和《在太行山上》等抗日救国歌曲。在赤坎文化戏院演出话剧《保卫卢沟桥》，大力宣传抗日救亡的爱国思想，并在麻章、坡塘、志满等地张贴抗日救亡宣传标语。

1938 年 8 月 25 日上午 10 时，遂溪县青年抗敌同志会成立大会在遂溪县城第一小学礼堂正式举行。大会选举陈其辉、黄其江、殷杰、邓麟彰、支仁山、王国强、陈炎、黄枫、卢震、李品三、周程等人为遂溪县青年抗战同志会干事会干事。

1938 年 9 月，遂溪县青抗会干事黄其江、秘书吴定瀛，从遂城返回太平圩。他们以平明小学学生读书会为基础，以太平圩隆泰书店为联络站，秘密吸收洪荣、黄其炜、周春开、陈华香、陈发仁、徐燕吉、黄德武、洪至臣等参加遂溪县青年抗战同志会。洪荣为负责人。从此，隆泰书店成为共产党地下交通联络站，成为太平、沈塘、城月地区爱国志士开展抗日救亡宣传活动的据点。

1941 年 9 月，中共遂溪县委派吴定瀛到湖光料村民众小学当校长，以教学为掩护，秘密开展抗日救亡活动。当年，遂溪县委创办机关刊物《老百姓》，吴定瀛任编辑，负责印刷和发行等工作。吴定瀛在料村民众小学或太平洋东村自己家秘密编印《老百姓》，他为《老百姓》写的发刊词为："老百姓天不怕，老百姓地不怕，老百姓鬼不怕，老百姓一切魔怪都不怕！日本仔来也不在话下，何说国民党反动派？总之一句话，老百姓什么也不怕……不相信吗？就请看事实吧！……老百姓要讲话，老百姓要有权，老百姓要坐天下！"《老百姓》是不定期刊物，文字通俗易懂，深受老百姓欢迎。后来，因国民党限制，《老百姓》只出版三期，就于1940年被迫停刊了。

中共党员王桂芳（1939年入党）受党组织委派，返回自己家乡临东村，与进步青年王龙田在王氏宗祠办起改良私塾学校，他们亲自当教员，宣传抗日救亡道理。1939年5月，中共广州湾党支部委员陈以大、林其材等同志又到临东村、临西村和祝美等村组织抗日交通情报联络站，开展抗日武装斗争，随后在潮满、新鹿也掀起抗日救亡新高潮。

二、兴办民众夜校，宣传救亡图存

1937年11月，遂溪青抗会派出30多人赴各地筹办抗日民众夜校，1938年初，富于反抗精神的革命老区甘霖村首先办起抗日民众夜校，这是整个南路地区抗日救亡运动中的第一所农民政治夜校，也是南路地区规模最大的政治夜校，该校成为南路地区抗日救亡运动宣传中心，校址设在梁氏宗祠，有学员310人（后来大部分成为南路革命斗争的骨干，并分赴南路和粤桂边区开展工作），被雷州特委喻为雷州半岛的"小延安"。

1938年3月，遂溪七小爱国进步老师支仁山、何森、王国强、招离、支钟文、梁子端带领部分高年级学生全如九、钟江、梁和、黄耀春、简常等人到甘霖村，利用梁氏宗祠（原乡初级国民小学旧址）开办农民夜校，结合抗日救亡宣传工作，教农民识字学文化。办学之初，部分农民不理解办学目的，参加学习的只有 40 多人，一些人存在"战争时期，少惹是非"的思想，不想进夜校，极个别人造谣中伤说，"共产党办夜校不怀好意"，"读夜校的人会被骗去当壮丁或被'卖猪仔'（去南洋当苦工）"。在这种情况下，七小教师支仁山、王国强等人没有气馁，而是深入访贫问苦，与农民实行"四同"（同食、同住、同劳动、同学习）。他们把长工许旺及贫苦出身的青年梁甫、梁汝新、梁汝宏、黄南保、黄桂及贫苦出身的妇女吴森等人组织起来，依靠他们为骨干，下户串联做发动工作，使参加夜校的人数逐渐增加。以夜校学习的骨干为基础成立遂溪青抗会甘霖分会（又称甘霖通讯站），推举梁德庆为会长（站长），梁甫为组织股长，黄南保为宣传股长，进一步扩大抗日救亡宣传工作。根据甘霖村的实际情况为群众办了两件好事：一是发动村中群众自愿入股（先后入股的达 250 人），在梁氏宗祠办起了以梁明辉为负责人的甘霖消费合作社，就地为村民供应副食品，既让当地群众免被奸商盘剥，又方便了群众生活；二是成立帮工队，以梁汝新为队长，参加的主要成员是青抗会成员，积极分子共 20 多人，帮助缺少劳力或因病不能下地劳动的贫苦家庭做农活。这样，使广大群众对七小师生更加信任，抗日救亡的热情大大提高，参加夜校学习的人越来越多，附近的田寮、水粉、赤水、洋溢、水塘、岭仔、黄屋、大路前等村的青年人也前来参加学习，参加学习的人数达 310 多人。因夜校所在的梁氏宗祠面积小，群众捐献竹、木、草等物，义务出工在梁氏宗祠旁边搭建起四间茅草屋作课堂，又在甘霖夜校基础上成立多种形式的抗日组织：甘霖"青年抗敌同志会"、甘霖"抗日交通情报站"、甘霖"抗日通讯站"，并延伸至麻章 12 个村成立"抗日通讯分站"、甘霖"抗日消费合作社"、甘霖"妇抗会"（妇女抗敌同志会）、甘霖"抗日儿童团"、甘霖"抗日武术馆"。特别是"妇抗会"，涌现出坚强的革命女战士"四莲理"（肖秀莲、邹沙莲、洪华莲、李桂莲），分赴四方组建党组织、宣传抗战的"六朵英花"（梁玉英、梁月英、梁梅英、梁培英、梁兰英、梁才英），村妇女中的抗战骨干、任交通站联络员的"十姐妹会"（吴森、郑姐、金屋婶、陆屋婆、黄村婆、新村嫂、良村嫂、黄村嫂、林仔嫂、许屋嫂）。为唤醒民众，扩大抗日救亡宣传工作，培养大批党的干部作出了重要贡献。中共南路党组织主要领导人均在甘霖村开展抗日宣传工作，使甘霖村享有"小延安"之称。

甘霖村第一批入党的党员梁汝新，从一个帮工队队长成长为党的领导干部，他以自己贫苦出身，和党派他到田察、水粉、洋溢、三佰洋等村访贫问苦、扎根串联建立革命群众组织、发展党员的经历，总结出在旧社会贫苦农民有"九苦十八忧"。九苦：受官兵拉丁抽税苦，地主迫租苦，无粮合家饥饿苦，受高利贷苦，卖儿卖女苦，贫穷饥寒苦，无房屋住苦，无钱生病苦，无田无地租种苦。十八忧：忧食、忧穿、忧住、忧田、忧地、忧耕牛、忧农具、忧病、忧旱、忧涝、忧台风、忧种子、忧失收、忧成本、忧官府、忧兵、忧贼、忧债。他搞农村工作所到之处就是靠"诉苦挖根，提高觉悟"这个法宝，他被称为农村工作模范、"农民大王"。至1939年底，麻章地区共办起抗日民众夜校80多间，中共党组织以夜校为阵地，学习文化，宣传共产党主张，组织力量联合抗日。

1940年，洋溢、水塘、岭仔、黄屋等村被中共遂溪县东区区委划入东区抗日革命根据地。1940年4月4日晚，遂溪青抗会在中共遂溪县委领导下，在黄略村举行声势浩大的"反汪"大会，洋溢村青抗会会员黄永全、黄永辉、黄锦发、黄宏华、黄乘轩等30多人参加。王国强主持大会，陈其辉致词，邓麟彰发表演讲，各届代表登台声讨汉奸汪精卫的卖国罪行。1942年秋，中共遂溪党组织根据南路特委指示，实行特派员制，东区由沈汉英任特派员，他经常在洋溢村住宿，深入调研各村抗日工作的进展情况。

太平镇东岸村端敏公祠宣传抗日救国的政治夜校，是在法帝国主义统治下太平地区的第一间政治夜校。学员 148 人，肖宅、陈宅、仙村与东岸黄村、王村等村有志青年都来参加这所政治夜校，成为太平地区一支抗日救亡的宣传队伍。东岸村端敏公祠政治夜校是培基初级小学教师陈同德、周超群（均系中共遂溪县委领导人）举办的，东岸村（肖、陈两村）青壮年与在校学生 36 人参加夜校学习。该夜校从 1940 年起，直到 1947 年秋才停办。夜校课程有：一是控诉日本帝国主义侵占中国的种种罪行；二是宣讲"国家兴亡，匹夫有责"的革命传统教育；三是教唱《松花江上》《大刀进行曲》等革命歌曲；四是传抄周超群自编的雷州歌《恨日寇》：

> 一家遭殃恨日寇，二载漂流找生路；
> 三代逃命存自己，四方难寻藏宿土。
> 五味尝尽难民苦，六亲失离怎举步？
> 七尺身躯有何用，八叔教育解忧愁；
> 九霄阳光开云雾，十字路头认正路。
> 一片红心打游击，二更摸营杀倭奴。
> 三春激战纸老虎，四季坚持守村渡。
> 五角红星心头亮，六乡亲邻意相投。
> 七月延安扫敌寇，八路战略贯南路。
> 九州江南形势好，十恶残敌日子愁。

周超群的《恨日寇》在遂溪地区流传到今。

1940 年，遂溪青抗会秘书、湖光料村小学校长吴定赢在现在的湖光镇料村办学，进行抗日救亡宣传教育，他把所负责的 18 个村庄群众发动起来开展抗日救亡活动。又以日校和民众夜校为阵地，结合课堂教学，揭露日本侵略中国的罪行。他除按课本教材授课外，还增设战时常识和民众夜校识字教材，使民众夜校学员不但接受文化教育，还接受抗日革命理论教育。

料村民众夜校的教材内容有：我是中国人，我爱我们的祖国，中国人口多，日本人口少，中国国土大，日本国土小，中国军队多，日本军队少，日本鬼有命来就无命回，最后胜利是我们的，等等。易懂易记，很受学员欢迎。

吴定赢既能写文章，又能歌善画，唱雷州歌，演雷剧，他所画的图画，多数是抗日前线的图画，所教唱的歌曲，也是反映抗日的歌曲。他还发动学生和教师出墙报，展示抗日文章和漫画，张贴抗日标语。

1942年农历三月廿一、廿二两天，是料村年例天后娘娘游神的日子。吴定赢利用这个机会，运用文艺宣传形式，在游神过程中举行抗日示威游行，发动学生和夜校学员500多人加入游神队伍一起游行。群众游神抬着神像，敲着八音锣鼓，学员高举图画、漫画、标语，浩浩荡荡，旗幡招展，八音悠扬，抗日宣传示威游行和游神很好地结合起来，歌声、口号声此起彼落。学生许盛江化装成抗日军官，身穿军服，骑着白马背着军刀，走在游行队伍前面，非常威武。观看的群众，笑逐颜开，感同身受。吴定赢用心画了十几幅华北抗日前线的图画，形象逼真，游行群众高高举起，随着"打倒日本帝国主义""枪口对外""严惩汉奸走狗卖国贼"等标语缓缓前进。学生高唱抗日歌曲《义勇军进行曲》《大刀进行曲》《松花江上》《在太行山上》《游击队之歌》等等，歌声雄壮，感人肺腑，掀起阵阵高潮，群众欢呼叫好。

应料村村民群众要求，为了扩大宣传影响，破例于三月廿三日再游行多一天，把游神和游行队伍，一直游到新圩市场，使抗日宣传在料村至新圩周围村庄，家喻户晓。

吴定赢还自编了一出抗日雷剧《光复南澳岛》，自编、自演、自导。他当演员，化装演剧中的一个农民进城卖柴。黄天成化装演剧中的一个媒婆，举着大葵扇，大吹大擂地说："可以包做媒人包生仔。"还有一批武工队化装成演员进入城内，与城内游击队互相呼应，内外夹攻，一鼓作气，把占据南澳岛的日军消灭掉，抗日游击队武装光复了南澳岛。这出抗日雷剧，1942—1943年，曾于节假日在料村多次演出，许多村民群众前来观看，无不拍手称快；同时，还演唱雷歌，吸引群众前来观看，使之受到更多的抗日宣传教育。

吴定赢在料村两年多时间里，经常利用晚上带学生到各村宣传党的抗日救亡主张，宣传抗日统一战线。宣传中共中央提出的"坚持抗战，反对投降，坚持团结，反对分裂，坚持进步，反对倒退"三大政治口号，还宣传八路军、新四军在前线英勇抗日杀敌的事迹等，将周围他负责的18个村子的群众也发动了起来，投入抗日宣传。吴定赢的名字已深深印在料村群众心中。

甘霖的抗日风暴，推动着整个南路地区的抗日斗争高潮，也极大地促进麻章农村抗日救亡运动的深入发展，中共遂溪县各级党组织派到农村去的青抗会工作队、抗日救亡宣传队、爱国进步的革命师生、地下党员，都是以甘霖办夜校的经验，联系农村实际，从解决农民生产、生活入手，组建各种各样的革命群众组织，如麻章镇的西边村的土公会（帮助穷人办事），调塾村的同益会，鸭曹村和北沟村的同心会，柳坑村的助工会，外园村的互助会，大鹏村的老人会，冯家塘村的短工协会，水口村的帮工会，高阳村讲教会，还有些村庄成立兄弟会、姐妹会、妇女会、妇抗会、婶嫂会、儿童团、巡夜队等。1940年秋，洋溢村妇女会成立，由黄家兴的母亲任主任，成员有黄成英、黄秀林、苏惠英、苏惠权等 10 多个妇女，该组织成立后，在黄氏宗祠教妇女们识字，并培养一批妇女骨干。该会因全是女人，不易引起关注，所以在情报的收集和传递、为抗日革命人员做好后勤保障工作等方面都开展顺利。当时，绝大部分民间组织都转变为农民协会（简称"农会"），游击小组转为村队武装组织（自卫队）。特别是西边村，1942 年从 3 名共产党员发展到 12 名共产党员，成为遂溪中区有名的抗日革命根据地。

秘建抗日情报站　发展交通情报网络

1931 年 9 月 18 日，日本侵略军占领东北。1937 年 7 月 7 日，日本帝国主义制造卢沟桥事变，发动全面的侵华战争，部分国土相继沦陷。全国人民同仇敌忾，掀起了波澜壮阔的抗日救亡运动。1943 年 2 月 16 日，日本侵略军在飞机和军舰掩护下分别从雷州下岚港和麻章区太平的通明港登陆，次日攻陷麻章，并在各地驻重兵，抗日形势迫在眉睫。7 月，日本侵略军"扫荡"太平南夏村，烧毁帆布厂 1 间、瓦民房 3 间、茅房 19 间，抢走耕牛 1 头，其他财物一批，3 名群众被日军杀害，2 人在逃跑中被射伤。8 月，日军多架飞机轰炸湖光厚高村，炸毁民房 2 间、祠堂 1 座、学校房屋多间，村民李春景被机枪扫射而亡，厚高村地上还留下 10 多枚哑弹。

抗日战争爆发后，麻章地区的中共党组织先后建立了 30 多个地下抗日交通联络站。甘霖村 1938 年就在抗日政治夜校中成立了抗日交通联络小组。1939 年夏，中共广州湾支部在铺仔圩开设了一间"活力茶室"，作为抗日地下交通联络站。负责联系坡塘、临西、祝美、铺仔圩、益智中学高中部等村圩，孙树珊（临西村人）为交通员。1940 年春，中共遂东区区委在遂溪七小（现麻章镇中心小学）、甘霖村、田寮村、水粉村设立了交通联络站。1940 年夏，洋溢村地下交通站成立，站址设在黄家兴的家里，由黄永全任站长。为支持抗日斗争，洋溢村黄宏华、黄宏泰兄弟俩在自己住屋的后墙加建一条墙，用于抗日交通联络站存放机密文件、枪支弹药和贵重物品。1942年8月，交通站移至丰厚婶（即黄振兴的母亲）家。中共地下组织和遂溪东区负责人经常住在她家里，为掩护地下党员谭素文（新中国成立后任韶关市妇联主席），黄振兴的母亲认她作干女儿。为隐蔽起见，地下党人士食宿均在黄家兴、丰厚婶的家里。

洋溢村交通联络站是遂溪东区重要的中转站，肩负收集情报、传递情报、护送人员、运送物资、收发经费等重要任务。该站与丰厚站、甘霖站、茅村站直接联系（后因甘霖村有日伪汉奸和维持会，还有国民党组织，只能间接联系）。凡由丰厚站送出的情报和物资，都先经洋溢站再由本村交通员转送遂溪县的茅村站。茅村站的情报和物资送出也经洋溢站再转送丰厚站。为此，洋溢交通站还成立了运输队和担架队，由黄永全、黄永新、黄进光带队收集、传递情报，护送人员和运送物资，有时抗日物资较多，则由丰厚、陈村仔、洋溢、茅村等四村100多人夜晚运送。有时从遂溪县的界炮、北潭、洋青、老马、山家等地送来再转送。1944年秋天，洋溢交通站组织120多人到官渡石门运回生胶、咖啡、花生油、胡椒及其他军用物资，连续五晚才运完，堆满本村黄氏宗祠和村巷。再由本村组织人员运送到丰厚村和赤坎，当时缺乏交通工具，基本用肩扛人挑的方式输送。

1942年六七月间，中共广州湾支部林其材到蔡屋村，同蔡成仕、蔡其壮取得了联系，共同研究建立交通联络站有关事项，并指定他俩为联络员，联络站设在蔡成仕的家，直接由林其材领导。1943年上半年，蔡成仕、蔡其壮在东海岛老鼠墩接触了东海党组织领导人沈斌、沈汉英，并汇报了林其材在蔡屋村已建有联络站之事，沈斌、沈汉英认为，此站是东海岛西山交通站来往陆地的一条既安全又秘密的水陆交通线，即指派蔡成仕为联络站负责人，并挑选了蔡其壮、蔡成瑞、蔡候贵、胡屋婆为交通联络员，站址设在蔡成仕、蔡候贵的家。交通联络站直接接受沈斌领导。1945年1月，中共遂溪县委领导人沈斌、沈汉英等派唐克敏、梁汝新、杨瑞等同志到新鹿区工作。为了加强蔡屋交通联络站的联络工作，使该站能承担起沟通南路特委、遂溪县委（及其游击区）与东海岛的海上联络的重任，先后派交通员何时、龙玉明、陈姐等到蔡屋交通站工作。蔡屋交通站在抗战期间，护送来往东海岛的南路特委领导人有梁广、温焯华、吴有恒、黄其江、沈斌、沈汉英、支仁山、方兰、黎江等，以及一大批抗日志士。

遂溪东区交通情报联络站的建立。1942年10月，中共遂溪县特派员支仁山、东区特派员沈斌等人多次开会研究，为加强遂溪东区各乡村党组织的联络以及与广州湾地区党组织的联系，同时更好地收集敌人情报，决定成立东区交通情报联络站，代号"水帘洞"，站址设在三佰洋下村，由该村游击小组组长、共产党员王秀充担任站长（后成立三佰洋党支部，王秀充担任支部书记），起初交通员由三佰洋的党员王基庆、王轩和游击小组成员王昌荣担任。该站由小到大逐步发展，1943年冬吸收北沟村"同心会"联络员潘忠友担任侦察情报员，1944年春吸收迴龙村郑德汉（共产党员）、郑连庆（游击小组成员）、郑锡连（游击小组成员）为交通员，1944年冬吸收鸭曹村共产党员、村自卫队队长潘有栋为交通员，北沟党支部书记潘有珍的儿子潘忠宁为交通员。1944年冬吸收麻章圩蔡瑞和（外号花二，麻章自卫队成员）、朱玲（女，外号二奶，妇女会成员）、陈畴伍（麻章圩商会会长、麻章抗日自卫中队队长、共产党员陈木安的父亲）、宋寿仔（麻章自卫队队员）为侦察情报员，接头人为林振举。东区交通情报联络站，除负责传递中共遂溪党组织的情报信件外，主要负责收集侦察日、伪军在赤坎、麻章、坡塘、志满、新圩据点的动态，及时将敌情向党组织汇报，同时配合游击队的战斗行动。

1943年6月遂溪东区抗日游击中队夜袭冯家塘伪军税站的情报，就是由侦察员潘忠友提供的。1944年秋，该站派出侦察员侦察到麻章圩伪据点仓库存放子弹的情况，即组织三佰洋村及迴龙村游击小组成员十多人，在陈筹伍的抗日自卫队配合下，由侦察员朱玲以调虎离山之计邀请麻章看守仓库的伪军饮酒，游击小组则化装成赶集的农民进入仓库，搬走敌人的子弹上交东区武工队。

在抗日战争期间，麻章地区建立中共党组织地下抗日交通联络站的村庄还有：1942年2月建立调浪交通联络站，站长谢启瑶，联络员有谢启秀等6人；1942年5月建立西边村交通联络站，站长黄典伍，联络员有黄河、黄学范等；1942年6月建立新坡仔交通联络站，站长全瑞光；赤岭村交通联络站，站址先后秘密设在郑贤林和梁奶的家里，站长郑贤林；英豪中村交通联络站，站长陈定金，联络员陈应文；同月，由梁汝廉建立符竹交通联络站，站长黎马玉，联络员陈秋桂等4人；料村交通联络站建在许汝桐家里，站长许汝桐，该村甲长许汝先捐木船一艘交该站使用；1942年7月，中共遂溪党组织派共产党员陈玉和回高阳村建交通联络站和医务站，站长林尼，副站长吴七，成员20多人；1942年8月建北沟交通联络站，站长潘有珍，副站长潘德照，联络员潘忠友。该站情报员经常与麻章圩侦察员蔡瑞和、陈筹伍、朱玲密切配合侦察情报。为保证活动的安全秘密，采取单线联系方式，派潘忠友为侦察员，侦察范围为麻章圩、坡塘圩、志满圩、新圩，接头人为林振举。

1943年建立交通情报站的有：年初建立塘边交通联络站，站址在杨秀贤家，站长杨秀贤，联络员有杨开礼等5人；3月，梁汝新建立北罗坑交通联络站，站长黄礼光，联络员黄尚新；4月，梁汝新建立古河交通联络站，站长梁道贯，联络员有刘家、梁桂、梁桂英等，站址设在梁道贯家，该站在梁汝新和符中南领导下，接通同广州湾，遂溪东区、中区党组织的联系，梁道贯夫妻不但要日夜送情报，转运军事物资，还要安排来往的地下党领导人、交通员的食宿，每天只能休息三五个小时，是麻章著名的一不怕苦、二不怕死的革命夫妻；5月，建立麻章圩交通情报站，站长陈筹伍（麻章坑日自卫队长），地点设在蔡瑞和和朱玲家；6月建立大路前交通联络站，站长梁瑞祥，联络员有梁世明、林昌华等；6月建英豪内村联络站，站长陈那觉（又名白毛），联络员有陈南炳等，1944年袭击伪军志满粮仓和1945年1月在英豪桥附近高地袭击伪军运粮军车的情报都是该站提供的；1943年夏建立水口村交通联络站，站长梁荣，联络员有冯路、梁保、梁贵、梁光带、梁汝明等；1944年建立沙墩村交通联络站，站长陈昌炎，联络员陈昌盛；建立太平甘园村联络站，站址在冯恒武经营大米生意的茅屋里，站长冯恒武；同年7月，建立东岸肖宅村交通联络站，站址在肖树尧家，站长肖树尧；此外还有后湾、合流、临东、群麻坡、洋村东、文里陈、通明、南夏等村也建立了交通联络站。从东海岛的西山村至通明、甘霖、笃头、丰厚、沙坡岭村，形成了一条横贯遂溪东南的地下交通线，使麻章各游击区的交通线畅通无阻，东海岛西山村至霞山录塘、麻章笃头沟通，又使广州湾地区成了南路人民抗日武装部队的重要物资供给基地。陆路专走：蔡屋—云脚—花村—笃头—丰厚；水路专走：蔡屋—老鼠墩—西山—牛牯湾。各联络站主要任务是护送来往革命人员、传递秘密信件、转运物资、救护伤员等。麻章地区重要交通站有甘霖、笃头、蔡屋、洋溢、通明等。

第四节 建立抗日组织开展抗日斗争

　　1940 年 2 月，中共南路特委书记周楠在高州召开南路地区各县领导干部会议，传达中共中央及广东省委的指示，要求中共党组织一方面发动群众和利用统战关系，同国民党进行有理、有据、有节的政治斗争；一方面将组织隐蔽起来，进行巩固以应付突发事件——利用国民党各区乡自卫队、"清剿队"组成各乡村抗日联防队伍。

一、建立抗日组织联防队

　　为了开展敌后武装斗争，巩固抗日根据地，中共遂溪县按照中共南路特委会议精神开展工作，中共南路特委根据雷州半岛沦陷后形势，以"联防自卫，保卫家乡"为斗争口号，要求各级党组织必须坚持敌后武装斗争。1943 年夏，中共遂溪县委在积极发展抗日武装的同时，发动各村成立联防区，做到一方有难，八方支援。整个麻章地区分五个联防区，第一支抗日联防队以甘霖村为中心，连接田寮、水粉、新赤水、老赤水、合流、水塘、洋溢、黄屋、岭仔等 9 个村。第二支抗日联防队以三佰洋下村为中心，连接三佰洋中、三佰洋上、林屋、大路前、北罗坑、赤岭、沙墩、迴龙内、迴龙外、麻章圩（村）等 10 个村。第三支抗日联防队以北沟村为中心，连接鸭曹、后湾、后沟、车路溪、笃头 5 个村。第四支抗日联防队以古河村为中心，连接克初、调塾、冯家塘、英豪中、英豪内等 5 个村。第五支抗日联防队以西边村为中心，连接新坡仔、柳坑、水口、七星岭、龙井、外园、西边山（含内村）、大鹏、高阳、符竹等 10 个村。以上 43 个自然村已组成抗日联防队伍。太平地区联防以南夏村为中心，连接南夏、后塘仔、乌塘、上店、下店、田头尾、文里（叶、陈、吕、李、许五村）等村，组成抗日联防第一中队，队员有 85 人；仁仙乡第二抗日联防中队以李宅塘为中心，连接李宅塘、虎头坡、鹿坑、西山仔、仁里等 5 个村，组成 54 人的抗日联防队伍。

1944 年冬，这两个抗日联防队伍破坏城百公路企山路段和木桥一座，阻止国民党遂四区自卫中队前往平衡、吴村一带的"清乡"行动。

1945 年春节前夕，陈华香、陈玉、洪至臣、朱申光等同志带领南夏第一、第二抗日联防中队 64 人，包围保安乡公所，缴获枪支 5 支和一批子弹，取得抗日联防中队首战胜利。

湖光镇的祝美村抗日游击小组有 20 人，临东村抗日游击小组 20 多人，临西村抗日游击小组有 38 人，蔡屋村抗日游击小组有 20 多人，群麻坡村抗日游击小组有 30 人。

这些抗日联防村庄有以下特点：一是建立了中共党支部、党小组或发展了中共党员，在抗日斗争中党组织起了核心领导作用，党员起了带头战斗作用；二是民众夜校、狮子班、同心会、青抗会、农会、妇女会等革命群众组织较健全并开展抗日斗争活动；三是成立了抗日联防队伍武装组织后，各村村队、自卫队、游击小组在抗日斗争中发挥了战斗作用；四是群众抗日意识好，觉悟高，决心大，积极参加抗日救亡运动，在捐钱、捐物、捐武器，发动青年参军参战等方面做了很大贡献。在敌后抗日武装斗争中，这些联防村庄普遍破坏敌人交通设施，锄奸反特，破坏公路、电话线，袭击日、日寇据点，伪乡公所，日寇税站，给敌人以沉重打击，有效阻止日、伪军进犯。

二、建立抗日武装组织

1943年2月16日（农历正月十二），日本侵略军2000多人乘着舰艇20艘，从海康县下岚、太平通明两个港口登陆侵入海康、遂溪等地。另一股日本侵略军于2月17日（农历正月十三）在霞山（西营）登陆入侵赤坎，占据麻章，与入侵遂溪的日本侵略军相策应。2月底，雷州半岛全部被日本侵略军侵占。日本侵略军在麻章赤坎公路及圩镇交通要道设立碉堡，实行封锁和残酷统治。

中共南路特委根据雷州半岛沦陷后的形势，指示各级党组织必须坚持敌后武装斗争。麻章各级党组织以"联防自卫，保卫家乡"为斗争口号，以"坚持抗战，反对投降；坚持团结，反对分裂；坚持进步，反对倒退"为斗争方针，坚决执行中共南路特委的指示，坚持将保卫祖国同保卫家乡，维护民族利益同维护群众利益结合起来开展工作。一是将各村祠堂的公用枪支弹药拿出来给村队（自卫队）使用，如迴龙村郑氏宗祠将七支公用枪支弹药交给村队使用。二是出钱购买武器，如冯家塘村在赤坎开办"广生源商行"的老板王进禄捐款购买枪支。三是收缴部分保丁和地主豪绅的枪支，西边村村队在黄河带领下到迈龙、迈合两村收缴乡保及地主豪绅的枪支9支。四是共产党员潜入敌人内部，夺取敌人的武器弹药。

麻章最早的抗日武装是成立于1939年3月的甘霖、田寮联合抗日自卫队，共有不脱产的抗日自卫队队员90人，梁有、梁符、黄南盛先后担任队长。村中祠堂交出公用枪支10支，以及抗法斗争时留下的大刀长矛，这些就是该自卫队的武器。甘霖村出现女共产党员吴森送子参军、李兰送夫入伍的动人画面。

　　麻章最大的抗日自卫武装是 1939 年成立的麻章圩抗日自卫中队，队址设在当年抗法斗争遂溪团练麻章营部旧址（即武帝庙），中队长陈畴五。这支自卫中队成员共 93 人，拥有枪支 25 支以及大刀长矛等武器。在麻章圩周围设立关卡三个，肩负着保卫麻章人民生命财产安全的重任。在敌后抗日武装斗争中，麻章地区开展破坏敌人交通运输，锄奸反特，袭击日、伪据点，伪乡公所，伪税站的斗争活动，给敌人以沉重打击。1940 年夏，洋溢村抗日游击小组成立，在黄屋村的公头山林中进行了一个月的秘密军事集训，由丰厚村的邹文西和甘霖村的黄桂任教官，时有洋溢村抗日游击小组 20 多人参加。1942 年冬，遂溪中区区委派黄河到群麻坡村开展革命活动，成立游击小组，成员有孙安家、孙太亳、孙其昌、孙安贞等 7 人。1943 年 3 月，支仁山（时任雷州人民抗日游击队第一大队大队长）根据上级的指示，在位于遂溪南区的卜巢山根据地成立 53 人的卜巢山抗日游击队，其中队员有太平地区南夏村洪荣、洪剑锋、洪居德、洪妃漏、洪春，后塘仔村洪妃生等，他们带领当地群众开展抗日游击斗争。

　　1943 年 5 月，麻章甘霖村组建了第一支抗日游击队共 80 多人，其中甘霖村 81 人，队长黄桂，副队长梁汝新，指导员廖华（新中国成立后曾任甘肃省军区副参谋长）。该队后改名为遂溪东区抗日游击中队。是年，新赤水村也建立了抗日游击队——"白虎连"，有 110 人；还有抗日村队 30 人。1944 年 3 月，甘霖村组建了第二支抗日游击中队，共 50 多人，队长梁甫，副队长陈昭道。

　　另外，麻章地区的乡村先后建立 70 多个抗日自卫队、村队、武工队、游击小组，共有 1800 多人，长枪 580 多支，短枪 70 多支，冲锋枪 1 支，长矛、大刀、三叉 470 件。这些抗日武装分别是：老赤水村抗日游击小组 20 多人，水塘村抗日游击小组 10 人，新坡仔村抗日游击小组 20 多人，西边村抗日游击小组 17 人，英豪中村抗日游击小组 46 人，三佰洋中村抗日自卫队 26 人，赤岭村抗日游击小组 20 人，北沟村抗日自卫队 20 多人，合流村抗日游击小组 35 人，英豪内村抗日村队 15 人，岭仔村抗日游击小组 6 人，符竹村抗日游击小组 19 人，柳坑村抗日游击小组 12 人，高阳村抗日村队 30 人，大鹏村抗日游击小组 11 人，大路前村抗日武工队 20 人，冯家塘村抗日游击小组 17 人，古河村抗日自卫队 20 人，克初村抗日村队 20 人，调塾村抗日游击小组 50 人，车路溪村抗日自卫队 15 人，后湾村抗日自卫队 20 人，迴龙村抗日游击小组 10 人，北罗坑村抗日自卫队 17 人，鸭曹村抗日自卫队 16 人，水口村抗日游击小组 12 人，太平镇南夏村抗日村队 32 人，文里陈村抗日游击小组有 60 人，田头尾村抗日游击小组 16 人，东岸陈渔村抗日游击小组 23 人，通明村抗日游击中队 51 人，塘边村抗日游击小组 15 人，洋村东村抗日游击小组 30 人，后塘仔游击小组 8 人，肖渔游击小组 16 人，湖光镇祝美村抗日游击小组 20 人，临东村抗日游击小组 20 多人，临西村抗日游击小组 38 人，蔡屋村抗日游击小组 20 多人，群麻坡 30 人。还有外园、龙井、七星岭、西边山（内村）、大鹏、迴龙内、迴龙外、黄屋、笃头、田寮、林屋、三佰洋上、三佰洋中、三佰洋下等村的抗日游击小组。

1943 年冬，遂溪中区派李志民到群麻坡村接替黄河工作，成立地下交通站，站长孙其昌，副站长孙安贞。1944 年组织"狮子班" 30 多人，练习武艺掩护革命活动。1945 年冬，东区武工队队长杨瑞到群麻坡村建立武工队，副队长孙汉江，队员 20 多人。同时成立农会，会长孙其昌，副会长孙觉来，初时会员 30 多人，后来发展到 100 多人。还成立妇女会，会长洪秀荣，副会长蔡林娣，会员 30 多人。革命组织建立后，积极发动群众开展减租减息运动，捐钱献粮支援前方，掩护革命同志，购买枪支弹药开展武装斗争，接送过往革命同志，传递情报，参军参战，为部队输送10多名战士，为革命胜利做出了很大的贡献。

三、展开抗日武装斗争

在国民党统治区变为日军占领区后，为抗击日本的侵略，保卫国土和人民群众的生命财产安全，中共南路特委毅然肩负起抗战的历史责任，对斗争方式进行调整，坚决不当逃兵，确定以武装斗争为党组织的中心任务。中共遂溪党组织在中共南路特委领导下，迅速担负起领导全县人民抗战的重任，要求中共党员加紧筹集枪支弹药和扩大抗日游击队，领导群众开展敌后抗日游击战争。在麻章地区，中共党组织在日、伪控制区边缘地带及其力量相对薄弱的地方，以共产党员和抗日积极分子为骨干，不断扩充抗日武装队伍，主动出击打击日、伪军。

（一）破坏遂赤主干公路，阻延日寇前进步伐

1943年3月17日，占领麻章的日寇计划与进攻遂溪县城的日寇互相策应，甘霖村党支部根据上级指示，立即组织中共党员，抗日联防队队员40多人，带着锄头、铁镐等工具连夜在从大路前村至甘霖村、塘口村的公路上每隔约500米就挖一个大坑，共挖大坑14个，使日本侵略军的车辆无法通行，大批军车停靠在公路上，延缓了日本侵略军进犯遂溪、廉江一带的步伐。

1943年4月9日，日本侵略军两架飞机在麻章圩上空被盟军飞机击落，群众望空鼓掌称快。

（二）瓦解伪"和平队"，活捉队长莫荣光

1943年4月，中区特派员支仁山指示邹建理（新中国成立后任湛江郊区革命委员会副主任）、唐协森打入驻海康南兴圩的伪"和平大队"，中共甘霖村党支部也奉命派出共产党员、自卫队队

员简常、梁有、梁铁王、梁黎等 10 人潜入该大队。副大队长唐协森，中队长帛中荣，班长简常、梁在任都是共产党员。有一天趁着反动大队长莫荣光外出开会的机会，副大队长唐协森便假传指令宣布"特务中队解散、枪支弹药上缴"，一举夺取敌人步枪 50 支，短枪 3 支，子弹 3 箱，手榴弹 3 箱，这些物资全部被运回遂溪游击队。此后，中共党组织又派甘霖村、田寮村、洋溢村的简常、朱生、梁铁王、梁黎、黄子桂、左戍、黄永辉、黄永炎等 10 多名游击队队员秘密打入驻海康南兴圩的伪"和平大队"，策反瓦解了该大队，活捉大队长莫荣光，缴获了全部武器弹药。

（三）打响南路人民抗日武装主动出击的第一枪

1943 年 6 月，日寇在坡塘圩附近的冯家塘村建立炮楼，设立税站。有伪军 20 多人在炮楼据守，并控制东至麻章圩、西至志满圩、南至湖光、北至遂溪城一带，经常在坡塘圩及附近村庄设卡骚扰、扫荡、收税、抢劫。坡塘圩附近群众深受其害，更激起对伪军的痛恨。1943 年 6 月的一天晚上，遂溪东区抗日游击中队根据遂溪东区交通员情报联络站提供的情报，派出 60 多人从水粉村出发，连夜突进包围日寇冯家塘税站。中队长黄桂、指导员廖华带领部分队员进入据点。副中队长梁汝新带领部分队员在坡塘公路边阻击伪军援兵。当晚 10 点钟战斗打响了，由于久攻不克，晚上 11 点钟撤出战斗。此战打死伪哨兵 2 人，缴获长枪 2 支，击伤来自麻章圩的伪军 5 人。中队长黄桂（中共党员，31 岁，甘霖村人）、小队长梁有（中共党员，27 岁，甘霖村人）、队员陈亚星（21 岁，水粉村人）和另两个从南洋回来参加抗战的学生壮烈牺牲。指导员廖华，队员梁福、梁炳枢受伤。这次夜袭冯家塘日军税站，由于游击队武器装备较差，缺乏攻坚作战经验，没有全部达到预期效果，但这一激烈的袭击战，打响了遂溪抗日武装主动出击的第一枪，使游击队得到了一次战斗锻炼，鼓舞了南路人民抗日救国的士气。1944 年 5 月某夜，甘霖村抗日游击队在廖华、梁汝新的率领下，在冯家塘、北沟、新坡仔等村抗日游击小组和村抗日自卫队的配合下，再次袭击了驻冯家塘日、伪军据点，成功收缴伪民团和反动保长枪支弹药及粮食一大批，送给人民抗日部队。

1945 年春节前夕，遂溪南区（现太平镇）游击中队 40 多名指战员，攻击白泉水伪缉私楼，打响了太平地区抗日武装斗争的第一枪。

（四）突袭伪维持会，虎口夺枪扩队伍

1943 年夏，遂溪南区抗日游击中队在有关村游击小组的配合下，两次突袭伪调丰维持会，杀死该会长，缴获枪支 11 支。1944 年 6 月中旬，遂溪南区抗日游击中队收缴了太平、造甲、通明伪维持会和反动地主枪支一批，7 月，遂溪南区抗日游击中队，在中队长兼指导员周德安带领下，与卜巢山中队互相配合，收缴了庐山村反动地主枪支 10 支，子弹一批，使南区抗日游击中队由初时 61 人增至 100 多人。

（五）破坏日、伪军交通通讯设施

1944 年 6 月，在武装工作队队长陈玉的带领下，文里、南夏、山后等村游击小组，多次烧毁寇竹渡汽车船，割断日、伪军从霞山至雷州公路和城月至太平公路沿途的电话线多次，破坏日、伪军交通通讯设施。

（六）诱敌饮酒，巧夺伪军军火

1944 年秋，中共遂溪东区特派员黄明德要求东区交通情报联络站侦察麻章圩伪军据点仓库存放子弹的情况，由游击小组袭击敌人仓库，夺取敌人的子弹，以支持区武工队及乡、村自卫队。站长王秀充接到任务后，立即指派交通侦察员王基庆、郑德汉等人多次侦察地形及敌人看守兵力位置，开会研究战术，认为周围都有敌人据点，巡逻检查很严，强攻不是好办法，以智取为好，最后决定由迴龙村交通员郑德汉与麻章圩侦察员朱玲以调虎离山之计邀请麻章看守仓库的伪军饮酒，三佰洋村及迴龙村游击小组成员 10 多人则化装成赶圩的农民进入仓库，搬走敌人四箱子弹（1000 多发），上交东区武工队，出色地完成了战斗任务。

1944 年 10 月，梁汝新、王德招带领遂溪东区抗日游击中队，在英豪内、英豪中、柳坑、聂村、新坡仔等村抗日游击小组的配合下，袭击伪军在志满圩的粮仓，夺取粮食一批。

（七）妙取伪乡公所，智擒冷水伪军

1944 年 6 月，中共地下党员蒋如信向遂东区党组织提供情报：设在黄略村王氏宗祠内的伪乡公所有 20 名伪兵的枪支弹药集中在祠堂东边库房。据此情报，沈汉英根据驻冷水坑据点的伪军只有 20 多人的情报，决定组织力量择机突袭。甘霖第二游击队中队长梁甫挑选 10 多个队员分两组，傍晚以送茅草为名，将枪支藏在茅草中，到伪乡公所门口，队员用枪顶着哨兵，哨兵不敢动，游击队队员打开仓库，把 20 支枪、20 条军毯以及弹药、药品全部搬走。

1945 年 6 月下旬的一天，驻冷水坑据点的伪军正宰狗杀鸡，准备加菜。南路特派员沈汉英根据情报，决定由陈志群带领甘霖游击队黄南盛、梁铁王、蔡庆、蔡南等 20 多人突然袭击，蔡南首先用田寮村村民左金制造的土炸弹投炸，接着游击队队员连放几枪，20 多名伪军被吓得魂飞魄散，立即当了俘虏，游击队收缴了步枪 20 支和子弹一批。

（八）夜袭坡塘伪"和平队"

1944 年 11 月，建溪中区特派员沈汉英为解决各村自卫队武器不足的问题，派出侦察员到坡塘圩侦察伪"和平队"的具体情况。经商量，在当月一个晚上，由地下党员李志民指挥，在英豪、

冯家塘村联防队的配合下，新坡仔党小组组长、村联防队队长全如仁带领该村联防队，夜袭坡塘圩伪"和平队"驻地，活捉伪哨兵2人，缴获长枪2支，接着冲入房间缴获敌人一个班的12支长枪及部分子弹，并由英豪村联防队3人在该圩东南方放冷枪，掩护其他联防队队员往西北方向撤退。此次袭击，前后不到五分钟，就夺取敌人14支枪。这批枪支除留6支枪给新坡仔村自卫队使用，其余枪支弹药全由中区联络员黄河转交给当地游击队。

（九）夜袭伪缉私楼

1944年农历十二月初四是城月圩日，凌晨，遂溪南区游击中队（含仁里、文里、南夏、乌塘、田头尾、虎头坡等村游击队）共40多人，包围了这座伪缉私楼，南夏等村队把甘蔗叶堆起来点燃，纵火烧楼，缩居的伪兵喊叫饶命，丢下枪支，乞求投降。这次行动由遂溪南区游击中队陈华香、陈玉、洪至臣和朱棠光等人指挥，俘虏伪兵8人，游击队受伤2人，其中南夏村队员洪妃布被烧伤，经医治后康复，后于1949年在遂溪县乐民被敌人杀害，殁年24岁。

（十）袭击伪军军车和剪断敌电话线

1944年8月的一天，陈耀南率遂溪南区游击队30多人，在太平百龙附近公路袭击伪军军车2辆，缴获长枪6支，手榴弹6颗，布匹一批。

1945年1月，中共中区特派员黄明德部署，准备狠狠打击伪军途经志满公路的运粮汽车。是月一天下午五时，李志民任总指挥，全如仁带领新坡仔村、英豪村、英豪内村三村自卫队40多人参加战斗。当伪军运粮汽车进入英豪村时，李志民指挥自卫队立即开枪射击，一分钟后英豪桥爆炸声震天动地，车上4名伪军弃车逃命，自卫队队员们立即冲上汽车，缴获大米2400斤，烧毁汽车，剪断从英豪桥到志满的电话线，拉走电线与线杆。此次袭击干净利落，使赤坎、麻章、坡塘与志满之间的通讯中断一天一夜，使赤坎至志满的交通中断 7 天。赤坎、麻章、坡塘等地的伪军十分恼火。

（十一）突袭伪据点，妙计伏击夺枪

1945 年 2 月，遂溪南区抗日游击大队在南山下村抗日游击小组的配合下，攻打了伪保安圩据点。4 月，遂溪南区抗日游击大队袭击了湖光新圩新编伪军保安大队，缴获长短枪 60 多支和子弹一批。5 月，遂溪南区抗日游击大队向进驻卜巢村的 100 多人的伪军保安队发动突然袭击，击毙和俘虏伪军 10 多人，缴获枪支 10 支，处决汉奸 10 名。

1945 年 4 月，中共遂溪南区抗日游击大队得知法帝国主义通平公局通知通平区各村议员，把法帝国主义发给各村的枪支弹药收归通平公局管理。中共遂溪南区抗日游击大队政委陈同德，立即布置通平区各村庄的革命同志，做好收缴枪支的准备。东岸党支部书记、东岸村保长卢秉动与陈同德联系，决定在农历三月初八深夜，将东岸村原有 12 支长枪送回通平公局时，陈同德即带领抗日游击大队 10 人到仙村与良村交界路口进行伏击。当抗日游击大队与东岸村送枪者接近时，东岸村送枪者对天鸣枪，丢下枪支假装逃命。事后，卢秉动便向法帝国主义通平公局禀告，东岸村 12 支枪支被共产党收缴了。从此卢秉动离开东岸村，参加中共遂溪南区抗日游击大队，直至湛江解放。

（十二）莫志中妙计智捉王明圣

王明圣是法国驻广州湾通明公局局长，第一次是在 1945 年端午节当天，在通明、塘边、卜品联村抗日游击小组黄家计、林生、杨明卿配合下，遂溪南区抗日游击队大队长莫志中、政委陈同德等 12 人，采取里应外合的战术，袭击法帝国主义通明公局。先头队伍 9 人冲入通明公局第一道铁栅门，缴获门卫两支长枪。敌人

即关闭了第二道铁栅门，抗日游击大队只好撤出阵地。第二次是在端午节当晚，莫志中带领 20 名游击队员冲进法帝国主义通明公局局长王明圣的住宅。但游击队搜查，却找不到王明圣的踪迹，只好撤出。第三次经反复探明敌情，认真研究行动方案后，遂溪南区抗日游击队队员全部化装成鱼贩，挑着担大摇大摆地走进法帝国主义通明公局缴纳渔税，刚入门即发现目标，向局长王明圣恭维几句后，以迅雷不及掩耳之势，拔出手枪对准王明圣胸膛，喝令其举手，其他游击队员也迅速全面控制其他敌兵。此时，王明圣成了俘虏，游击队员将他送往遂溪南区，关在高明村。随后通知王明圣家属到沈塘的卜格村谈判。王明圣家属答应游击队的条件，交出大洋 500 元，长枪 20 支。游击队便释放了王明圣。

同年 9 月，南夏村自卫队也配合遂溪南区武工队突袭了保安乡伪维持会。

第五节 夺取抗战胜利

1943 年，经十二年抗战，中国共产党领导的抗日组织和国民党的抗日军队逐步进入对日军的大反攻阶段。中国共产党为加速日军的消亡，层层动员人民群众起来抗击日寇。

一、动员群众支援抗日

1943 年春，中共麻章地区党组织号召麻章人民抗日保家乡，秉持"有枪出枪，有钱出钱，有粮出粮，有物出物，有力出力"的原则，多渠道多形式支援抗日斗争。一是各村祠堂用的枪支弹药捐出来，祠堂庙宇收入的粗谷、现金捐出来一部分；二是收缴伪保的部分枪支及地主豪绅的部分枪支；三是部分绅士商贾捐钱、捐粮、捐枪；四是发动根据地村庄群众捐钱、捐粮。

1943 年，麻章岭仔村共产党员黄尚喜（1942 年入党）在村中逐户发动群众，宣传"全民抗日，人人有责"的道理，得到全村群众一致拥护。该村是只有 12 户 52 人的穷小村，全村民众同意将该村祠堂公用的 2 支枪，及拍卖祠堂 3 亩公田所得的 100 多元银元全部捐献出来抗日，村民还捐粮食 280 公斤。岭仔村被中共遂溪县委和东区党组织评为"穷小村贡献大"的先进典型。1944 年春，麻章圩商会会长、麻章乡自卫队队长陈畴五，卖掉祖传的良田 4 亩，得款 200 元银元，卖掉原想给女儿当嫁妆的首饰，得款 100 元银元，陈畴五将这些钱全拿出来购买枪支送给游击队。

其儿子陈宏柱也卖掉 3 亩田，并自筹钱款，买回长枪 20 支，捐给抗日队伍。

甘霖村党支部动员党员、自卫队员、妇女积极分子 100 多人，到东坡岭开荒 20 亩地种植水稻，收成 2000 斤稻谷全部送给游击队。党支部委员、妇委主任吴森带头开荒耕种，带头捐献粮、款，受到中共东区特派员沈斌表扬并被任命为东区妇委会会长。高阳村党小组长陈玉和在发动群众捐粮捐物支援抗战时，将自己仅有的一台缝纫机带头捐出，在她的带动下，仅半天时间，全村捐出稻谷 2000 公斤。大路前村党员梁瑞祥要卖掉自家 3 亩田购枪抗日，遭父亲强烈反对，他耐心地向父亲讲明"大敌当前，日本侵略军所到之处实行'三光'政策，只有卖田买枪打日寇，才能保家卫国"的道理，父亲终于同意，卖去 3 亩田，买回 5 支枪，充实村抗日联防队武器。

按照中共遂溪县委的统一部署，太平地区的南夏、文里、东岸、通明与洋村等党支部或党小组收缴祠堂公用枪支弹药、粮食、银元，先后捐给抗日游击队。在中共遂溪南区委特派员谢华胜的带领下，东岸村游击队队员卢卜才、卢妃弄、卢卜荣等人，利用夜晚将东岸村公用步枪 5 支，大米 30 袋，银元 360 元，送往遂溪县委在平衡、吴村的抗日游击根据地，荣获中共遂溪南区委内部通报表扬，卢卜才等 3 人被接受加入中共遂南游击队。

抗日战争时期，麻章地区人民共捐献稻谷 79.87 万公斤、米 2750 公斤、番薯 5.1 万公斤、薯干 2 万公斤、银元 7800 块、枪支 740 支、子弹 5 万多发，还有衣服、棉被、布匹、鞋等物资一大批。

二、锄奸反特，剪除羽翼

日寇占领雷州半岛后，一些民族败类投靠日寇当汉奸，成为日本帝国主义的走狗。1943 年 6 月某夜，洋溢村抗日游击小组成员黄永辉、黄九、黄才九、黄鸿华四人在该村黄氏宗祠整理抗日传单时，发现一名化装为收购鸭鹅毛的神秘人突然进入祠堂看传单内容，立即将他抓起来，经审问确认为汉奸。经请示中共遂溪县东区负责人梁汝新同意，将汉奸枪毙，使洋溢村避免遭血洗。

1944 年，甘霖村的地主豪绅梁子纯当上了伪乡长，黄近光当上了维持会会长，他们勾结在麻章据点的日、伪军经常到甘霖等村打家劫舍，奸淫妇女，无恶不作。还多次声言用两千大银买甘霖村共产党员梁汝新的人头，迫使梁汝新全家流离失所，梁汝新母亲饿死在乞讨的路上。后来，日、伪军又派女特务"广东妈"（日军军妓，30 多岁）同甘霖村农民梁秋结婚，以便侦探梁汝新的下落及甘霖村共产党员的名单，"广东妈"经常向日、伪军报信。甘霖村党支部和抗日联防队研究决定，成立以共产党员蔡南为组长的锄奸小组，严密监视特务、汉奸的动向。当年春某夜，蔡南率领锄奸小组数人，抓获女特务"广东妈"和汉奸黄近光，就地进行枪决。1944 年春，三佰洋党支部书记、抗日联防队队长王秀充指派三佰洋自卫队队长郑培良带领该村联防队数名队员，在麻章圩抗日联防队配合下，在麻章圩捉拿日伪汉奸"阔老灵"（花名"东海关"）夫妇，当场枪决汉奸"阔老灵"，缴获驳壳枪一支。为了瓦解敌人，警告后释放了其老婆。1944 年以黄学品为队长、黄学章为副队长的迈龙抗日联防队，将作恶多端的汉奸黄明经就地枪决。麻章人民的"反特除奸"有力地打击了敌人的破坏造谣活动，使广大人民群众扬眉吐气，拍手叫好。是年，赤水村党支部书记高秉贵等人，各自带领十多个手枪队队员与分散活动的武工队队员互相配合，夜间锄奸反特。1945 年 5 月，遂溪南区抗日游击大队处决了 10 多名日伪汉奸，群众无不拍手称快。

三、共讨日寇，抗战胜利

1945 年，八路军、新四军完成了对日军的夏季攻势作战，对日军据点的包围越来越小，打通了许多解放区之间的联系，在行动上取得主动地位，逐步实现由游击战向运动战的转变，为转入全面反攻创造了重要条件。

1945 年 7 月 26 日，美、英、中三国发表《波茨坦公告》，促令日本无条件投降。8 月 8 日，苏联发表对日作战宣言。苏军对日作战，沉重地打击了盘踞在中国东北的日本侵略军，缩短了对日战争的时间。中国抗日战争随即进入全面反攻阶段。

1945 年 8 月 9 日，毛泽东发表《对日寇的最后一战》的声明。根据中共中央延安总部的指示和命令，各抗日根据地对日本侵略军、伪军发起声势浩大的进攻。

8 月 14 日，日本政府照会美、英、苏、中四国政府，表示接受《波茨坦公告》。15 日，日本天皇裕仁向世界宣布无条件投降。9 月 2 日，日本代表在投降书上签字。在华日本侵略军 128 万人向中国投降。至此，中国抗日战争取得胜利，第二次世界大战结束。1945 年 9 月 21 日，侵占雷州半岛的日军中佐渡部市藏在赤坎签字投降。

中国抗日战争的胜利，是全国各族人民经过极其艰苦的斗争，付出了极大的代价取得的。

第四章

坚持武装斗争　迎接新中国诞生

　　抗战胜利后，中国共产党坚持反对内战，努力争取和平民主。1945 年 8 月 28 日，毛泽东主席亲赴重庆谈判，经过 43 天的谈判，签订《双十协定》（即《政府与中共代表会谈纪要》）。然而，国民党恢复对全国的统治后，于 1946 年 6 月，悍然向解放军发动全面进攻，全面内战从此爆发。

　　麻章区人民在中国共产党的领导下，坚持武装斗争，开辟新的解放区，狠狠打击国民党反动派，建立区、乡政权和"白皮红心"政权，广泛发动人民群众配合主力游击部队作战，横扫反动势力，终于打垮了国民党军队，解放了湛江全部地区，为中华人民共和国的建立做出了自己的贡献。

第一节 党团组织的发展和人民政权机构的建立

国民党军于 1946 年 6 月悍然向中原解放区发动全面进攻，全面内战从此爆发。此时，雷州半岛地区仍是一片黑暗。国民党第二方面军副司令兼粤桂南前进指挥部司令邓龙光率领四十六军七十五师、一一八师、六十四军一五六师共约两万人进驻雷州半岛，成立国民党南路行署。国民党政权占领广州湾，成立湛江市政府、广州湾警备司令部，并恢复和建立国民党各级政权，起用一批地方反动势力头子，收编伪军和土匪武装，扩大反动团队和特务组织。遂溪县反动头子、原雷州独立挺进支队司令戴朝恩（绰号"铁胆"）被委任为国民党陆军少将兼遂溪县县长，独揽遂溪军政大权。国民党政权还组织起遂溪反动武装——遂溪县自卫大队，同时建立保甲反动政权及乡队武装；在麻章圩驻有一个营，在坡塘圩、志满圩、迈合村等据点各驻一个连的兵力；在太平圩设立通平区警察局（一个营兵力），在通明设立警察分局，有 54 人，在寇竹渡口和洋村渡口各驻兵 16 名，镇守渡口要津。

一、壮大党的队伍，发展斗争骨干

1945 年春，中共遂溪县中区区委委派梁汝新到祝美村开展革命斗争。1945 年 6 月，吸收陈星、吴玉由、陈尚珠、谭韶、吴公芝加入中国共产党，同年 7 月建立祝美村党支部，梁汝新任支部书记，同年 8 月—12 月又先后吸收谭那钱、林进英、吴炳芝、杨碧英入党。1945 年 7 月，党组织委派梁汝新带领孙太发、孙其昌到湖光后坛村宣传革命真理，吸收谢那进、谢兴益、陈菜花等为中共党员，建立了党小组，组长谢那进。

1945 年 10 月，中共南路特委决定成立中共湛江市特别党支部，以便配合各县中共党组织安排党员干部到湛江市隐蔽，掩护南路特委机关活动。中共湛江市特别党支部直属中共南路特委领导，由余明炎任书记，统一领导湛江市区和附近郊区的中共党组织。1946 年 4 月，中共广东区委撤销中共南路特委，设立中共南路特派员，温焯华为特派员，实行单线领导。6 月，中共南路特派员温焯华对南路的党组织进行调整，统一实行特派员制，任命沈汉英为中共雷州特派员，直接领导雷州半岛三县一市的中共党组织。其中东区特派员为梁立，中区特派员为陈拔，南区特派员为陈醒吾，西北区特派员先后为李晓农、梁甫，东南区特派员先后为唐克敏、梁汝新。

1946 年 6 月周德安带领武工队到聂村开展工作，把原来该村的游击小组扩建到 22 人的村队；又到克初、沙沟尾等 10 个村庄发展党员和游击队武装组织。1946 年 7 月，唐克敏到花村，吸收林德仁、林兆雄、林时权入党。1946 年 3 月，李树生到笃头村开展工作，成立交通站，吸收符仲、符中青、符中兴入党，成立笃头村党支部。

1947 年 2 月，杨仔（杨瑞）到城家外村将游击小组从 7 人扩充至 17 人，吸收符家英、符兆昌、符九仔入党，建立城家外村党支部，符家英任党支部书记；10 月，杨瑞又到郭家村发展党组织，11 月，中共郭家村党支部成立，高德清任书记。这时，麻章附近又有 20 个村庄成为革命根据地，与原 43 个抗日村庄连成一片，为夺取解放战争的伟大胜利打下了坚实基础。1948 年 1 月，中共山后村党小组成立，唐美智任小组长。同年 11 月，中共东黄村党小组成立，黄路保任小组长。

1949 年初，中共庐山村党小组成立，洪服均任小组长。同年 3 月中共通平乡党总支成立，陈应真任书记（后由苏文桂、肖树模继任）。

解放战争时期，麻章区参加中国共产党的有 194 人。

麻章镇 81 人：黄岛、黄那华、黄那英、黄炳光、全家祥、全栖、占杨广、全家太、全公顺、冯亚校、冯亚交、冯良保、冯亚梓、张伟良、冯田生、高德清、招炳连、张其兰、张文成、张昌、招康明、招赖养、张其豪、黄元增、黄济施、黄在诗、黄自英、梁桂、符家英、符兆昌、符胜隆、符那裕、符林兴、符家友、符九仔、李仕颖、李仕田、李仕如、李仕琴、李兴、王太、符元海、王振炳、符仲、符中兴、符倩、杨元状、符中厚、陈美珠、符中伟、符中突、谢其文、谢日尧、谢河养、潘瑞庭、黄光、符田盛、林少梅（女）、左卿（女）、李拾来（女）、李永明、李德高、潘有善、潘有成、李那觉、梁超、梁基、梁德初、梁怀奇、梁玉香、梁仿、林桂花（女）、林石墩（女）、陈昌炎、陈昌盛、林德仁、林兆雄、林时权、黄元茂、全赤、简荣。

太平镇 95 人：吴寿琪、许合乐、许太鑫、谢家宏、谢启秀、陈同祥、许美瑞、吴妃国、林少珠（女）、冯少英（女）、杨秀贤（女）、杨秀吟（女）、袁正顺、唐秀清（女）、叶腾蛟、薛其兴、韦貌二、彭炎宋、陈福祥、陈家模、徐法纪、徐少熙（女）、徐少黎（女）、徐鼎臣、徐志恒、徐法龙、徐业祺、徐山、徐才、卢志伟（女）、陈玉清（女）、卢成学、卢惠能（女）、陈玉珠（女）、肖梅（女）、肖存心、肖存偕、黄德武、黄路保、卢克（1946 年在越南义安省加入中共）、陈锦连（女）、周斌、卢福祥、洪服均、洪中銮、兴服勋、洪中、唐梓生、唐裕芳、唐智美、唐砚、吴明广、洪宏海、洪伯球（女）、李碧泉、洪碧英、洪碧连（女）、吕志仪、陈和畅、陈永斌、陈芳运、陈华、叶元亨、李福弟、李保发、李保里、许有远、陈和美、黄秀荣（女）、洪妃勤、洪培基、洪绍文、洪尤义、洪妃韩、洪碧如、洪服芝、洪珠英、洪美泽、洪禹弟、许美瑞、洪焕文、徐四、徐妃愚、吕荣、苏光保、洪福祥、徐叶永、陈美绍、陈妃卿、陈笃周、卢惠根（女）、许士宁、郑国生、许美尧、李丰贵。

湖光镇 18 人：谭那钱、林进英、吴炳芝、杨碧英（女）、刘那胜、刘保同、陈炳生、旧县婶（女）、谢那进、谢兴益、陈菜花（女）、陈宏启、许学端、林麻保、周妃奢、许汝德、许惠芳（女）、许盛江。

解放战争时期，麻章区各级党组织发挥战斗堡垒作用，为中华人民共和国的建立做出了自己的贡献。

二、健全党组织和人民政权机构

1947 年 3 月，中共广东区委决定撤销中共南路特派员，成立中共粤桂边区地方委员会（简称"中共粤桂边地委"），任命温焯华为书记，吴有恒为副书记，欧初为委员兼宣传部部长；同时撤销各地特派员，成立各级党组织，以加强党对游击队的领导。

1947 年 5 月 20 日中共粤桂边地委成立，决定撤销各地特派员，成立各级党组织。同日，在遂溪中区的叶屋村成立了中共遂溪中心县，沈汉英任书记，沈斌任副书记，陈醒吾、陈兆荣、陈开濂等任委员。遂溪中心县委成立后，遂溪县划分为东、南、西、北、中、东南、西北、西南 8 个区。麻章地区的中共党组织分属遂溪的东区、中区、南区和东南区的区委领导。东区区委书记梁立（1949 年 3 月后为黄烈）、中区区委书记陈理祥（1947 年 11 月后为周德安）、南区区委书记陈醒吾（1947 年 10 月至 1948 年 2 月，后为林飞雄）、东南区委书记唐克敏。东南区委先后设在克初村林昌鸿家和沙沟尾村，管辖市郊潮满区、新鹿区及遂溪东区麻章乡一带村庄。书记先后是唐克敏（1947年6月至1947年10月），王悦炎（1947年10月至1948年9月），黎江（1948年9月至1948年11月）。1948年11月，成立中共湛遂边工作委员会，统管东硇区、东南区和遂溪东区。1949年1月，中共湛江市临时工作委员会成立，撤销了湛遂边工委，东南区委归中共湛江市临时工委领导，东南区书记李树生（1948年12月至1949年5月），林梓祥（1949年5月至1949年12月）；副书记林梓祥（1948年5月至1949年5月），林一珠（1949年5月至1949年12月）。

东南区委下辖八个党总支：

第一党总支负责录塘至百姓村一带。

第二党总支负责陈屋港至东纯村一带。

第三党总支负责新村至谢屋一带。

第四党总支，书记李树生（1947年11月至1948年12月），林普中（1948年12月至1949年5月），杨权（1949年5月至1949年12月）。该党总支下辖的党支部、党小组有：（1）麻章北沟党支部（含潮发、后湾、车路溪、鸭曹、后北、黄外等村），书记潘有珍。（2）城家外村党支部，书记符家英（1947年6月至1949年12月），副书记符兆昌（1947年6月至1949年12月）。（3）笃头党支部，书记符仲（1947年6月至1949年12月）。（4）大塘村党小组，组长李兴（1947年6月至1949年12月）；沙沟尾村党小组，组长李仕田（1947年6月至1949年12月）；李家村党小组，组长陈英（1947年6月至1949年12月）；郭家党支部，书记张文成（1948年2月至1949年12月）。

第五党总支（管调塾到畅侃一带村庄），书记王南炳（1947年11月至1948年2月），林挺（1948年2月至1948年12月），林铁（1948年12月至1949年12月）。该党总支下辖的党支部、党小组有：（1）古河党支部，书记梁道贯（1947 年 11 月至 1949 年 12 月）。（2）花村党小组，组长唐克敏（1947 年 7 月至 1947 年 10 月）。（3）调塾党小组：组长梁玉香（1947 年 11 月至 1949 年 12 月）。

第六党总支负责宝满至海尾一带。

第七党总支负责云脚至园坡一带。

第八党总支负责蔡屋至柳畔一带。

1947 年 5 月 20 日，中共遂溪南区区委成立，区委书记陈醒吾（1947 年 5 月至 1947 年 9 月），林飞雄（1947 年 10 月至 1948 年 2 月）。1947 年 5 月，中共遂溪南区南文乡党总支成立。书记陈栋，委员先后有陈玉、吕志仪、陈少珍等。接着中共遂溪南区仁仙乡党总支成立，书记陈栋（兼任），委员先后有吴阳、黄科、茅德光等。

1947 年 11 月，中共粤桂边地委组织部部长黄其江宣布撤销中共遂溪中心县委，成立中共雷州工委。书记沈汉英，副书记沈斌，委员陈兆荣、马如杰、陈醒吾、殷杰。此时，除东南区委和东海区委归湛江市管辖，其余区委直属中共雷州工委领导。1948 年中共粤桂边区委宣布撤销中共雷州工委，成立中共高雷地委，书记温焯华。是年 8 月交沈汉英接任，副书记：沈斌、方兰，委员支仁山、卢明、李郁、陈兆荣、陈醒吾。遂溪党组织归中共高雷地委直接领导。1949 年 1 月，撤销湛遂边工委，成立中共湛江市临时工作委员会，东区划归遂北县，东南区委归湛江市临时工作委员会领导。1949 年 3 月，中共通平乡党总支成立，陈应真任书记（后由苏文桂、肖树模继任）。

1949 年 8 月，东区区委书记为黄列，区长为支世杰；中区区委书记为宋自豪，区长为曾惠清；南区区委书记为陈质彬（遂溪县委副书记兼），区长为王立祉。

至 1949 年 12 月，麻章区共建立中共（总）支部 30 个（其中麻章 21 个，太平 6 个，湖光 3 个）；党小组 39 个（其中麻章 17 个，太平 15 个，湖光 7 个）；发展党员 516 名，其中麻章有 308 名，太平有 148 名，湖光 60 名。

麻章地区乡级人民政府如雨后春笋般组建起来。1946 年冬，遂溪中区的七星乡人民解放政府在麻章西边村成立，乡长黄典五。1947 年 4 月，麻章乡人民解放政府宣告成立，乡长陈良喜（后是王居先）。1947 年 5 月，遂溪南区人民解放政府成立，区长林飞雄。同月，遂溪南区南文乡人民解放政府成立，乡长陈栋，副乡长洪国光。仁仙乡人民解放政府成立，乡长朱棠光，副乡长朱申光。路东乡人民解放政府成立，乡长梁瑞祥。1949 年 3 月，通平乡人民解放政府在东岸村敏达公祠成立，乡长卢家成，副乡长吴寿祺。同年 6 月，南文乡与仁仙乡合并成立城安乡人民解放政府，乡长洪服勋，副乡长朱申光。同年 9 月通平中心乡人民解放政府成立，乡长吴定广，副乡长徐莲英。

1949 年 9 月下旬，在平衡村召开通平区新民主主义青年团第一次代表大会，大会选举产生新民主主义青年团通平区委成员 7 人，黄德武为团委书记，卢志伟、陈和连为副书记。全区团员 58 人。

扩建游击新区，发展交通情报网络

　　内战爆发后，驻雷州半岛国民党军队以"剿匪""接收"为名对原南路人民抗日解放军及游击队实行"清剿"，抢占战略要地，向人民武装大举进攻。1946 年夏，敌人企图逮捕革命者吴定瀛，没有成功，便捉其母亲等 4 人，监禁于西营，又围攻东黄村，抢水牛、黄牛 5 头，抓走群众 10 人。8 月，"围剿"上店村，杀死农会副会长卢日生，抢走稻谷一批，猪、牛共 4 头，又围攻南山下村，烧毁房屋 30 多间，杀害村队队员洪汝沉、洪妃南。1947 年 4 月 1 日抓走蔡屋村群众 20 人，后经两面政权人物出面营救和花 500 元银元才将这些群众保释出来。8 月 14 日对群麻坡等 7 村 "围剿"，抓走群众 23 人，抢耕牛 24 头，粮食、家禽一大批。9 月 28 日"围剿"祝美、后坛、临东、临西、杨屋、群井、调罗等村，抓走群众 400 人，杀害钟土相、梁那太、吴那九（吴玉创），烧毁房屋 300 多间，损毁其他财物一大批。杨屋村被抢耕牛 40 头，生猪 20 头，粮食和片糖一大批。同年秋，洗劫麻章迈合岭，抓走群众 3 人，烧房屋 27 间。秋末，"围剿"麻章西边村两个月，打死村民 2 人，强奸妇女 5 人，其中致死 1 人，抢稻谷 60000 公斤，花生 2500 公斤，耕牛 5 头，羊 70 头，家禽、衣服一大批，烧毁甘蔗田 50 亩。是年 11 月 8 日"围剿"大鹏村，烧房屋 10 间，烧甘蔗田 50 亩，抢粮、衣物、家禽一大批。革命根据地麻章甘霖村是整个南路地区革命的摇篮，国民党当局对该村恨之入骨，多次谋划要铲除该村，1948年，甘霖村遭到三次"围剿"，第一次抓走村民107人，第二次抓走村民40多人，并打死村民黄尚坤，第三次调兵1000多人进驻甘霖，打死村民梁景方，抓不到游击队队员，便把全村粮食、牲畜、家禽、衣物全抢光，把房屋烧光。但甘霖村人民是吓不倒的，在遭受杀烧抢掠中茁壮成长，越来越多的民众参加革命，并分赴四方发动人民，以早日推翻国民党政权为己任，如梁汝新到东南区，梁甫和李兰到西北区。1947年9月国民党军队"围剿"群井村，叶益良等人房屋12间被烧毁，钟土相等9人被捕入狱，钟土相后在广州牺牲，叶益良妻子吴家嫂身怀六甲也被捕，在狱中生下儿子叶监生。1947年至1948年两次"围剿"恒太村、英豪中村、笃头村和调塾村。1948至1949年敌人3次"围剿"山后村，抓走群众12人，奸淫妇女2人，烧毁房屋4间，抢走耕牛25头，生猪56头，抢粮食、家禽、金饰一大批。此外，先后3次"围剿"司马村，抓走群众14人，其中3人被杀害，烧毁房屋14间，抢走银元700元。麻章区共有48个村庄遭到"围剿"，被烧、杀、抢、淫、抓，整个麻章地区处于白色恐怖之中。

一、扩建游击新区

1946年，在时局急剧变化的关键时刻，中共南路特委根据中共广东区委一方面坚持斗争，保存力量，保存干部，另一方面作长期打算，将来开展合法的民主斗争的指示，决定南路人民抗日解放军第一团（老一团），转移广西十万大山，其余部队则回各县、区，以连、排、班为单位分散活动，在群众基础较好的村庄进行隐蔽，依靠当地群众坚持武装斗争。麻章地区大部分共产党员虽已暴露，但为工作需要都选择了留下。原东区书记黄明德等调整到其他区工作。麻章圩地下党员、麻章乡乡长陈宏柱与中共遂溪领导人黄其江、马如杰等 6 人一起北撤到山东烟台。甘霖村共产党员梁甫、李兰、梁汝钦转移到遂溪西北区，以做长工为掩护开展革命。梁汝新、梁培英转移到湖光祝美村，以小商贩的身份在铺仔一带开展工作，发展党员，开劈湖光片新游击区。梁才英转移到城家外村，以找对象为掩护建立党组织，成立党支部。梁兰英以结婚为名转到云头下村，发展党员 4 名。梁梅英嫁到沙皮岭村，发展党员 5 名。中共三佰洋村党支部书记王秀充、北沟村党支部书记潘有珍、赤水村党支部书记高秉贵等，各自带领着 10 多个手枪队员与分散活动的武工队互相配合，晚上锄奸反特，白天宿山林山洞，依靠当地群众送点杂粮充饥，坚持武装游击斗争。甘霖村共产党员梁汝新、梁培英与西边村共产党员黄河一起转移到新鹿区，在祝美、群麻坡、蔡屋、临东、临西等村发展中共党员，建立游击小组、农会、妇女会，建立新的革命根据地，与原来抗日村庄祝美、临东、临西、群麻坡、蔡屋等连成一片，巩固和发展新鹿游击区。调塾村共产党员梁超转移至东海岛，沈斌撤到太平仙凤村开展工作。徐燕吉到临海东村小学任教，开展工作。外地转入麻章区工作的共产党员梁玄、周德安、唐克敏、李树生、王戈木、林挺等 10 人撤退到志满村附近开展工作，发展中共党员，成立中共党组织，组建游击队。相继开辟花村、沙沟尾、糖行、克初等 10 多个游击村庄，并把聂村原 8 人的游击小组扩建为 22 人的村队。

1946 年 3 月，李树生到笃头（豪）村秘密成立中共笃头村党支部，并兼任党支部书记。是年 10 月，李树生调走，由符仲任党支部书记兼村交通站站长。1946 年 7 月，唐克敏到花村，吸收游击小组林德仁、林兆雄、林时权参加中国共产党，为组建中共遂溪东南区委机关打下基础。1947 年 2 月，杨仔（杨瑞生）到郭家村发展党员，建立游击小组，又到城家外村将游击小组从 7 人扩充到 17 人，并先后吸收游击队员符家英、符兆昌、符九仔入党，建立城家党支部，符家英任党支部书记。开辟麻章 20 个村庄成为解放战争根据地，与原 43 个抗日老村共 63 个村连成一片成为游击区。

1947 年 10 月，甘霖村的李兰在遂溪西北区北涯村工作时，被敌人包围，惨遭杀害。

此外，在洋村渡口税站工作的林飞雄、莫波撤退到海康县沈塘的吴村、平衡、高明等村一带，建立了中共吴村临时党支部。东岸村党支部副书记肖树模与中共党员卢其茂撤退到雷州东洋一带。吴定瀛潜入国民党通平区公所，当上了该区公所的文化教育助理，秘密搜集国民党的有关情报。

解放战争期间，国民党通平区有一个加强营兵力，分驻洋村渡口和南夏村各一个连。1946 年 11 月，在中共遂溪南区全德滋的领导下，以文里陈村与南夏村为中心，组成 75 人的遂溪南区游击中队，陈玉为中队长，陈华香为指导员。先后在虎头坡、寇竹渡口、田头尾村、保安乡与反动武装激战五次。11 月 24 日攻占保安乡，缴获保安乡乡长枪 15 支，俘虏敌军 8 人，后该中队编入南路人民解放军新二团。留下陈华香、陈玉等 18 人在南文乡继续发展壮大南区游击中队的力量。1949 年 7 月，在虎头坡村附近与国民党第四区（城月）"剿共"联防大队激战，南文乡游击中队击毙敌人 3 人，缴获轻机枪 1 挺、步枪 6 支，送往中共遂溪南区区委所在地平衡村。1946 年冬，中共东南区委书记唐克敏到体村开展革命活动，开辟新的根据地。1947 年夏至 1948 年夏，党组织又派冯清、林健、林何、林少雄、陈里文、许宁、林森、林延、那达、周明等到体村工作。1948 年下半年建立了农会、妇女会、民兵组织。农会会长林仕偕，副会长林成才，成员 30 多人。妇女会会长苏仁英，副会长唐秀仁、陈秀文，会员 10 多人。民兵队队长林益受，副队长林益光，队员20多人。他们积极发动群众筹粮筹款支援部队，掩护革命同志，救护伤病员，参军参战。林益修、林尊隆、林卫等青年参加了革命队伍，为革命胜利做出了积极的贡献。

1946年，根据中共南路特派员周楠的部署，中共遂溪南区区委在遂溪县各区乡村游击队中挑选一批政治觉悟高、身体素质好、有武装斗争经验的中共党员和青壮年组成南路人民解放军（也称"老一团"，团长黄景文，政委唐才猷，以甘霖原第一、第二抗日游击队80多名骨干人员为基础）。1946年6月，通平区东岸村党支部选送卢伍仔、冯丑、卢克、卢妃林，南夏村党支部选送洪剑锋、洪妃福，后塘仔村党小组选送陈耀明、陈济碧两名中共党员参加南路人民解放军。新鹿区后坛村选送谢兴益（中共党员，在广西十万大山战斗中牺牲）、彭那义，笃头村党支部选送符永（烈士）、陈秋南、陈石生、陈琼珠、符中南、符车福、梁荣等加入南路人民解放军新一团、新二团。1947年3月17日，中共南路特派员吴有恒集中遂溪4个机动中队和中区中队，在遂溪县望高村整编成立粤桂边区人民解放军新编第一团。南路人民解放军更名为粤桂边区人民解放军。麻章、太平、湖光地区子弟多数编入这支部队。

二、发展交通情报站

解放战争时期，国民党在南路开展"清乡扫荡"运动。中共遂溪党组织认为要尽快在原抗日交通情报站的基础上，迅速在各游击区建立新的地下交通情报联络站，以加强各村游击队、联防队情报信息传递，并要求各级党组织领导人和村联防队队长亲自选定交通情报联络站的站长、人员、线路和暗号。麻章地区除抗战时各村的交通情报站外，又先后在笃头、克初、花村、冯村、调塾、聂村、白水坡、沙沟尾、郭家、城家外、畅侃等村建立较大的联络站。通平区较大的联络站有南夏、文里陈、田头尾、东岸、卜品仔、塘边、调浪等。湖光较大的交通站有蔡屋、料村、临西、临东、群井、坡塘、司马、大坡、赤忏等村。这些交通站的工作人员在各级党组织的领导下，紧密联系当地群众，出色地完成了传递情报，转送粮食、药品、军事物资，掩护接送党的地下工作者等秘密而危险的工作任务。

笃头交通站是中共雷州特派员陈恩根据中共南路特委的指示建立的，担负特委与遂溪游击区的交通联络工作。1946 年春，特委指派地下党领导人沈汉英、李树生到笃头村做筹备工作。李树生深入群众，发展贫苦青年符仲、符中青、符中兴等 3 人加入中国共产党，并建立党支部，组建交通联络站，李树生任党支部书记兼交通站长。1946 年 10 月李树生调离后，符仲接任党支部书记兼交通站长。笃头地下交通站因情况变化曾五次变换地址，第一次于 1946 年 3 月设在单身汉符盛的家里，同年 9 月底被敌人发觉。第二次于 1946 年 10 月转移到符仲的家里，至 1947 年 5 月。第三次是 1947 年 6 月转移到杨玉琪家（又称"九庭大宅"）。1948 年 6 月因叛徒黄启光告密而暴露，7 月撤销。第四次是设在村外的四王庙。第五次是设在纯厚公祠。

笃头交通站开始时只有符仲、符中青、符中兴 3 名党员是交通员，因任务范围扩大，又吸收贫苦青年符树妹、符东发、陈琼珠、符彩如等为交通员。笃头交通站主要任务是沟通南路特委与粤桂边区人民解放军司令部、中共雷州地区各级党组织的联系，传递密件和护送来往人员。该站直接与特委设在赤坎新渔街陈军父亲的米铺、麻章湾孙太佳凉茶铺、林才连店铺、黄惠民住地、苏虹的家等五个联络点联系，将情报、人员送到水口、调罗湾站再转粤桂边区人民解放军司令部。中共南路特委领导温焯华、吴有恒、梁广等都是经笃头交通站护送到遂溪游击区的。1947 年 6 月中共东南区区委成立后，该站的任务范围也随之扩大，既为游击队购买转运枪支、弹药和医疗用品等，又负责战时向导，转运伤病员，协助党支部做好支前工作等。笃头交通站从成立至湛江市解放，四年里护送过往的党的领导人、地下工作者、游击队员和部队伤病人员等千余人次，递送情报近千件，护送军用物资多批，从没出过差错，出色地完成党的交通任务。

1948 年 9 月的一天，交通员符树妹送情报到东南区委，在克初村附近遇上两个国民党巡逻兵，密藏在烟袋里的情报被敌搜身发现，紧急关头，符树妹一边大声呼喊："来人呀！"借以迷惑敌人，一边挥拳击倒一个敌人，令其摔下山沟，另一个敌人以为真被游击队包围了，吓得抱头逃命。符树妹及时安全地把情报送到了东南区委。1948 年 11 月，交通员陈琼珠带领 20 多人运送一批棉衣、棉被前往粤桂边区人民解放军司令部，到达指定地点后，发现部队已经转移，按照规定运送队可转回原地，但陈琼珠想："天气这么冷，部队同志穿得这么薄，又战斗在深山野岭中，十分需要棉衣、棉被呀！"于是，陈琼珠和交通员们继续追赶部队。为避敌专走小路，经过 15 天的翻山越岭，终于在广西边境找到了部队，战士们捧着送来的棉被、棉衣，看着疲劳不堪、衣着破烂单薄的交通员，感动得流下了热泪。

克初交通站成立于 1947 年，站长林昌宏（中共党员，村联防队队长），交通员由游击小组成员梁那成、林毛、陈罗生、李那娥、林昌盛等人组成，站址设在梁那成家。该站经常送情报到中共南路特委在赤坎的联络点和在笃头、冯村、古河、花村、畅侃等地的交通站，转送军用物资，掩护转送地下党领导周德安、李树生、林梓祥等。1948 年春，站长林昌宏送信往特委联络站，经过鸡岭（现南方路）路口时，遇上敌人封路检查，来不及躲避，急中生智，把情报吞到肚里。是年夏，国民党驻志满圩联防队队长林天雄带兵包围克初村搜捕游击队队员、交通员。林昌宏立即带领当时在克初村的中共东南区委书记王悦炎、东南区交通总站站长梁基与 5 名交通员一起往村后山岭的树林中撤退隐蔽。地下党员陈秀荣来不及撤退，交通员让她到村妇女会副会长戴边塘家，认戴做母亲，敌发现追到戴边塘家，戴说："这是我的女儿，你们不能无礼。"敌兵说："她是共产党，不是你的女儿。"在争辩中敌兵用刺刀猛刺戴的大腿，戴大呼救命，村中妇女立即赶来帮她包扎伤口，此时林昌宏及时赶到，国民党的联防队队长林天雄也赶过来，林昌宏对林天雄说："我是本村甲长，有什么事情找我商量，不查清楚就乱杀乱刺是不对的，她（陈秀荣）就是她（戴边塘）的女儿，没有错，错了我负责。"林天雄无言以对，只好怒气冲天，大声宣布收兵。

1947 年，经中共遂溪南区区委同意，以太平东岸黄村黄德武家为太平地区党组织情报联络站。黄德武为站长，黄德武家处于果木竹林与灌木丛中。几年内，该站掩护转送黄其炜、肖树模、卢秉动、林杰、卢家成等十多位革命者，成为中共遂溪南区较安全、时间较久、贡献较大的交通情报联络站之一。

蔡屋交通站是 1942 年上半年中共广州湾支部林其材在蔡屋村蔡成仕家建立的，并指定蔡成仕为站长，蔡其壮为联络员。1945年 1 月，沈斌、沈汉英等领导派唐克敏、梁汝新、杨瑞等到新鹿区工作。为进一步发挥蔡屋交通站的作用，先后增派外地交通员何时、龙玉明、陈姐、陈炳章等人到蔡屋交通站工作。先后发展胡屋婆、蔡候贵等十多人为交通员。该站设立后，根据上级党组织指示和当地的实际情况，积极主动地带领东海岛老鼠墩、西山、牛牯湾等联络站开展工作，八年来该站做出五大贡献：（1）接送来往干部。八年期间，经蔡屋交通站来往于东海岛、遂溪游击区、南路特委的干部数以百计，其中有上级党组织的领导同志梁广、温焯华、吴有恒、黄其江、沈斌、沈汉英、支仁山、方兰、黎江等。1948年秋，粤桂边区党委领导机关转移到东海岛，当时有很多领导同志是经蔡屋交通站护送过东海西山的。（2）运送伤员和部队。1948年8月，粤桂边纵第二支队新编第八团一营、二营抽调300人在新鹿区那郁桥伏击敌人，新第八团部分伤员转移到蔡屋交通站，有的连夜由该站转移到克初、笃头交通站，有的隐蔽在群众家里养伤，有的送到海上养伤。1949年11月，国民党赵振东部队起义，一部分起义部队由东海经蔡屋村交通站从海上运往岸地。（3）转运军用物资。经蔡屋交通站运转的物资有枪支弹药、药品、食品、衣物等。1948年中共南路特委机关转移到东海岛后，很多由遂溪游击区转来的物资大都经蔡屋交通站运往西山。（4）协助征税。沈斌在牛牯湾、老鼠墩设立税站向商船征税，解决党组织经费，蔡屋交通站根据沈斌的指示，派人在老鼠墩税站协助征税，参加征税的有交通员蔡成仕、蔡其壮（又名蔡那壮）等（见《湛江市财税史料汇编》上册）。（5）传递信件。蔡屋交通站还担负着带送、传递密件、情报的任务。为了及时准确地将密件传递到目的地，交通员总是乘着黑夜、雨天赶送信件。

1945年下半年，中共遂溪县委派唐克敏、梁汝新、杨瑞等到交椅岭村开展革命活动，1947年3月建立了交椅岭村联络站，由郭秋广、苏那赤、东岭婶负责。

1946年1月，中共遂溪县委派杨瑞、梁汝新到竹山村建立交通联络站，站长许学端。1947年8月，党组织派林森、冯清、陈秉章、许妃才到赤忏村开展革命活动，建立革命联络站，站长许美荣，成员苏妃仁、苏明玖。1948年5月，党组织又派林健、林何、林少雄、林何仁、梁德初到赤忏村工作，建立了农会、妇女会和民兵组织。农会会长许美荣，副会长苏妃仁，会员有苏明玖

等 20 多人。妇女会长许美荣，副会长周梅英，会员周玉琴等 10
多人。民兵负责人是苏妃仁，成员有苏妃桂、苏有太等 20 多人。
1946 年至 1949 年间，又先后派冯清、杨仔、梁培英、林一株、
黄美英等到该村开展工作。

料村交通站，站长为许汝桐。塘北村交通站，陈锦生为站长。
塘北交通站在 1949 年 10 月 4 日，由林河仁带领塘北村交通站 10
余人，渡海接国民党湛江市东海区区长赵振东起义部队的 200 余
人去园坡村交通站，交接给粤桂边纵第二支队第五团。1948 年至
1949 年间，塘北村游击队成员还经常挤出时间赶海，抓鱼摸虾掘
泥丁，用来改善来往的地下工作同志的伙食，这种做法受到了冯
清、林河仁等人的表扬和鼓励。

1947 年 3 月，麻章的冯村交通联络站成立，有成员 3 人，站
长冯昌舜。该站是遂溪县东南区联络上级和各地武装组织的枢纽。
1948 年，中共南路党组织一些重要会议都在该村村后的鹰岭山或
下边山沟里召开。中共遂溪党组织的主要领导人沈汉英、周德安、
陈拔、黎江、李志民、梁汝新、支秋玲等经常在该村活动。

麻章地区的所有交通情报联络站，都为解放战争的胜利做出
了积极的贡献。

建立"白皮红心"政权，扰乱敌人暴政

解放战争前期，中共广东区委发出"关于选择政治上可靠的人打进国民党的党、政、军、经济、文化、教育机关和乡保甲政权"的指示，中共遂溪县委决定趁国民党为配合"清乡扫荡"活动重建乡保政权之机，要求各级党组织挑选一批身份未暴露的共产党员、进步人士，乘国民党急于复乡建保之时，打进国民党的基层政权内部，建立"白皮红心"两面政权，选择名义上为国民党办事、实际上为共产党办事的一批党员与开明人士当保、甲长。

一、创建"白皮红心"政权，培育可靠耳目

首先，中共遂溪县委在解放区建立人民政权。1946 年冬，遂溪中区所辖的迈龙、龙井、英豪一带村庄成立七星乡解放政府，任命共产党员黄典伍为乡长。1947 年 4 月，中共遂溪县委决定成立遂溪县人民解放政府，先后担任县长的有周文熙、陈开濂、周德安、黄挺瑶。任命周德安为东区区长，在东区所辖的甘霖、赤水、赤岭一带村庄建立路西乡，梁瑞祥任乡长。任命林和庚（后曾惠清）为中区区长。

其次，在各村庄建立"白皮红心"两面政权。如大路前、笃头（豪）村、迴龙村、车路溪村的保长都是共产党员，三佰洋村、北罗坑、赤岭村甲长也是共产党员。麻章地区最大的反动据点麻章圩的乡政权亦始终掌握在共产党员陈宏柱、陈良喜，副乡

长关章明和进步人士陈畴伍的手里。

"白皮红心"两面政权，对掩护中共党组织在农村开展工作和保护群众利益起了很大的作用。

"白皮红心"两面政权人物，既是中共党组织的耳目，又是革命航船的避风港，他们冒着杀头风险既要征税、筹粮、购武器，又要通风报信，还要掩护、接待、营救革命者，功不可没。

1945年10月，国民党兵"围剿"东边岭村，该村保长冯立卿冒着杀头危险，掩护在该村工作的杨瑞生安全脱险。1946年初，国民党兵"围剿"甘霖村，抓不到共产党员和游击队队员，就抓走了107名村民，经麻章乡乡长梁宏柱和大路前村保长梁瑞祥出面担保，这107名村民才被释放。5月，国民党兵再次"围剿"甘霖村，抓走40名村民，游击队队员黄尚坤被毒打致死，在梁宏柱和梁文的营救下，其余村民被释放。8月，中共党组织拟攻打赤坎的国民党保安团，消息泄露，国民党保安团从潮满区调兵增援，沙沟尾村甲长李仕春得知情报后，立即通知中共党组织取消行动，避免牺牲。1948年，遂溪东南区区委驻沙沟尾村，国民党兵多次围村，都是甲长李仕春得知情报，通知中共东南区区委书记王悦炎及其他领导王戈木、李树生转移脱险。高阳村保长黎爱忠协助村里成立游击队和其他青年妇女组织，还发动群众集资购买了40支步枪捐献给革命队伍，筹集稻谷10万公斤，银元100元，支持党组织和前方部队。

1946年春天，国民党兵在麻章白水坡村和邻村抓了50多人，其中有地下党员黎江（新中国成立后曾任湛江专区副专员）、先进青年和一般村民，该村在赤坎培才学校任教务主任的陈永岐以培才学校的名誉担保，这些人才被解救出来。1948年夏，国民党又抓了陈华镇（地下党，湛江特委主任），将他关押在赤坎监狱，陈永岐出钱买通狱卒，将其救出。

1947 年至 1948 年，麻章的大塘村保长陈安仁以受水灾、风灾的名义多次向上级申请减少征粮的任务。李家村游击队队长李德胜带领 22 人，于 1947 年 12 月某晚包围大塘村地主李如色的家，命令他交出暗藏的枪支，并实行"二五减租"。李如色在村队的警告下，低头认罪，当场交出暗藏枪支 2 支，答应实行"二五减租"和到乡政府报告受灾情况，申请减少征粮任务。

东岸保安团设在缇万公祠里，1946 年农历正月初六傍晚，中共通平游击中队在东岸保安团及村自卫队的配合下，在仙村路段伏击并处决了东岸村反动保长卢登洲。选派东岸村党支部书记卢秉动任东岸村保长，保丁有共产党员卢成学、卢家忠等，维持"白皮红心"两面政权，直至湛江市全部解放。

1946 年 5 月某天，国民党新鹿区副区长支立臣（黄略乡支屋村人）从霞山乘汽车回新鹿区公所，见到同车的黄略交通联络站站长（黄其江的岳母），就对临东村保长王友监说："你村有共产（党）。"王友监即向村党组织王龙田汇报，王立即开会部署疏散转移革命者才化险为夷。1948 年 12 月 29 日深夜，冯清、林何等 8 位领导人在大坡村开会，大坡村保长戴培高将敌人要突袭该村的情报连夜送达，冯清、林何等 8 人立即转移到海滨的神庙里，新鹿区自卫中队数十人扑空。

1947 年农历四月十二日，沈斌遵照南路特委的指示，率领新一团一连和新二团三连指战员 200 人，分别从南区的通明港、东岸港上船，卢秉动奉命率东岸村自卫队及保丁卢成学、卢成柳、卢妃弄、卢卜才、卢卜荣和地下党员卢昌运等 18 人，驾渔船四艘，运送这 200 名指战员到东海岛水流沟。登陆后，在东海抗征游击中队和当地游击队的配合下，这 200 名指战员于凌晨开始分兵两路出击。第一路由卢秉动率东岸村自卫队，通过里应外合迅速消灭了水流沟国民党乡武装队，紧接着进攻东海岛盐警队。经历一个小时的激烈战斗，盐警队缴械投降。东岸村自卫队缴获敌人步枪 18 支，轻机枪一挺。战斗结束后，卢秉动等怀着胜利喜悦的心情返回东岸村。国民党为报东岸村自卫队参与攻打盐警队之仇，于当年农历四月十六日深夜，由国民党通平区区长官家图带领国民党区自卫队 46 人，包围东岸村，疯狂搜捕卢秉动等人，中共地下交通情报员卢昌运（化名卢克雄）被捕，被押到通平区公所，敌人对卢昌运严刑拷打，施电刑 12 次，电晕多次，但卢昌运宁死不屈，绝不泄露党的秘密。卢秉动指派甲长卢成诗、村民卢秉玉带 200 元银元请仙村、吕宅村两位开明保长出面说情，才将卢昌运保释出来。还用 200 元银元医治卢昌运被电伤的双眼。

1947 年 7 月期间，东岸村保长卢秉动以党支部的名义发出书面通知，责成东岸村富户卢绍熊、卢绍罴、卢成表与卢秉室（卢秉动堂兄）等人，退租、退押稻谷 960 公斤，交出 242 块银元。卢秉动指定革命烈士卢保昌独生子卢卜才，与卢成耿一起携带银元 240 元，前往太平圩乌黎坑桥底交给遂溪南区驳壳队队长蔡尚球，由蔡转送平衡村，收款人是中共遂溪南区方兰。同年农历十月十五日晚间，卢秉动按照中共遂溪南区方兰的指示，东岸村保指定卢卜才和卢登涛为农会正、副会长，从东岸村祠堂庙宇公田租谷之中，筹措稻谷 1200 公斤，由林生、卢乃经、卢妃弄等武装自卫队成员驾船，连夜送往海康县大村港，转运到遂溪南区游击队据点吴村唐氏祖祠。1948 年 2 月，国民党 62 军 153 师 47 团"扫荡"南夏、后塘仔两个革命村庄，把洪伯春、洪和保（南文乡武工队队员）及 12 名村民关押在遂四区公所坐牢。"白皮红心"的保安乡乡长洪炳善与乌塘村保长卢昌基（字福祥，共产党员）联名出具担保书，并送厚礼 500 元银元，这些人才获释放。1948 年 6 月，中共高雷地委副书记沈斌等 3 人经麻章笃头村晒场前往遂溪中区时，遭遇国民党兵围村"扫荡"，该村保长杨元状挺身而出，说笃头没有共产党，更没有共产党领导，同时，笃头村 20 多名群众不约而同涌进晒场，把镰刀、扁担等农具递给沈斌等人，让他们扮成去割稻的村民，以混过国民党兵的检查，安全到达工作地方。

1948 年，坡塘村两面政权甲长吴芝养获悉国民党军队即将"围攻"坡塘村的消息后，立即通知在该村活动的林健、林森等人进行转移，国民党"围剿"落空，放火烧了吴之茂等群众的房屋，并抓走农会副会长吴之茂，后由吴芝养出面保释。

临西村地下交通联络站是 1945 年梁汝新建立的，站址在何发育家，何发育为站长，兼临西村"白皮红心"保长。1949 年 10 月 13 日，国民党湛江市政府以召开各村保长会议为名，留下何发育在西营南天酒楼过夜。何意识到情况不妙，用香烟盒写下"今夜不回家"，抛给临西村卖杨桃的陈永怀带回，交给陈那庸，再由陈那庸转给临西村两个党小组。两个党小组立即会意。何达江带领第一党小组成员到村后岭隐藏；何发祥带第二党小组到海滨隐藏。当天深夜，国民党派一排兵力包围临西村。在元相公祠捉拿了陈秋奢和何那春二人，何发育出面担保无效。因为叛徒陈那连（北月村人）指证陈秋奢、何那春是临西村地下通讯员。次日，敌人在铺仔圩将陈秋奢和何那春枪杀。为了革命，何发育将自己的五亩地分次卖掉。

1949 年 9 月，敌人包围临西村，捉拿共产党员何达江（何宏森）不获，就劫捕周宏森。何发育出面担保，并到西营向人借高利贷 30 元银元，向新鹿区公安局缴担保费，才将周宏森等人保释出。

1949 年农历正月初二，国民党驻志满圩联防队 100 多名士兵包围畅侃村。该村保长陈太谦与农会会长陈太时早已布置村民把粮食埋在地下，敌人查不到粮，区武工队、畅侃村队和邻村村队均在村外放冷枪干扰，敌人以为被包围而迅速撤兵。

1949 年，造甲村副保长陈国基获得国民党湛江党部通缉中共党员黄天成的通缉令，即抄送给在太平圩的中共遂溪南区区委领导人陈醒吾。陈即通知在西营（霞山）某商行的黄天成撤离，成功躲避了敌人的追捕。

1949 年 10 月一天夜里，通明保长陈昌悦（共产党员）借故带领保丁往通明渡口巡逻放哨，将通明 14 支长枪和 4 支短枪交给王忠带领的东海岛学生队，由他们带往平衡村交给遂溪南区的游击大队。

二、坚持反"三征"，扰乱敌暴政

1946 年上半年，国民党遂溪当局为巩固统治，驻南路国民党军队加紧对各地游击区进行"清乡扫荡"，并在麻章，太平分别驻军一个营，在麻章的志满、坡塘、迈合、太平、南夏、洋村西各村各驻一个连的军队。国民党乡保政权建立后，在政治上实施"五户联保"（以每村五户为一个单位，互相担保不参共，不亲共，不通共，不藏共，如果有一户与共产党有联系，即为犯罪，其他四户要受株连）在军事上实施"拉网式"的包围袭击，大多数游击区都遭受敌人洗劫扫荡。他们动用武装部队"清乡"扫荡，残杀共产党游击队员，破坏革命游击村庄，加速消灭游击区，加紧"三征"（征兵、征粮、征税），在大灾之年下达五花八门的人头税、田亩税、生猪税、团兵税、市场税，农民无法完成，只能反抗。1946 年 7 月，中共南路特派员温焯华、副特派员吴有恒决定发动当地党组织和人民群众开展以反"三征"为主要内容的自卫斗争。一是在中共党组织控制区内或国民党鞭长莫及的地方，发动群众采取"抗"的方法，抗交粮、抗交税、抗交壮丁。二是在国民党控制区内通过"白皮红心"两面政权的掩护，发动群众，推动开明绅士进行公开请愿，开展合法斗争，以天灾人祸、少耕歉收为由，采取"拖、欠、减、避"的方法，使国民党的"三征"暴政难以实现。三是采取打的方法，对顽固执行国民党的"三征"政策的反动分子进行武装镇压。此后，各村中共党组织发动群众加入农会，通过农会出面反抗"三征"暴政。调塾村同益会会长梁玉香带 300 名农民向该村地主梁寿眉抗议，并在梁氏宗祠门前宰猪喝血，誓不租种他的田地，使他不敢在村中居住，其他地主亦减租减息。

1946 年驻麻章圩的国民党军队，经常到笃头、西塘、鸭曹等地扫荡，搜捕共产党员，随便枪杀村民，抢劫财物，烧毁房屋，奸淫妇女，激起笃头村民众的极大愤慨，该村村队 20 多人拿起 10 多把刀与敌人展开反"清乡"斗争。1946 年，笃头村党支部带领群众开展反"三征"斗争，采取逃避、少交、缓交、一减、二拖、三欠的策略抗交粮食，把少量粮食藏起来，敌人到处搜也搜不到，只能空手而归。同年，中共太平调浪党支部发动群众抗丁、抗税、抗粮，开展减租减息、解放婢女等斗争，取得减租稻谷 1800 公斤、减息 1200 元银元、解放婢女 17 人的成绩。角塘地主退租稻谷 900 公斤，上店地主退租稻谷 24 石、退息大洋 250 元。1947 年 3 月 21 日，国民党湛江市政府决定实行武装"清乡"，国民党遂溪县政府也效仿，按区、保、甲、户逐一清查，颁发国民身份证，并推行"五户联保、三保联防"制，笃头"白皮红心"的杨元状一面应付敌人，一面乘机发动群众反"三征"，使敌人在笃头村无立足之地。1947 年 11 月，得知敌人又计划到麻章各村抢粮，中共笃头村党支部书记符仲与保长杨元状到该村通知各家各户，要群众做好粮食转移隐藏工作，当驻麻章的 100 多名国民党士兵到笃头村抢粮时，全村竟无一粒粮食，只有少量番薯、木薯，敌人只好悻悻而去。1948 年至 1949 年，国民党在遂溪东区、东南区加紧实施"三征"政策，赤岭村、迴龙村、迈龙村、英豪村、古河村、聂村、克初村、花村、畅侃村的党组织与"白皮红心"保甲长立即到每家每户发动群众藏粮、抗税、抗征壮丁。临东村、临西村、祝美村、料村、赤忏村等村的党组织也发动群众藏粮抗丁，国民党在征兵中征不到兵，便到处抓人充当壮丁，部分壮丁乘机投奔游击队。

创建医疗机构，筹资征税发展人民武装

自 1943 年 6 月，遂溪东区抗日游击中队在夜袭冯家塘日寇税站的战斗中，留下廖华、梁福、梁炳枢三位伤员进行医治之后，麻章地区的五个抗日联防队都设立了医疗所站。五个医疗所站的基本特点是：一是聘雇中西医（中草药）医生 3 人至 5 人；二是群众自愿集资购买各种药品；三是组织担架队，医务人员随军作战，在战场上对伤员进行救护包扎；四是把伤员分散到农户家里进行治疗，严防敌军发现医疗所站；五是联系实际，因地制宜，对病伤员集中治疗。

一、创建医疗机构，建立战时保护

1947 年 5 月，遂溪东区在麻章合流村建立东区医疗所。接着又在湖光体村、麻章的英豪内、英豪中、黄屋、新坡仔、高阳、笃头、杨屋、冯家塘、聂村、大塘、车路溪、白水坡、沙沟尾、李家、老赤水、新赤水、城家外、沙墩、赤岭、后北、北沟等村庄建立医疗站。各村医疗站所需费用，绝大多数由本村负责。新坡仔医疗站缺乏药物，全瑞光卖出自家田 10 多亩以及一头牛，所得钱款全捐给村医疗站。高阳医疗站费用全由林尼一人负责，该站收治了中区医疗所所长黄让和几批人民武装伤病员。沙沟尾医疗站伤病员少时几人，多时 20 多人。笃头医疗站还承担东区、东南区送来的伤病员。1947 年冬，笔架岭战斗的伤病员 30 多人，送到合流村医疗所进行治疗，合流村甲长郭永和亲自安排他们到20多户村民家里住宿、治疗，动员全村出粮、出钱、出力，把病伤员当成自己的亲人，给予热情照顾。中共东区区委书记梁立，区长周德安多次在到合流村检查工作时对此给予表扬，并决定把合流村医疗所改为东区合流医务所，医务人员从10人增加到22人。后来部分伤员转到沟沙尾继续进行治疗。在笔架岭战斗中，还有10位伤员是由笃头医务人员与交通人员在战火中冒着生命危险救护下山，及时转送到各家各户隐蔽治疗的。在医务人员精心治疗之下，十多位伤员全部康复，重返前线，继续战斗。在笔架岭战役中，麻章的甘霖、合流、老赤水、符竹、笃头、柳坑、大鹏、迴龙内、赤岭、沙墩、鸭曹等村组织260多人参加医疗救护工作。

1947年，东南区在体村农会会长林仕偕家里设立医疗站，1948年，东南区武工队带12名伤员到体村保长林仕偕家里进行治疗，其中2人伤势较重，全身血淋淋，林仕偕怕暴露，日夜守候。村民捐钱粮，购买名贵药品，苏仕英负责煮饭给伤员吃，经过精心治疗，这批伤员恢复健康，重新归队。

在袭击赤坎国民党保十团、袭击遂溪飞机场、攻打坡塘圩和援助国民党六十二军直属部队起义、解放湛江等战斗中，笃头、合流等村医务人员、联防队队员都组成担架救护队，与部队并肩战斗。笃头村40多人在解放湛江的战场上把伤员抢救下来，及时抬到安全地方进行救治。湖光镇竹山村的许学端在家设立医疗站，多次救助伤员，其中在东南区飞马连袭击东海岛国民党保公所的战斗中，5名受重伤的伤员就在他家治疗后康复。

二、开展筹资征税，冲破经济封锁

在抗日战争和解放战争时期，湛江地区的国民党反动派对中共遂溪县各革命游击区在军事上"围剿",在经济上封锁。但是,麻章地区广大人民群众冲破敌人在经济上的封锁,把节约下来的"半两大米,一个番薯,一个芋头,一杯花生油,一文钱"都用来援助共产党武装游击队伍,共同谱写了"军民团结如一人,试看天下谁能敌"的佳话。

（一）发动群众，筹集物资

在抗日和解放战争期间,全区捐献给共产党武装的钱款、粮食和其他物品共有银元 1471 块,稻谷 175500 公斤,大米 187450 公斤,枪 175 支,缝纫机 1 台,金链 1 条,金戒指 1 个,鞋 250 多双,椰壳、番薯、番薯干、鸡蛋、衣服、被单、子弹带、草席等一批,还有卖田 20 亩所得款。

麻章甘霖村妇抗会发动全村妇女积极支援前线抗日、捐钱献布,(如肖秀莲捐出自己的嫁妆 3 匹布),缝子弹袋、军粮袋,做军鞋,宁愿自己饿肚子也把粮食捐给抗日游击队,妇抗会还组织全村 100 多名妇女们到合流、东坡岭一带开荒,将生产的粮食全部捐给抗日游击队。

太平甘园村冯作周卖了祖田 1 亩,得大洋 100 块,捐给共产党武装。太平下店村的洪妃庆捐步枪一支。太平洋村西村的许士善卖了自家 2 亩地,所得款也全捐给共产党的武装。太平仙村的群众捐献稻谷 1000 多公斤,鸡蛋 500 个,椰子壳一批(供游击队员作饭碗使用)。太平西村的群众共捐献稻谷 3000 多公斤,番薯和薯干一批。太平调浪村群众捐献稻谷 1200 公斤,大洋 60 元,被单和草席一批。太平恒太村群众捐献稻谷 1500 公斤。

通平区东岸村农会从 1946 年至 1949 年的三年时间,收购与没收富户的蒲草 1.5 万公斤,发放给全村妇女 250 人,编织草席、草袋、草帽等蒲织品,运往海南、徐闻等地出售,获得 212 元银元,全部捐给中共遂溪南区游击中队做军费,荣获中共遂溪区委内部通报表扬。

　　湖光料村许汝桐捐献银元 200 元，给地下党组织在大平办益文书店（地下交通站）。湖光临东村群众捐献稻谷 25000 公斤，大洋 100 多元。湖光临西村群众捐稻谷 25000 公斤，银元 300 元，大米和番薯干各 500 多公斤，该村"白皮红心"保长何发育将自己 5 亩田分期卖掉，得款全捐给人民武装。湖光祝美村群众捐献稻谷 1500 多公斤，大洋 40 元。湖光群麻坡村群众捐献步枪 10 支，轻机枪和手枪各 1 支。坡塘村从 1946 年到 1949 年，全村先后为南路解放军及粤桂边纵队捐献稻谷 780 公斤，番薯干若干，衣物一批。

　　麻章大路前村梁瑞祥卖掉自家田地 2 亩，买回 5 支枪捐献给共产党武装。麻章新坡仔村的全瑞光卖掉自家 10 多亩水田和一头牛，将所得款全部捐给共产党武装队伍。麻章圩的陈宏柱，卖掉自家水田 3 亩，买回 20 支枪，全捐给共产党武装队伍。陈宏柱的父亲陈畴伍也卖掉水田 2 亩和女儿的金项链、金戒指，所得款全部捐给共产党武装。麻章岭仔、洋溢、黄屋、水塘等 4 村群众捐献步枪 22 支，银元 300 元。现麻章合流村群众捐献稻谷 5000 多公斤。高阳村发动群众集资购买 40 支步枪捐给革命队伍，筹集稻谷 14000 公斤，银元 100 元，缝纫机 1 台，子弹袋一批，支持党组织和前方部队。符竹村群众捐献稻谷 5000 多公斤。新坡仔村群众捐献稻谷 6500 公斤。聂村群众捐献稻谷 55000 公斤以及东南区医务所的运作费用。畅侃村群众捐献稻谷 45000 公斤。克初村群众捐献稻谷 5000 公斤。后湾村群众捐稻谷 1750 公斤。新赤水村群众捐谷 7500 斤，番薯 3000 公斤，衣服 60 多件，鞋 50 多双。三佰洋中村群众捐谷 5000 斤，银元 21 元，鸡蛋和布匹一批。沙墩村群众捐谷 1800 公斤。赤岭村群众捐谷 1500 公斤，银元 200 元，布料 3 匹，子弹袋 500 多条，鞋 200 多双。另外甘霖村的简常、梁有、蔡庆、朱生等人将养鸡换取的 100 多元银元也捐给共产党。笃头村群众捐出长枪 7 支，手枪 2 支，稻谷 1250 公斤。

（二）建立收税站，组织经济收入

1946 年，中共南路党组织迅速恢复和发展，南路人民解放军和各地武工队、游击队也不断扩大。为解决革命队伍的日常经费问题和保障后勤供给问题，中共南路特委从以下三个方面增加经济收入：

1. 建立 7 个或固定或流动的税站增加经济收入。东海牛古湾（西湾）税站，重点征收经西湾附近海面来往的运输船只货物税，蔡屋村交通站蔡成仕、蔡其壮等交通员经常派船只到牛牯湾协助向商船征税。1947 年至 1949 年两年半时间内共征收银元 300000 元。其中，东南区流动税站共征税 3000 多元。洋村渡税站（林飞雄）共征税 3100 元。

2. 组织捐献。解放战争后期，在地下党的广泛组织和发动下，东海、潮满、新鹿各区广大人民群众捐献银元 4500 元，金戒指 13 个。

3. 为解放军征购公粮。1946 年，国民党为加紧内战需要，加大"三征"任务（征税、征粮、征兵）。中共地下组织发动遂溪三区、潮满区、新鹿区、东南区人民群众抵制国民党的"三征"任务，并乘机公开发征粮任务单，征募粮食给南路人民解放军。征收标准是：赤贫免征，贫户每年 6 升，中户每年 14 升，地主富农每年收 36 石至 60 石者征 5%，61 石至 100 石者征 10%，101 石至 150 石者征 14%，151 石以上者另定。在太平的文里叶村以共产党员叶仁亨为首，建立一支 8 人征粮队，麻章沙沟尾村、李家村、柳坑村、大鹏村分别成立征粮队和征税站。潮满区和新鹿区因处于国民党力量较强区域，粮食征募工作难展开，每年征得 90000 公斤，至湛江解放共三年时间也只征得 270000 公斤。东海区是老游击区，每年可征 216000 公斤，三年共征 648000 公斤，三个区共征 918000 公斤，极大地援助了人民武装斗争。

（三）发展人民武装，积蓄革命力量

在建立遂溪各区党委、区政府之后，人民武装力量逐步地发展壮大起来，迅速揭开了雷州大地解放战争的序幕。

在解放战争中，甘霖村输送 81 人加入南路人民解放军，同时在本村组建 100 多人的游击队，新赤水村也组建 110 人的"白虎连"。麻章地区其他村也先后建立 108 个村自卫队、武工队、游击小组（以下统称"村队"），成员共有 2400 多人，长短枪支 1700 多支。这些武装村队分别是：麻章圩自卫队 30 人，外园村自卫队 20 人，赤水村游击小组 20 人，水塘村游击小组 22 人，洋溢村自卫队 36 人，新坡仔村游击小组 26 人，西边村游击小组 21 人，英豪中村游击小组 46 人，三佰洋中村自卫队 12 人，赤岭村游击小组 30 人，北沟村自卫队 90 人，杨屋村游击小组 12 人，上店村游击小组 18 人，临东村游击小组 36 人，群麻坡村武工队 33 人，南夏村队 40 人，文里叶村游击小组 24 人，文里李村游击小组 25 人，文里陈村游击小组 66 人，田头尾村游击小组 16 人，卜品村游击小组 23 人，东岸陈渔村游击小组 27 人，通明村游击中队 51 人，料村游击小组 40 人，祝美村游击小组 35 人，临西村游击小组 38 人，云脚村游击小组 22 人，蔡屋村游击小组 20 人，赤忏村村队 30 人，仙村村队 28 人，塘边村游击小组 25 人，洋村西村村队 20 人，调浪村游击小组 67 人，乌塘村游击小组 25 人，洋村东村游击小组 29 人，下店村游击小组 9 人，角塘村村队 12 人，山后村游击小组 26 人，恒太村游击小组 15 人，合流村游击小组 36 人，英豪内村村队 25 人，岭仔村游击小组 6 人，符竹村游击小组 19 人，柳坑村游击小组 12 人，高阳村游击队 30 人，大鹏村游击

小组 12 人，大路前村武工队 25 人，杨屋村游击小组 10 人，迈龙村自卫队 40 人，冯家塘村游击小组 17 人，古河村自卫队 20 人，冯村游击小组 20 人，花村村队 20 人，畅侃村游击小组 40 人，聂村村队 30 人，沙沟尾村游击小组 17 人，大塘村游击小组 30 人，克初村村队 20 人，调塾村游击队 50 人，车路溪村自卫队 15 人，后湾村自卫队 20 人，黄外村游击小组 70 人，城家外村游击小组 17 人，云头下村民兵队 11 人，迴龙内村游击小组 10 人，沙墩村自卫队 40 人，北罗坑村自卫队 17 人，潮发村游击小组 13 人，鸭曹村游击队 20 人，水口村游击小组 12 多人。还有郭家村自卫队 70 人，白水坡自卫队 50 人，李家村队 40 人，后北村队 12 人，谢家外村 13 人。1945 年 10 月，中共遂溪县委派唐克敏、梁汝新、杨瑞等到司马村一带开展革命活动，发动刘保同、刘明昌、刘启义等 9 人参加革命组织，成立村游击小组，接着将村游击小组改为自卫队，队长刘明昌，副队长刘保同、刘启义，队员 21 人。湖光镇交椅岭村的苏那赤、郭春生、郭春文、郭祥明带着本村护村用的 4 支枪组成游击小组，加入革命斗争行列。1945 年冬，东区武工队队长杨瑞到群麻坡村建立武工队，副队长孙汉江，队员 20 多人。1947 年至 1949 年，该村输送武工队队员 10 多人直接参军参战。

1947 年 3 月 17 日，吴有恒集中遂溪 4 个机动中队在中区望高乡整编成立粤桂边区人民解放军新编第一团（下称"新一团"），同月，太平和海康部分游击队合编成立雷州独立营。不久，吴有恒又集结廉江、化吴地区部队，成立了粤桂边区人民解放军新编第三、第四团。1947 年 4 月中共遂溪县党组织从各区中队和各村游击队抽调部分人员，再从新一团抽调少量骨干，在遂溪中区的城里村成立粤桂边区人民解放军新编第二团。1947 年 4 月 29 日，中共华南党组织正式批准成立粤桂边区人民解放军，由吴有恒任代司令员。6 月，又以雷州独立营、东海连、新二团三连、新一团符春茂部，在太平成立了粤桂边区人民解放军新编第九团（同年 8 月改为新编第十二团）。在此期间遂溪县各区先后成立 11 个不脱产区中队，共 800 多人。1947 年 6 月，东南区武工队在花村成立，队长杨瑞，副队长孙议光，队员有冯清、林忠等 12 人。

1947 年 7 月，东南区中队在花村成立，全队 72 人，中队长杨瑞，指挥员陈宏志，教育员王戈木，同年 9 月编入粤桂边区人民解放军新编第一团和新编第二团。1948 年 12 月在畅侃村成立东南区飞马连，全连 130 人。连长殷福，副连长蔡南，指导员林梓祥（后为王炳南），副指导员梁德初，1949 年 8 月编入粤桂边区纵队第二支队第四团。与此同时，东南区区委先后在畅侃、聂村、花村、古河等 22 条村组织武装村队共 392 人，拥有长枪 214 支，短枪 7 支，还有大刀、长矛、短剑等武器一批。1947 年 3 月，党组织委派林森、彭宏聪到大坡村开展革命活动。同年，郭家村党员高德清、招炳连、招康明、招赖养、张昌和、招炳周等参加粤桂边主力部队和东南区飞马连。1947 年至 1948 年又增派冯清、梁培英、林何、林少雄、许宁等到大坡村工作。他们以大坡村黄、戴、吴三姓宗祠和白宫庙为据点，以学武为名做掩护，秘密建立了农会和妇女会，农会会长戴成玉，副会长吴义祥，会员 20 多人；妇女会会长挖尾婶，副会长韦玉英，会员有陈文英、陈秀珠、何英、符桂英等 10 多人。粤桂边纵队八团团长派本村战士吴义福、吴习武回村组织民兵队伍，民兵队队长吴义福（1947 年任）、黄兴禄（1948 年任），副队长吴义瑞，队员 20 多人。1949 年 5 月，塘北村陈德生、陈秉章、陈宝子、陈宏启、陈锦生等青年参加了东南区武工队或其他革命队伍。

麻章区各村队在解放战争中，发挥了极大的作用，体现了毛泽东人民战争思想的强大威力。

协助粤桂边纵及南下大军，夺取解放战争胜利

　　1947 年春，中共南路特派员吴有恒在赤坎召开会议，会议认真学习《解放日报》社论《燎原星火》，分析了南路敌我斗争的形势，作出了大搞武装斗争的重大决策。麻章地区各级党组织认真贯彻这次会议精神，派出大批共产党员、武工队队员、村队队员，加紧收缴地主豪绅的枪支。扩大武装队伍，伺机打击地方反动武装组织，广泛发动人民群众配合主力部队横扫反动势力。从此，麻章地区革命武装迅速取得了一个又一个的战斗胜利，为解放湛江市做出应有的贡献。

一、伏击"铁胆"，铲除一霸

　　"铁胆"原名戴朝恩，是遂溪县二区新仔村人。抗日战争爆发后，曾任广东省保安司令部南路特务大队大队长，粤桂边区"剿匪"总指挥。1946 年国民党反动派加紧"清乡扫荡"时，戴朝恩任雷州独立挺进支队司令、遂溪县县长。以"铁胆"的招牌招揽反动爪牙，疯狂镇压遂溪、湛江市、南路人民的革命活动，血债累累，罄竹难书。他常坐着一辆装甲车耀武扬威于赤坎、遂溪之间。中共遂溪中心县委书记沈汉英亲自到麻章东区与遂溪军事领导小组书记李晓农、副指挥邓世英等研究伏击"铁胆"的计划。确定由中共东区区委书记梁立负责布置东区情报联络站和甘霖、洋溢、赤岭交通站侦察"铁胆"行踪。1947 年 3 月 7 日（农

历二月十五日），赤岭交通站交通员郑树有把"铁胆"将于次日早上坐小车前往遂溪的情报传递给赤岭村情报站站长郑贤林，再由其转交东区区委书记梁立，梁立火速向沈汉英书记汇报。沈汉英立即召开紧急会议，研究决定进行伏击。地点选在大路前桥附近高地，由李晓农、郑世英任正、副指挥。从遂溪第一、第二中队抽调精干队队员60人组成伏击队，其中有笃头村的陈秋南、杨元理、杨日位、杨刚。在中队长唐林、副中队长杨伟昌带领下，晚上7时从驻地麻章的龙井村冒雨出发，到达伏击地点。大路前、洋溢、水塘、北罗坑各村的党组织早就发动群众煮好饭等待人民武装的到来。

3月8日7时许，一辆中型客车从湛江方向开来，当车进入伏击圈时，陈晋率领便衣队员一跃而上喝令停车检查，车上6名国民党兵和1名乡丁束手就擒，缴获长枪2支，子弹100发。9时许，一辆小型装甲车又进入伏击圈，便衣队和伏击队队员冲出去命令停车，该车加大油门往前冲，并从车上用轻机枪和冲锋枪向伏击队射击，伏击队立即集中火力还击。便衣队也迫近装甲车投手榴弹，将敌车左前轮炸穿。敌车被迫停下，但仍用机枪顽抗，伏击队则集中火力打车头的机枪位置，直至将敌机枪打哑。不到20分钟，击毙"铁胆"和4个卫兵，打伤1人，俘虏7人，缴获长枪2支，短枪1支，子弹100发，打坏敌装甲车1辆。解放军便衣队队长陈晋受轻伤。此时李晓农与郑世英意识到伏击点离湛江遂城较近，万一敌人援兵赶到于己方不利，便主动撤离战场。不久，国民党增援部队急从赤坎、遂城两个方向赶到大路前村附近开枪射击，双方隔着一个岭头对打起来，直至中午，才弄清是己方人马在互打，双方头目争吵后像丧家狗，把被打坏的装甲车和尸首拖回赤坎。

8日晚，伏击部队在龙井村召开伏击"铁胆"庆功大会，各村群众自发把家禽、酒菜送到龙井村犒劳伏击部队。会上李晓农、郑世英表扬了水塘、大路前、赤岭、北罗坑、洋溢等村的党员、村队队员和群众的大力支援。次日早上，国民党的《大光报》刊登了"铁胆"戴朝恩和4个卫兵被游击队在大路前桥附近击毙、遂溪县政府秘书宁可风被击伤的消息，这消息像一声炸雷在南路各地迅速传遍。

击毙遂溪县反动县长戴朝恩之后，麻章笃头村杨日位、杨刚、杨元理和陈秋南又分别随所在部队到遂溪下六村"铁胆"老家搜获大批崭新的"七九枪"和弹药，补充了解放军的装备。

二、英豪伏击，志满创敌

1947年9月1日，遂溪东南区武工队队长杨瑞生带领英豪内、英豪中、西边、龙井、七星岭、水口、外园、杨屋等16个村庄的游击小组共300多人，在杨屋村后岭（蚯蚓岭）的赤志路段突袭国民党驻志满的虎头军，击伤国民党兵2人，烧毁装甲车2辆，并缴获车上全部枪支弹药和物资。为防止驻赤坎、麻章、坡塘的国民党军的报复，游击队员炸毁了英豪桥，又发动英豪内村、中村、杨屋村的游击队，剪断志满至麻章、赤坎的电话线5千米。次日晚，国民党部队出动近300人，绕道到杨屋和英豪内村、中村搜查，由于游击队及早得到消息，游击队和村民提早转移，才未造成严重损失。此后，国民党强迫附近村民参与修桥，经7天7夜才基本修复。

1947年10月，东南区武工队队长杨瑞生带领西边、水口等村村队，在英豪内村、中村、古河村、聂村、畅侃村等村队100多人的配合下，夜袭国民党驻志满虎头军联防中队的据点，打伤国民党兵7人，缴获粮食5000多公斤，用牛车运到七星乡政府。

三、协袭机场，阻击军车

1945 年 10 月 10 日零时，南路人民解放军第二批突围西征部队在遂溪中区集结。在中区党组织的秘密配合下，分为五个突击战斗小组对遂溪机场实施猛烈袭击。此役，共歼国民党官兵 150 多人，俘虏 8 人，缴获 20 毫米机关炮 2 门，75 毫米加农炮 1 门，重机枪 3 挺，飞机用炮 8 门，日式步枪 130 支。南路人民解放军伤亡各一人。此役，太平的杨日位、杨元理、陈秋南、杨刚等人直接参战。笃头村游击队队长符仲率 30 多人长奔 20 千米前往协助做后勤搬运工作。几天后，政委唐才猷又命令卢克村、笃头村的杨元理和陈秋南等人组成突击队，在遂廉公路阻击国民党军车 1 辆，缴获 1500 枚金币和一幅十万分之一军用地图。此后，粤桂地区人民解放军第一团在团长黄景文、政委唐才猷的率领下于 1947 年 10 月开始西征，向广西十万大山挺进。

四、笔架岭激战，民众助阵

1947 年 9 月，民国广东省政府主席宋子文任命省保警处处长陈沛为粤桂南区"清剿"指挥部总指挥。10 月，陈沛调集保一、保二总队、保九总队一个营和地方反动武装 1800 人，重点进攻遂溪县游击根据地，对革命老区实行"烧、杀、抢"政策。面对敌军压境的险恶形势，中共遂溪县中心县委书记沈汉英，率领新一团和新十二团与敌军周旋于遂溪县西区、南区、中区一带。1947 年 11 月 3 日撤到中区笔架岭下调罗湾村。11 月 4 日上午 9 时（即农历九月廿二），侦察报告有 300 名敌军从城里村方向开赴过来。沈汉英立即召开连以上干部会议，决定利用笔架岭的有利地形和当地群众基础较好的条件伏击敌人。开会期间，放哨士兵报告说来的不是敌人，是一群挑夫，未报告完前方排哨就与敌人互相开枪，原来挑夫是敌人化装的，部分敌人已冲到解放军司令部调罗湾村边。沈汉英即令新一团二连冲出去迎敌，其余迅速占领笔架岭（海拔 176.7 米）主峰，敌人在猛烈炮火掩护下向新一团和新十二团阵地发起冲击。上午 10 时许，敌保一总队两个大队 1000 人相继从城里、城月赶来，被新十二团及龙井、外园、迈龙村队狙击。同时，遂溪东区区长周德安率领二团二连、区中队、便衣队迅速赶到笔架岭参加战斗。二团二连冲上笔架岭主峰同新一团坚守阵地。敌军在岭下看不见游击队队员的身影，一边盲目地向岭顶开枪开炮，一边冲锋。下午 5 时，二连连长梁彪见敌人人多气势凶，怒从心起，拿起轻机枪站起来向敌扫射，不幸中了敌人三颗子弹，倒在血泊之中，指导员林荣义立即上前扶住梁彪。梁彪抓住林荣的手说："你快指挥还击敌人，不要管我，坚守阵地。"梁彪因流血过多，抢救无效，战死沙场，牺牲时年仅 24 岁。梁彪是远近闻名的革命母亲甘霖党支委吴森的独子。下午六时，国民党反动派从湛江调来 400 名援兵，遂溪县东区、中区的区中队与高阳村由林尼率领村游击队 20 多人，大鹏村徐德桂率领村游击队 30 人，符竹村由陈秋桂率领村游击队 30 人，新赤水由高秉贵率领村游击队 32 人，合流村郭永和率领村游击队 35 人，新坡仔村全如仁率村游击队 30 人，柳坑村全启其率村游击队 20 人，在麻海路（现省道 374 线）东线沿线参加对国民党增援部队的阻击战。由黄典伍、黄学品率领西边村、迈龙村游击队 30 多人，由冯道才、冯那率七星岭村、龙井村游击队 12 人，梁荣率水口村游击队 11 人，冯昌周率外园、东边岭、西边山、内村等村游击队 36 人一起，在调丰附近（现省道 374 线）参加西线沿线对国民党城里、城月方向增援部队的阻击战，整个战场战线超过 5 千米，战斗打得非常激烈。天黑前，新一团、新十二团主动撤出战场，敌人也在慌忙中撤回湛江市区。

甘霖、笃头、英豪、赤岭等24个村庄共出动600多人参加担架队、运输队、后勤服务队，260人参加医疗救护工作，将伤员转移到东区医疗所和到各村医疗站。此役，在敌强我弱的情况下，人民武装不畏强敌，英勇战斗，取得了笔架岭战斗的重大胜利，打死打伤敌人100多人。南路解放军牺牲48人，负伤30多人。

五、数次小袭，铲除帮凶

麻章区广大人民群众面对心狠手辣的凶恶敌人，宁死不屈，保护党组织，保护游击队。在反击国民党"清乡扫荡"的革命斗争中，做出重大贡献。

1945年8月，梁汝新潜入新鹿区祝美村开展革命活动，秘密成立祝美村武装游击小组。是年秋，在杨瑞的带领下，这支武装游击小组袭击祝美村保公所，缴获枪支21支，其中冲锋枪1支。

1946年9月，国民党军官董惊天带领100多人进驻甘霖村，拆民房建炮楼，监视甘霖党组织和游击队，并四出"扫荡"。9月下旬，中共雷州特派员通知梁汝新暂时回来遂溪东区打击董惊天的据点。梁汝新带领东区中队蔡南、蔡庆、梁汝义等人在甘霖、田寮、水粉各村村队的配合下，于某日晚趁董惊天带领部下出动"扫荡"时，突袭其据点甘霖村梁氏宗祠，把他建的碉堡设施及用具全部烧毁。董惊天回到甘霖村看见已被烧毁的据点，便灰灰溜地拉队伍撤回遂城。甘霖村暗藏特务梁德猷在董惊天带兵驻甘霖村期间，便跳出来积极协助董惊天搜查共产党员和游击队队员，抢劫财物，村民对梁德猷恨之入骨。不久东区武工队在甘霖村队协助下，在遂城东门岭抓获梁德猷并就地枪决。1947年10月，东南区武工队，在杨瑞生带领下，在聂村、杨屋、英豪、冯家塘各村队的协助下，在志满圩抓获贪生怕死叛变投敌的陈公英（花村人），在调塾村路口处将其枪决。

1946 年 3 月 5 日深夜，反动保安乡长洪天坤联络遂溪县第四区（城月）联防中队 46 人，包围南夏村、后塘仔村，一进村就开枪扫射，打伤南夏村民二人，抓不到共产党员、游击队队员，就抓了村民 5 人，押送到遂溪县第四区公所。早已撤离南夏村的共产党员何德、洪至臣等配合遂溪南文乡游击中队（由陈玉、陈华香任指挥）在城百公路鹿坑路段伏击第四区公所的联防中队，击伤敌兵 3 人，缴获轻机枪和步枪各 2 支，救回南夏、后塘仔被捕的村民 7 人。第三天，遂溪县南文乡游击中队在南夏村共产党员洪至臣的指挥下，袭击了保安乡，缴获敌人步枪 5 支。反动乡长洪天坤闻声逃往家寮村炮楼隐藏，遂溪南文乡游击中队又冲入家寮村。但因家寮村炮楼坚固，攻而不克，天亮后遂溪南文乡游击中队只好撤兵。1947 年 8 月，司马村自卫队队员刘明昌、刘保同在蒋如信的带领下，刺杀国民党新鹿区区长彭景云、副区长李炳煜。1947 年 9 月，赤忏村游击队配合东南区武工队攻打国民党驻那郁炮楼，并收缴料村、金兴村民团步枪 22 支，子弹 300 发。1949 年 7 月，南文乡游击中队在虎头坡村附近与国民党第四区（城月）"剿共"联防大队激战。此战，南文乡游击中队击毙敌军 3 人，缴获敌军轻机枪 1 挺、步枪 6 支，送往遂溪南区委的据点平衡村。

六、助袭赤坎，首攻城市

1948 年 6 月，国民党保十团驻雷州地区只有两个营，其营部设在赤坎广荣声爆竹厂。粤桂边区党委临时军委书记梁广于 6 月下旬在遂溪召开军事会议，会议决定袭击国民党反动派统治中心湛江市赤坎之敌。指定第二支队政委温焯华，司令员支仁山负责这次战斗的组织领导。第二支队立即召开会议精心研究部署，决定由新四团、新五团负责警戒遂溪和西营两个方面的援敌，由第八团主攻赤坎的保十团，由高雷地委委员陈兆荣负责前线指挥，组织几个突击队，每个突击队袭击一个目标，主要目标是敌保十团第二营部所在的赤坎广荣声爆竹厂。主攻突击队由郑贤培任队长，梁太安任副队长。八团八连主要是支持掩护主攻突击队作战，参战部队200人，于1948年7月8日（农历五月初二）集结于合流村待命战斗。1948年7月9日（农历五月初三）凌晨二时，袭击赤坎广荣声爆竹厂的突击队首先发起攻击，仅10分钟便消灭了该厂的大部分敌人，还有几十个敌人在一间大屋里负隅顽抗，突击队队长郑贤培神速地冲入另一间房子夺过敌兵的轻机枪，对负隅顽抗的敌人猛烈射击。其他突击队队员也夺过敌兵的手榴弹一齐投向顽抗之敌，并高喊"缴枪不杀"。顽敌只好放下武器投降，半个小时结束战斗。袭击国民党湛江市自卫大队部的突击队队员占据制高点，把敌人出入口封死。敌人多次想逃跑都被突击队击退。袭击警察局的突击队也用强大火力包围了该局，使敌人一直不敢出动。突击队捣毁湛江国民党"中央银行""中国银行"，缴获大批枪支弹药和银元票；驻遂溪、西营的敌人，因不明情况，也不敢出兵援助赤坎。整个赤坎的主要武装据点都被解放军控制，使主攻突击队很快攻占赤坎广荣声爆竹厂，除一名副营长和两个士兵带着一挺轻机枪逃脱之外，其余全部被歼或被俘，击毙连长以下80人，伤40人，俘虏40人，缴获轻重机枪11挺，长枪短枪180支，手榴弹120颗，脚腿炮7门，榴弹枪11支，各种子弹20000发，军毡40张。突击队牺牲3人，包括主攻突击队副队长梁太安（甘霖村人）；受伤2人。这次袭击，是人民解放军在长江以南地区首次打入大中城市的战斗，影响较大，粉碎了敌人对遂、廉根据地的重点进攻，迫使敌人退守城市，扭转了解放军被动挨打的局面。

在攻打赤坎的战斗中，麻章各村党组织全力以赴，组织游击队 649 人，在东区武工队负责人的带领下，参加攻打赤坎保十团的支前工作。其中：合流村 40 人，白水坡村 50 人，李家村 40 人，新赤水村 30 人，郭家村 70 人，沙墩村 40 人，赤岭村 30 人，北罗坑村 12 人，潮发村 13 人，后北村 12 人，鸭曹村 20 人，甘霖村 70 人，大塘村 30 人，北沟村 24 人，水口村 10 人，老赤水村 40 人，谢家外村 13 人，三佰洋中村 10 人，笃头村 40 人。合流村除派员参加运输队、担架队外，还负责解决参战部队数百人食宿问题。村支书郭永和、交通站长何生带头各捐大米 50 公斤，村中群众闻声而动，捐米、家禽、蛋、蔬菜、柴草等，全村老少烧水做饭杀鸡宰鸭，一片繁忙。

七、那郁伏击，桥头激战

1948 年 11 月，中共粤桂边区委驻湛江情报站负责人林才连，从粤桂南区"清剿"指挥部内线王克处获得徐闻县长陈相将从赤坎运送一批枪支弹药经湖光的那郁桥到徐闻的情报，立即报告边区党委，边区党委指示第二支队新编第八团一营、二营抽调 300 人在新鹿区那郁桥伏击。此战打死敌人 10 人，伤敌 20 人，缴获长短枪 20 支。新八团受伤 8 人，一营连指导员许建义和两名战士牺牲。后敌人增兵，新八团主动撤离。

新鹿区体村、云脚村、料村、大坡村和赤忏村游击队参加了这次伏击。

八、袭击伪兵，斩断毒爪

1949 年春节前夕（腊月廿八日晚）中共粤桂边区党委书记梁广及雷州地区领导人沈斌、方兰等，率领南路人民解放军 320 人，围攻驻守太平圩的国民党自卫队和通平区公所及通平警察分局，缴获敌兵长枪 82 支、短枪 7 支，弹药及军用物资一批，并在太平圩公开枪决了作恶多端、民愤极大的梁妃烬、陈万余和许汝表。

九、南夏伏击，民众协战

1949 年 8 月 18 日，粤桂边纵第二支队新五团，由团长陈龙门、副政委陈耀南率领指战员 200 人，在南文乡南夏村公路界墙伏击国民党六十二军一五三师某团特务连，歼敌 40 人，俘敌 10 人，缴获轻机枪 2 挺，长短枪 23 支，子弹一大批。在这次伏击战的关键时刻，敌人救兵 400 人从城月方向赶来，边走边朝前开炮，新五团从容撤退。撤退中，南夏、后塘仔一带村庄的革命群众沿途为解放军送茶水，伤员们也被安全地送到后方医院。此次战斗，新五团二营四连长肖国武、五连一排长李学如、轻机手黄三九、传令兵廖光杰 4 人牺牲，负伤 2 人。革命烈士遗体由南夏村党支部派员安葬在该村荒坡。

十、甘霖狙击，切敌援兵

1949 年 10 月中旬，粤桂边区纵队为策应国民党六十二军直属部队起义，命令第一支队第一团在遂溪东区甘霖村附近的公路上狙击从遂溪城开往湛江的援敌，以保障起义部队和边纵主力的安全。边纵第一团 400 人在团长陈荣典、政委钟永月的率领下，10 月 15 日下午 5 时从廉江县那贺乡出发，经一夜急行军，于次日天刚亮时到达甘霖村。该村党支部事前已召开支部会议，组织全村党员、游击队队员和广大群众准备好饭菜和开水。战士们饭后稍作休息，上午 8 时，一团指战员进入甘霖公路伏击点，公路左边由甘霖村支部书记梁振兴当向导，右边由老党员黄南保当向导。9 时正，遂溪敌人援兵 100 人从伏击点经过，一团团长陈荣典立即命令开枪射击，击中敌人汽车轮胎。敌军跳下车企图兵分两路，一路向东占领高地，一路向西占领甘蔗地，但两路敌军都遭到新一团埋伏部队的猛烈射击。当场毙敌 12 人，击伤 10 人，敌军向东不能，向西不得，慌乱中丢下伤亡人员和两挺轻机枪，向公路沟逃窜。此时，敌人派一架飞机在甘蔗地上空盘旋，一团轻机枪、步枪向敌机齐射，因双方阵地接近，敌机不敢投弹，在开枪扫射和投放烟雾弹后便飞回。这时，驻湛国民党军队调一个营的兵力来增援，被一团警戒部队狙击，激战半小时，一团警戒部队打死敌人 17 人，打伤 26 人，打坏敌人汽车 2 辆，缴获重机枪 1 挺，轻机枪 2 挺，步枪 23 支，银元 1000 多元，电台 1 部，其他军用物资一批。新一团牺牲排长 1 人，战士 1 人，受伤 3 人。此战截断了敌军的增援之路，确保了粤桂边区纵队接应国民党六十二军直属部队起义成功。

十一、接应起义，并肩战斗

中国人民解放军粤桂边纵队公开宣布成立后，1949 年 8 月 1 日，纵队政治部发出《告国民党官兵书》，号召国民党官兵认清形势，将功赎罪，走向光明，投向人民的怀抱，进一步推动国民党官兵投诚起义。驻湛江市西营的国民党六十二军直属部队警卫营营长邱德明、榴弹团营长彭智浚等率领千余名官兵原定 10 月 19 日起义，因大批敌人从广州涌向湛江，粤桂边纵队通知邱德明提前于 1949 年 10 月 14 日起义。是日一早，邱德明、彭智浚率领千余名官兵宣布起义，遭到国民党驻赤坎和麻章的六十二军一五三师的疯狂镇压。15 日，粤桂边纵队第六支队司令员陈一林、副司令员王克带着数名助手赶到西营参加接应，在遂中区才得知起义提前，15 日，陈一林和粤桂边纵二支队第八团的陈超（时任营长、新中国成立后曾任兰州军区副司令员）到达笃头村等候后续的十八团等部队，拟进攻赤坎，减轻起义部队在西营的压力。16 日下午，纵队第六支队十八团抵达城家外村和谢家外村，遭到敌一五一师和一五三师前后夹击，只好后撤直接进攻西营，与起义部队会合。17 日，粤桂边纵队第一支队第五团、第六支队第十七、十八团和遂溪东南区武工队等参加接应起义部队的战斗，击毙国民党中将副军长张一中，军参谋部参谋处情报科科长黄绍德、参谋洛绍曾等人，共歼国民党军 2000 多人，缴获武器弹药和军用物资一大批。此战的支前工作队由中共湛江市工委统一指挥，事前由中共遂溪东南区区委书记林梓祥、副书记林一株亲自召开紧急会议，布置区武工队分赴各村召开党支部、村干部会议进行贯彻落实，要求各村党员干部带头参加运输队、担架队、后勤服务队，密切配合粤桂边纵队和起义部队的行动。麻章附近村出动800 多人支前，其中郭家村支书张文成带领村队 70 人，北沟村支书潘有珍带领村队 100 人，大塘村农会会长李春琼、党员李庭兴带领村队 80 人，笃头村由符仲、符东发率 40 人，此外畅侃村队30 人，白水坡村队 50 人，李家村队 80 人，黄外村队 70 人，沙墩村队 40 人，潮发村队 10 人，鸭曹村队 20 人等。各村村队队员参加运输队、担架队、后勤服务队，与起义部队并肩战斗，仗打到哪里，运输担架队就走到哪里，茶水也送到哪里。同时，六十二军余部在湖光岩至西营（现霞山区）一带激烈交战，按照上级指示，塘北交通站负责人林河仁立即带领塘北村全体村队成员，赶赴指定地点，担负放哨、看路、传递信息的工作，有力地配合了粤桂边纵队的战斗，由于任务完成较好，得到了上级表扬。

当粤桂边纵队和起义部队决定撤退突围时，湛江市工委立即安排支前运输队帮助起义部队的家属、非战斗工作人员搬运行李和军用物资，护送起义部队家属到甘霖村安顿好才离开。

十二、偷袭伪警，再遭"围剿"

1949 年 10 月 28 日，太平东岸村卢妃利获得太平区公所自卫队郑福权部的大部分人员从太平圩撤往新圩驻防、本部仅留区队7人和警察分局9人看守的情报，即向通平乡乡长卢家成、文书黄德武、工作队队长谢鹏汇报，三人当即决定趁机拔除太平区公所和警察分局。是日晚，谢鹏、卢家成、黄德武率领东岸村村队卢卜才、卢保鸿等59人，加上仙村徐鼎臣率领的村游击队和文昌、调浪村队，仅靠手枪1支、步枪3支，就解除了国民党驻太平圩武装，缴获敌人长枪49支，手榴弹47颗，子弹1800发，军用物资一批，俘虏国民党官兵48人。发给所俘敌军每人2元路费，全部释放回家。不久，这群被释放后的俘虏又返回国民党新鹿区反动自卫中队，继续与人民为敌。在五天后的夜晚（即农历十月初一），新鹿区反动自卫中队在李时基等人的带领下，为报太平缴枪的"一箭之仇"，包围了东岸村，劫走稻谷36石，耕牛3头，捉走村民3人。东岸村遭到国民党反动军队的第三次"围剿"，生命财产遭受严重威胁。

十三、配合主力，解放湛江

1949年10月20日，中共湛江市工委在麻章古河村的徽泉公祠召开紧急会议。会议要求各村大力发动群众，全力做好迎接湛江市解放的各项战前工作。会议决定：（1）以东南区武工队及各村村队为基础，抽调武装人员组成170多人的湛江市治安大队。（2）全面开展策反工作，切实保护湛江电厂、报社等重要设施，通过民主人士、进步知识分子、开明商人等，在国民党内部宣传共产党的政策，使有关明智人士与国民党决裂，弃暗投明，站到人民群众这一方来。（3）广泛发动广大人民群众，做好后勤服务工作，要求共产党员、游击队队员、农会会员、妇女会负责人带头捐粮，带头报名参加运输队、担架队、后勤服务队，全力以赴做好迎接人民解放军到来的各项工作。会议还决定解放湛江的战时指挥部及电台通讯等设备设在坡塘圩的潮满区公所二楼。

1949年11月28日，国民党遂溪县县长黄兆昌率400多人投诚，遂溪全境宣告解放，麻章大部分地区也随之解放。

1949年12月，中国人民解放军第四野战军席卷南路，驻守湛江市的国民党十二军企图从海上逃往海南岛，为堵截敌军南逃退路，粤桂边区纵队命令第二、第六支队共五个团袭击湛江市西营（霞山）国民党驻军。12月12日，从广西溃逃的一支敌军企图在通明港坐船逃跑，被粤桂边纵队六支队十八团在通明港俘获，缴获军马39匹和武器一大批。12月17日，粤桂边区纵队第六支队抵达西营附近，18日凌晨发起攻击，从海头直插松林路口（现市人大办公楼附近），遭到敌人袭击，马上改变向运动场方向阻击逃敌。12月19日凌晨3时，解放湛江的战斗打响后，中国人民解放军第四野战军四十三军一二八师三八四团从广西北海火速赶到湛江市投入战斗。经过激烈的战斗，解放军攻占了国民党湛江市政府和六十二军军部。此时，国民党六十二军军长李宏达已带领部分官兵登上军舰仓皇逃走。战斗于晚上9时结束，湛江市宣布解放。在解放湛江市的战斗中，击毙敌军500余人，俘虏700余人，缴获大批军事物资和敌人档案。第四野三八四团副连长胡玉、排长刘成林、班长李怀臣等32位同志光荣牺牲。

在解放湛江的战斗中，遂溪东区、中区、东南区的中共党组织做了大量支前工作，麻章地区参加支前工作的有900人（其中有潮发村50多岁共产党员梁中保，黄外村15岁的黄玉明）。参加支前的甘霖、三佰洋、赤岭、北罗坑、沙墩、迥龙、笃头、黄外、潮发等各村党支部、村队、农会，在中共湛江市工委的统一布置下，积极为参战部队做向导，破坏敌人电话线，组织担架队救护伤员和搬运弹药，为部队烧火煮饭，与解放军、游击战士并肩战斗。塘北村参加支前的有陈宏启（任组长）、陈锦生、陈家修、陈国文、陈妃状、陈爱群等 20 余人，主要任务是协助通讯、做向导、抢救伤员。太平东岸村武工队卢卜才等 12 人，参加解放湛江（攻克法帝银行）的战斗，为解放湛江市作出了重大贡献。同时在 19 日早晨，甘霖、田寮、水塘、大路前、赤岭、迴龙、麻章等地群众自发在麻遂公路（现 325 国道）两旁欢迎部队，并将熟鸡蛋、糕点、番薯、茶水挑到公路边送给子弟兵。

十四、捐船训练筹资饷，支援解放海南岛

1949 年 12 月 19 日，随着广东陆地最后解放的城市——湛江市的解放，解放海南岛和沿海岛屿就成为华南分局和广东省委的中心工作。1950 年初，中共中央军委主席毛泽东命令中国人民解放军第四野战军第四十军、四十三军组成兵团解放海南岛。雷州地区各级党组织又积极投入到支援南下大军解放海南岛的热潮中。各乡成立支前供应站，湛江市郊支前负责人为李树生（中共湛江市工委委员），麻章镇笃头村杨元状任湛江市支前司令部粮食处主任，遂溪东区（麻章、赤岭、甘霖、黄略一带）支前负责人为支世杰（东区区长），麻章乡支前站站长为王秀充。

在支前工作中，麻章乡各村党支部分别召开党员干部会议，动员共产党员和革命干部发动群众捐粮、捐款、捐物。当地群众主动让出民房给解放军指战员居住，麻章圩一邹姓绅士让出房屋给四十三军作指挥部，麻章原商会会长陈畴伍腾出油行给四十三军后勤部作驻地。当解放军进驻麻章圩时，北沟村书记潘有珍、支委潘有善带领北沟、后北、鸭曹、潮发、车路溪、后湾、黄外等村党员、干部、群众捐献的生猪 9 头，大米 2000 公斤，家禽蔬菜一大批，慰问驻麻章的中国人民解放军。笃头村书记符仲带头捐稻谷 25 公斤，全村共捐稻谷 1000 多公斤、银元 53 元、桁木 200 根、木柴 5000 公斤、稻草 1500 公斤。东区、东南区共捐稻谷

6.5 万公斤，另向群众借谷给部队 3.6 万公斤，并捐各种柴草 13.3 万公斤，番薯 155 万公斤，银元 103 元，还有木板、竹木、铁钉一批。麻章乡妇委会还发动全乡妇女为驻地大军做军鞋，缝补衣服，拆洗军被、衣服。甘霖村妇女主任吴森发动妇女动员丈夫拉牛车到麻章圩部队驻地将战士的脏衣服拉回村中，发动全村妇女连夜突击洗净、烘干、缝补，次日又立即送回部队驻地。

中共东南区区委林梓祥、新鹿区委书记冯清，各带领区委一班人深入农村发动群众捐钱捐物，安排南下大军住宿，同时捐出渔船 83 艘，其中调逻村捐出 50 艘，坡塘村 8 艘，赤忏村 6 艘，蔡屋村 12 艘，料村 7 艘，并选派料村许汝告等 52 名舵手、船工跟随准备渡海的大军训练。临东村有 8 个舵手直接驾船送解放军登陆海南岛作战。

解放初，通平乡人民政府从东岸村迁返太平圩何保罗的楼房办公。为做好支援解放军四野解放海南岛的工作，成立由乡长卢家成、副乡长吴寿琪与驻乡指导工作的蔡祖尚、谢鹏等组成的通平乡支前工作委员会，并深入东岸、肖渔、吕宅、海岚、塘东、通明等村选派渔船 84 艘，船工 146 人支援解放工作，其中肖渔村 50 艘，船工肖土荷、肖存玉等 24 人，肖渔村的渔船都是浅海作业的小船，不能航至海南，该村的肖树模书记立即发动全村 100 多人将 50 艘渔船驶到库竹渡和洋村渡口，将渔船排成浮桥，铺上木板、竹排，让南下大军和辎重武器安全通过。

由于南下大军绝大多数来自北方，基本未见过大海，他们一上船就颠簸得站不稳。新鹿区、通平乡等地的船工，在当地沿海一带，以船为课堂，以海洋为操场，为解放军传授掌舵、撑篙、划桨、摇橹、拉帆、落篷、提放分水板等技能。虽然天天头上有敌机轰炸，但船工们毫无惧色，经过三个月训练，解放军指战员基本掌握驾船技术。东岸村选派富有深海作业经验的舵工卢保谦、卢保创、卢登利、卢成英、卢家兆，肖渔村选派的肖土荷、肖存玉、何令俭等人，从通明港出发，送运大军到徐闻县灯楼角训练水性。1950 年 3 月 10 日下午，第一批由东海北山村王长英率领 121 名船工，驾驶 21 艘木帆船，运载四十三军三八三团第一营（渡海先锋营）1000 多名官兵从硇洲岛出发，于次日凌晨胜利登上海南岛，为其他部队作出示范。大规模的渡海解放海南岛行动开始。

1950 年 4 月 16 日 19 时 30 分，解放军四野第四十军在军长韩先楚、副军长解方和政治部主任李伯秋率领下，从雷州半岛南端灯楼角起航（现徐闻县角尾镇），强渡琼州海峡，次日凌晨，在海南岛博铺港一带海岸抢滩登陆，登陆部队一举歼灭国民党第六十四军一三一师两个团。1950 年 5 月 1 日，海南岛全部解放。

当麻章区船工胜利还乡时，他们每人都荣获毛泽东主席和朱德总司令签署颁发的支援解放海南岛战斗荣誉证书和一枚纪念章。东海北山下村王长英立功两次，被四十三军和省政府授予渡海特等功臣，1950 年 9 月底至 10 月初，参加全国第一届战斗英雄、劳动模范代表大会，被选为主席团成员，被授予全国劳动模范荣誉称号，受到毛泽东主席和其他领导人接见。

在支援解放海南岛战斗中，麻章郊区牺牲 20 人，其中一人为解放军四十三军战士、新鹿区湖光东方村的林公星，另外 19 人为船工，分别是：太平塘东村的何令俭，东海岛的林那古、余尾哥、陈益智、韩宏卿、王吉梅、李昌用、王玉金、陆春尧、陆春志、黄世养、许那美、林德才、林成付，硇洲岛的郭祥富、黄玉远、庄伟彪、庄妃花、谭典朝。

第五章
社会主义改造与建设

　　1949 年 10 月 1 日，中华人民共和国成立，从根本上改变了旧中国军阀割据、战乱频繁的历史，开启了中华民族伟大复兴的历史新纪元，领导和组织人民革命取得胜利的中国共产党，成为在全国范围执掌政权的执政党，肩负起领导全国各族人民建设新中国的重任，开始了治国理政的新里程。

　　新中国成立后，麻章区（郊区）共产党的各级组织不断扩大和发展，共青团组织也壮大发展，成为中国共产党的得力助手。区内各级人民政府迅速建立，取代了国民党政权，并顺利地进行了交接。在麻章区（郊区）各级党政机关领导下，进行土地改革和三大改造后，建立了社会主义的经济基础。经历互助组、初级社、高级社和人民公社后，人民群众的生活得到改善和提高。社会治安稳定，教育、文化、卫生各行各业迅速发展。改革开放后，在区委、区政府的领导下，解放思想、锐意改革、开拓进取。在农村实行联产承包制后，农业生产迅速发展，人民群众的温饱问题得到保障。同时，工业、交通、城建、教育、文化、卫生各项事业也迅速发展。进入习近平新时代特色社会主义阶段后，麻章区经济也进入飞速发展时期，革命老区村庄面貌发生深刻的变化，革命老区人民的生活水平逐步进入小康。

健全党团组织　加强队伍建设

一、区委工作机构设置及党员发展情况

1949 年 12 月 19 日，湛江市解放。1950 年 5 月，根据上级指示，撤销东硇特别区委和东南区委，分别成立中共湛江市东海、硇洲、新鹿、潮满 4 个区委；并从遂溪县划入通平（太平）区，从吴川县划入滨海区，共 6 个区委，由市委直接管辖。

1951 年 10 月，通平区复划归遂溪县。1952 年 1 月，滨海区也复划归吴川县。1952 年 12 月，划东海区和硇洲区成立雷东县（县址东山圩）。新鹿区、潮满区由湛江市直辖。1955 年 7 月，中共湛江市郊区委员会成立。1956 年增设组织部、宣传部、生产合作部和监察委员会。1956 年 4 月设立湛江郊区工作办公室。1957 年 5 月，郊区工作办公室撤销，成立湛江市郊区办事处，属市人民政府（市人民代表大会委员会）的派出机构。

1958 年 10 月，中共湛江地委根据上级决定，将雷东县及吴川县的龙头公社、坡头公社和遂溪县的麻章公社划归湛江市郊区，重新设立中共湛江市郊委和郊区办事处，仍属市委和市人民代表大会委员会的派出机构。中共湛江市郊委工作机构设组织部、宣传部、监察委员会、工业部、农业合作部、渔业部、财贸部、文教部和直属机关党委。1961 年 5 月又从海康县划太平公社归湛江市郊区管辖。1961 年 6 月，撤销区，郊委下辖麻章、太平、湖

光、民安、东山、东简、南三、坡头、龙头、海头、硇洲、乾塘共 12 个公社党委。1966 年郊委属下基层党委 13 个。1966 年，开展"文化大革命"，1967 年 3 月至 1968 年上半年，成立湛江市军事管制委员会生产委员会郊区小组，对郊区实行军管。1968 年 9 月成立湛江市郊区革命委员会，取代了郊委和办事处。

1970 年 8 月撤销郊区革命委员会，郊区除麻章公社归赤坎、海头公社归霞山管辖外，其余各公社由市直辖。1973 年 1 月，中共广东省委恢复中共湛江市郊区委员会和郊区革命委员会，按县级建制，县级设置机构配备干部。郊委工作机构设两委（郊委、革办委）办公室、组织部、宣传部、直属机关党委。郊委下辖麻章、太平、湖光、民安、东山、东简、南三、坡头、龙头、海头、硇洲、乾塘共 12 个公社党委。1979 年，龙头公社分为龙头公社和官渡公社，郊委下辖 13 个公社党委。

1984 年 6 月，广东省人民政府批准，湛江市设立赤坎、霞山、郊区和坡头 4 个市辖县级区。郊区的管辖范围由原来的 13 个区公所缩减为 7 个。1984 年 10 月和 12 月，分别召开中共湛江市郊区第一次代表大会，郊区第一届人民代表大会和郊区第一届政治协商会议，分别选举产生了中共湛江市郊区委员会和郊区首届人大常委会、人民政府、政协委员会。郊委工作机构设 16 个：党委办、组织部、宣传部、纪律教育委员会、统战部、政法委、调研室、精神文明办公室、对台工作办公室、调处纠纷办公室、老干部管理局、机要局、保密局、直属机关党委、社会治安综合治理办公室及新闻科，配备工作人员 70 人。1986 年 9 月，先后在郊区人大常委会、人民政府、政协、法院、检察院、公安分局、武装部成立党委（党组）。1987 年，郊区撤区建镇，将麻章、太平、湖光、民安、东山、东简、硇洲等七区改为七个镇党委。1992 年 7 月，民安、东山、东简、硇洲四镇划出成立东海岛经济开发试验区。郊区只辖麻章、太平、湖光三个镇。

1994 年，湛江市郊区更名为湛江市麻章区，区党委常设工作机构 10 个：党委办、组织部、宣传部、纪律检查委员会、统战部、政法委、调研室、精神文明办公室、对台工作办公室、调处纠纷办公室、老干部管理局、直属机关工作委员会、维稳及综治委办公室、非公经济组织工作委员会、党校。麻章区辖麻章、太平、湖光三个镇党委。2001 年增设防范与处理邪教问题办公室。2002 年区政府信访办公室划归区委并改称区信访局，工作人员 5 人。2004 年，麻章区委常设工作机构有党委办、组织部、宣传部、统战部、政法委、老干部管理局、直属机关工委、维稳及综治委办公室、非公经济组织工作委员会、信访局、党校、防范与处理邪教问题办公室，工作人员 78 人。2010 年，麻章区委常设工作机构有区纪委、党委办、组织部、宣传部、统战部、政法委、老干部管理局、区直工委、区精神文明建设委办公室、区台湾工作办公室、区综治办、610 办、区社工委、区编办、党校。2017 年，麻章区委常设工作机构有区纪委、区党委办、区组织部、区宣传部、区统战部、区政法委、区委老干部管理局、区直工委、区精神文明建设委办公室、区台湾工作办公室、区编办、党校。

建国后，麻章区各级党组织不断健全与发展，特别注意在革命老区村庄培养发展共产党员，1956 年全区有 984 人参加中国共产党，其中在革命老区村庄培养发展的共产党员有 699 人。1976 年全区共产党员已有 15411 名（含郊区下辖 12 个公社党员数）。

2017 年，麻章区有党员 8954 人，约是 1949 年 517 人的 17 倍，其中革命老区村庄共产党员 5620 人，是 1949 年 517 人的近 11 倍。

若干年份湛江市麻章区（郊区）党组织、党员统计表

单位：个、人

年份	新增党委数	新增党总支数	新增党支部数	新增党员数	其中	
					女党员	少数民族党员
1956	1	13	35	824	126	1
1957	6	1	64	914		1
1958	7			4230		
1959	13	22	138	5242	626	1
1962			508	7027		
1965	15	40	457	6990	773	7
1966	15	39	450	7067	776	7
1973	14	4	453	8547	984	4
1974	16	10	515	9668	1167	5
1975	16	12	545	10751	1284	5
1976	15	18	575	11542	1441	7
1978	15	15	676	11564	1380	6
1979	16	14	693	11605	1360	5
1980	16	14	718	12490	1433	6
1981	16	14	736	12618	1412	5
1982	16	24	762	12715	1406	8
1983	17	141	1080	13168	1470	9
1984	13	81	718	8310	997	4
1985	13	79	689	8242	961	4
1986	14	79	697	8377	968	4
1987	14	76	677	8574	969	5
1988	11	32	514	8599	976	5
1989						

（续表）

年份	新增党委数	新增党总支数	新增党支部数	新增党员数	其中	
					女党员	少数民族党员
1990	15	30	464	9688	996	5
1991	15	32	476	8849	1018	5
1992	15	35	495	9057	1063	3
1993	11	20	344	5441	705	3
1994	13	22	341	5548	728	4
1995	13	22	341	5694	783	6
1996	11	21	340	5890	825	6
1997	11	25	348	6016	875	5
1998	11	23	342	6134	899	6
1999	12	24	356	6267	932	7
2000	13	20	342	6441	974	5
2001	12	17	328	6488	997	7
2002	12	21	330	6422	1021	7
2003	13	15	338	6477	982	5
2004	10	15	325	6418	1019	2
2005	8	17	346	6467	1071	10
2006	9	16	349	6732	1144	12
2007	10	16	350	6762	1148	13
2008				7250	1331	
2009				7477	1421	
2010						
2011				7892		
2012	9	19	364	8265	1704	20
2013				8561	1831	22

（续表）

年份	新增党委数	新增党总支数	新增党支部数	新增党员数	其中	
					女党员	少数民族党员
2014				8673	1884	23
2015	11	18	397	8787	1958	24
2016	11	18	393	9099	2093	24
2017	10	18	394	8954	2107	25
2018	10	17	372	8910	2325	37

注：1. 1984 年坡头区从郊区划出另建区，1992 年东海岛等 4 镇从郊区划出成立经济开发区，郊区剩下 3 个镇，1994 年成立麻章区。

2. 表中空白格表示当年没有数据记录。

新中国成立后，中共各级党组织在各个领域都发挥了核心领导作用。由于麻章区（郊区）各级党委、党支部机构健全，几千名党员发挥模范表率作用，区党委、区政府各方面的艰难任务可直接落实到老区基层和村庄，甚至到人，所以各项任务都能按时完成，这是任何党派都无法做到的。

二、麻章区团委机构设置及团员发展情况

1949 年 7 月，中国新民主主义青年团湛江市东南区委成立，有团员 9 人，团区委属中共湛江市委员会青年委员会和中共东南区委领导，团区委书记林一株。1949 年 9 月下旬，在平衡村召开通平区新民主主义青年团第一次代表大会，大会选举产生新民主主义青年团通平区委员会成员 7 人，黄德武为团委书记，卢志伟、陈和连为副书记，全区团员 58 人。

1952 年设立雷东县中国共产主义青年团委员会。1953 年 5 月召开第一届团代会。1957 年成立湛江市郊区团委，同年，雷东县召开第二届团代会。1958 年撤销雷东县，县团委并入郊区团委，

称中国共产主义青年团湛江市郊区委员会。1973 年恢复郊区后又重设郊区团委，工作人员 3 人。全郊 12 个公社，共有基层团委 24 个，共青团员 25000 多人。1984 年郊区团委设办公室和宣传部，人员编制 3 人。1994 年 10 月 10 日，郊区团委更名为麻章区团委。1995 年全区有基层团委 10 个，团总支部 29 个，团支部 329 个，团员 7256 人。2004 年，全区有基层团委 17 个，团总支部 12 个，团支部 334 个，团员 6868 人。2017 年，全区有基层团委 36 个，团总支部 4 个，团支部 405 个，团员 4084 人。麻章区团委设立后召开了 7 次代表会，第一次团代会于 1985 年 5 月 23 日至 25 日召开，出席代表 109 人，其中女代表 27 人，团专干代表 22 人，各战线代表 20 人。大会选举委员 16 人，候补委员 2 人，常委 5 人，副书记 1 人，书记 1 人。第二次团代会于 1988 年 4 月 6 日至 8 日召开，出席代表 151 人，其中女代表 42 人，团专干代表 35 人，各战线代表 23 人。大会选举委员 23 人，候补委员 4 人，常委 7 人，副书记 1 人，书记 1 人。第三次团代会于 1991 年 11 月 7 日至 9 日召开，出席代表 151 人，其中女代表 38 人，团专干代表 37 人，各战线代表 35 人。大会选举委员 23 人，候补委员 4 人，常委 7 人，副书记 1 人，书记 1 人。第四次团代会于 1995 年 10 月 30 日至 11 月 1 日召开，出席代表 109 人。大会选举委员 23 人，候补委员 4 人，常委 7 人，副书记 1 人，书记 1 人。第五次团代会于 1999 年 12 月 28 日至 30 日召开，出席代表 114 人，其中中共党员代表 42 人，占代表总数 36.8%；女代表 43 人，占代表总数 37.2%；大专以上代表 52 人，占代表总数 45.6%。大会选举委员 19 人，候补委员 10 人，常委 7 人，副书记 1 人，书记 1 人。第六次团代会于 2011 年 5 月 18 日召开，出席代表 114 人，其中中共党员代表 54 人，占代表总数 45%；女代表 57 人，占代表总数 48%；大专以上代表 66 人，占代表总数 55%。大会选举委员 35

人，候补委员 15 人，常委 9 人，副书记 1 人，书记 1 人。第七次团代会于 2018 年 10 月 12 日召开，出席代表 113 人，其中中共党员代表 56 人，占代表总数 50%；女代表 66 人，占代表总数 58%；大专以上代表 92 人，占代表总数 81.4%。大会选举委员 21 人，候补委员 9 人，常委 5 人，副书记 2 人，书记 1 人。

1985—2017 年麻章区团组织、团员统计表

年份	基层团委	总支部	支部	团员	备注
1985	8		212	6317	郊区 7 个区公所
1988	9		223	6492	郊区 7 个镇
1991	8		216	6356	郊区 7 个镇
1995	10	13	234	6547	辖麻章区 3 个镇
1996	10	15	286	6878	（以下同）
1997	10	15	315	7459	
1998	10	16	321	7342	
1999	11	18	311	7132	
2000	15	29	329	7256	
2001	15	29	336	7159	
2002	16	29	351	7157	
2003	16	29	342	6830	
2004	17	29	334	6868	
2005	25	3	186	7119	
2006	25	3	186	7215	
2007	28	4	189	7378	
2008	28	5	162	7456	
2009	28	5	164	7469	
2010	30	5	169	7643	
2011	33	4	179	7912	

（续表）

年份	基层团委	总支部	支部	团员	备注
2012	33	4	183	7469	
2013	33	4	183	8736	
2014	33	4	183	8890	
2015	34	4	183	8745	
2016	30	4	180	8745	
2017	36	4	405	4084	重新落实后

　　麻章区各级团组织和全体团员发挥出先进作用，成为各级党组织的得力助手，在各个领域承担了急、难、新、重的任务，在老区村庄经济发展中也发挥出积极的作用。

第二节 政权建设与土改及三大改造

一、人民民主政权的建立

1949 年 10 月，麻章区全境解放。1949 年 12 月 19 日，湛江市解放。湛江市郊区由市军事管制委员会管辖，军管会派出代表在各区设立办事处，取代国民党时期的区公所、乡、保、甲政权。1950 年 4 月 1 日，中共湛江市委、市政府成立，各项接管工作基本完成，郊区由湛江市人民政府管辖，是时湛江市郊区有 56132 户，228299 人，（其中男 123205 人、女 105094 人）。市政府在市郊设置潮满、新鹿、通平、东海、硇洲、滨海 6 个区公所，96 个行政村。

潮满区驻坡塘圩，新鹿区驻铺仔圩，通平区驻太平圩，东海区驻东山圩，硇洲区驻淡水圩，滨海区驻坡头圩，另有遂溪县第三区（驻麻章）。

1950 年 5 月至 1951 年 4 月，行政村改设乡，共设 81 个乡，6 个区公所不变。1952 年 12 月划东海、硇洲两区建立雷东县。湛江市委直辖新鹿、潮满两区。1953 年，设一区（新鹿区）、二区（潮满区），一区辖新圩 17 个乡政府，二区辖 18 个乡政府。短短两三年时间，湛江市郊各级政权迅速建立并牢牢掌握在共产党手里。1956 年 4 月，湛江市郊区工作办公室成立，1958 年，雷东县并入郊区办事处，郊区辖 6 个公社。1959 年辖 10 个公社，1962

年辖 12 个公社，1980 年辖 13 个公社。1983 年进行体制改革，郊区辖 13 个区公所，122 个乡，970 个村委会。1984 年，郊区分出坡头区，成立郊区人民政府，辖 7 个镇政府。1992 年东海及硇洲划归市开发区，郊区只辖麻章、湖光、太平 3 个镇。1994 年，郊区政府改名为麻章区政府，办公地点也由霞山区迁到麻章。

二、老区的土地改革

（一）土地改革运动

历史上麻章辖区内的老区村庄农民以农耕为生。1949 年郊区粮食平均亩产为 73.5 公斤。土地占有状况也不合理，占农村人口不到 10% 的地主富农，占有土地总数的 70%—80%，而且土地质量好，占农村人口 90% 的贫雇农及其他人口，只占有土地总数的 20%－30%，只能以高地租向地主租地耕种，谋生艰难。新中国成立后，土地改革是中国共产党领导的旨在消灭封建土地剥削制度的一场深刻的社会变革。中国共产党实行耕者有其田的土地制度，依靠贫雇农，联合中农，限制富农，保护中小工商业者，将地主土地所有制改变为农民土地所有制。1950 年 6 月 28 日，中央人民政府公布《中华人民共和国土地改革法》，该改革法对恶霸地主与非恶霸地主、大地主与中小地主的区别、富农经济、保护民族工商业、华侨财产等方面都做出了明确规定。8 月 4 日，中共中央又颁布《关于划分农村阶级成分的决定》，提出了"依靠贫农、雇农，团结中农，中立富农，有步骤有分别地消灭封建剥削制度，发展农业生产"的土改总路线，这对指导土改运动起着重要作用。1950 年 11 月 2 日，广东省人民政府通过了《广东省土地改革实施办法》。湛江市委和市政府研究决定，以新鹿区作为土改工作试点，取得经验后再全面铺开。1950 年 12 月 11 日，新鹿区土地改革试点开始启动，取得经验后再全面铺开。新鹿区土地改革试点（该区 14 个行政村，以 11 个村作为试点）工作分三个阶段进行：

第一阶段：宣传发动群众，组织阶级队伍，开展清匪反霸，退租减押，打击地方恶势力，扫除障碍。该区经上级司法机关批准，逮捕匪特分子 162 人，地主恶霸 20 人，收缴手提机枪 1 挺，长枪 15 支，短枪 1 支，手榴弹 19 颗，各种子弹 1926 发，刺刀 57 把。经清算斗争，依法对地主恶霸、匪特分子分别作出处理，为土改扫清障碍。

第二阶段：划分阶级，开展对地主阶级的斗争。当时，新鹿区作为试点的 11 个行政村总人口 22535 人。划分阶级采取"先划地富，后划贫雇"、"先自报，后评议"、填表登记、上级批准、三榜公布等程序。

第三阶段：查田评产，分配斗争果实。以乡为单位，按人口平均分配土地。新鹿区试点 11 个行政村统计：可耕地约有 4.6 平方千米，占人口总数 4.28% 的地主阶级占有土地总数 56.4%，而占人口总数 87.48% 的贫雇中农只占有土地总数的 25.32%。当时这 11 个行政村共没收、征收土地面积约 2.6 平方千米，农民分得土地的有 16401 人，占总人数的 72.78%。

1951 年 1 月 4 日，湛江市召开第三届各界人民代表会议，2 月 15 日成立湛江市人民政府土地改革委员会，由市委第一书记、市长方华任主任委员，市土改工作团团长林其材、副市长沈斌任副主任，委员 12 人。1951 年 5 月，新鹿区土地改革结束。

参照新鹿区的经验，遂三区麻章乡的土地改革运动于 1951 年 2 月 28 日开始，同年 8 月结束，历时半年。

（二）土改全面铺开

1951 年 6 月 13 日，郊区全面展开土地改革运动。郊区的潮满及新鹿区剩下的 3 个村土改全面展开，原属遂溪八区的通平也于 8 月开始土改。中共湛江市委、市政府采取有力措施,加强对郊区土改工作的领导,从市直机关、单位、团体抽调 581 名干部参加土改工作,成立湛江市土改工作团,大张旗鼓宣传《土地改革法》,动员市区机关、团体、学校大力支持土改工作,并成立湛江市城乡联络委员会,专门处理郊区土改运动与城市工商业等有关问题,保证土改运动按计划完成。遂溪县派遣土改工作队 148 人进驻麻章乡,128 人进驻通平区。郊区全面展开土改运动,共分三步进行:

1.扎根串联。组织土改队进村后,召开群众大会及各种大小会议,还由各学校师生组织宣传队,运用黑板报、标语、广播等多种形式宣传《中华人民共和国土地改革法》,宣传"几千年土地回老家","分田发家,勤劳致富",做到家喻户晓;还深入到群众中访贫问苦,选择作风正派的贫雇农作为"三同户"(同吃、同住、同劳动),发动贫雇农起来参加土地改革运动。全区建立贫雇农主席团 34 个,各乡村贫雇农主席团成员 285 人,每个乡村贫雇农主席团主席 1 人,副主席 2 至 3 人,成员 5 至 7 人,组成贫雇农骨干队伍。同时,建立农会、妇女会、民兵队、儿童团等群众组织,安排乡村干部,农民协会正副会长参加市县举办的土地改革运动骨干学习班。

土改工作队深入发动农民群众"诉苦挖根",揭发地主、恶霸、土匪、特务等人的种种罪行。对罪证俱全、民愤极大的,以行政乡为单位召开斗争大会。做到"斗一个清算一个",通平区经上级司法机关批准,逮捕匪特分子 8 人,地主恶霸 12 人,收缴手枪 3 支和一批子弹,并依法对一些罪恶极大、民愤至深的匪特分子、地主恶霸做了严肃惩处,依法没收其"四大浮财"(钱、物、料、房屋)。麻章、通平、潮满、新鹿四个区公所,一共没收地主粮食 6848 担,银元 76486 元,各种金饰 205.339 两,其他实物一批，有效地树立了贫雇农的政治优势，调动了广大农民参加土改的积极性，为划分阶级、分配土地打下了坚实基础。

12月22日，潮满区召开第一届农民代表大会，潮满区委书记林梓祥做了工作报告，湛江市土改队分队长马世源做了潮满区土改工作报告。会议要求各代表回去认真发动群众，保证土地改革运动如期完成。

2. 划分阶级。分配土地，划分阶级，政策性强，涉及面广，是农民与地主阶级的大决战，是土地改革运动最关键的工作，总的做法是按照自报、评议、上级批准、张榜公布的工作程序进行。

具体做法是：

（1）组织土改干部和农会干部、积极分子等反复学习《中华人民共和国土地改革法》，学习毛泽东主席《中国社会各阶级的分析》等内容，学习革命老区村庄先行试点地区的土改经验，武装思想，掌握政策。

（2）选择本区的重点自然村作为先行点，总结经验。通平区选择通明、东岸、仙村等5个村，潮满区选择调塾、聂村2个革命老区村作为划阶级的先行点。

（3）全面铺开。先划阶级成份，没收地主阶级的土地和"四大浮财"，然后分配土地。在划分阶级时，"先划地富，后划贫雇""先自报，后评议"，先填表登记，经上级批准，再三榜公布（初榜、二榜、决榜）。通过大小会议进行"自报评议"，参加会议的除了广大农民，也让地主富农到会。要他们在大会上交代其种种罪行。发动贫雇农积极分子上台控诉，揭发。富农分子慑于土改政策和广大群众的威力，坚持中立。划农民阶级（贫雇中农）时主要根据其拥有的生产资料的多少，生活的好坏及其被地主阶级剥削的程度，进行自报公议。进一步提高广大农民阶级的觉悟，也是对地主阶级再一次的"清算斗争"。在土改时期，潮满区总户数 8467 户，划分阶级结果为：地主 374 户，占 4.41%；富农 131 户，占 1.54%；小土地 119 户，占 1.4%；中农 2482 户，占 29.31%；贫农 4768 户，占 56.31%；雇农 312 户，占 3.68%；自由职业 48 户，占 0.56%；小商贩 59 户，占 0.69%；工商业 19 户，占 0.22%；其他 155 户，占 1.83%。

湛江市郊各区在土改运动中，严格按照《中华人民共和国土地改革法》的规定，实行农民土地所有制。没收地主阶级的土地，征收祠堂庙宇及富农出租的土地，进行造册登记，然后由政府及农会统一、公平、合理地将土地分给无地少地的农民。地主按全家总人口，也同样分给土地，让他们靠自己的劳动维持生活，并在劳动中改造自己。

土地分配方案，必须经过贫雇农主席、工作团、行政村、农会讨论通过，再经过上级批准，张榜公布。土地分配到户后，由人民政府发给土地使用证，公开烧毁土地（房屋）等各种封建旧契约，至 1952 年 2 月底，郊区范围内土地改革全部完成。潮满区革命老区村调塾村，1949 年总人口 1523 人，全村耕地 3780 亩。总人口中地主、富农有 59 人，占总人口的 3.88%，地主富农占有耕地 980 亩，人均耕地为 16.6 亩。其余中农、贫农、佃农共 1464 人，共有耕地 2800 亩，人均耕地为 1.91 亩。土改后，全村人均拥有土地 2.48 亩。群众欢呼雀跃，到处赞扬共产党。

（三）民主建政

土地改革历时两年完成后，迎来两项新的工作：一是整顿农村基层组织，通过民主选举，在革命老区村庄建立乡级人民政权；二是组织农民群众发展农业生产。潮满区、新鹿区、遂三区和遂八区党委和土改工作队根据本单位的具体情况和上级有关规定，整顿各乡和行政村农会及民兵、妇女等群众组织。然后整顿党团组织，建立和健全各乡中共党支部和共青团村支部，发展党员、团员。在此基础上，评选出土地改革运动积极分子108名，选好人民代表，每个乡选举出县级人民代表3名，乡人民代表45名至51名。接着，新鹿区、潮满区、遂三区和遂八区等4个区公所先后召开各乡人民代表大会，民主选举乡级人民政府正、副乡长和乡级委员，建立乡一级人民政权。同时，以乡为单位分别召开万人大会，表彰土地改革运动积极分子，庆祝土地改革运动的伟大胜利。

湛江市郊各区在开展土改运动的同时，对土改工作队伍进行整顿。由于湛江解放比较迟，土改队伍素质参差不齐，成分不纯，思想不过硬，缺乏土改工作经验，有必要从组织、思想、立场、作风上对土改工作队伍进行整顿。1952年2月4日，华南分局作出《关于整顿队伍的决定》，责成各地党委迅速摸清所属地区的区长、区委以上干部的情况。4月，参加湛江市郊区的857名土改干部全部回到湛江市。湛江党委对在土改中表现不好的队员给予了不同程度的处分，同时表扬和提拔了一些土改干部。

土改复查。全省的土改复查从1952年12月开始试点，然后从1月中旬全面铺开。湛江市郊各区的土改复查，从1953年4月开始至1953年11月结束，历时7个月。在土改复查中，对一些被错误处理的人和事做出部分纠正，对农民问题，主要通过思想工作来解决。对所有地主进行最后处理，对占50%的守法地主解除了对他们的管制，对占30%的半守法地主解除管制或实行定期管制。但有些偏差仍然纠正得不彻底，直至十一届三中全会后才落实政策。

查田定产是土改后期的工作，湛江市郊各区从1952年秋开始至1953年4月结束。查田定产的主要内容是：普丈田亩，查实耕地面积，划片分等，评定产量，确定农业税负担，填发土地证等。

1951 年 8 月，太平区的老区村庄东岸、通明、调浪、仙村等 8 个行政村全面铺开土地改革运动，直到 1953 年 2 月结束。

革命老区农民分得土地以后，生产积极性空前高涨，各村农民协会把解决农民生产急需种子、肥料、农具、耕牛等问题作为头等大事，动员群众自愿组成互助组（或称"帮耕组"），解决一部分农民缺少劳动力、种子、耕牛和农具的困难。各村农会还提出"不闲一人，不丢荒一亩地，力争增产一成"的口号，通平区东岸乡人民政府把地主阶级退租退押的 36 石稻谷，作为老区村庄东岸村兴建海堤和农田水利设施的资金，调动了广大群众兴修海堤、保护两千多亩农田的积极性。全村 480 名青壮年苦干三年，堵建塭仔、金竹两宗小型水库，疏通 2000 多亩农田的两条主要排灌沟，修筑海堤 7.5 千米。农田基本建设成绩显著，荣获湛江市人民政府表彰。潮满区的老区村调塾村村民积极性高涨，在村前洋田挖两条长达 1600 米的沟渠，疏通积水，增加灌溉面积 230 亩，亩产增加 80 斤，村民喜气洋洋。

三、社会主义的三大改造

1953 年，党和国家提出过渡时期总路线，在全国范围内展开对农业、手工业资本主义工商业的社会主义改造。1956 年基本完成社会主义改造，中国开始进行全面的大规模的社会主义建设，这是中国历史上最伟大的社会变革。

（一）农业的社会主义改造

1. 组织互助组。

1951 年，新鹿区土改试点结束。同年 10 月，在革命老区村试办临时互助组。1952 年试办常年互助组，至年底该区 14 个行政村已成立互助组 308 个，入组农户 3172 户，占该区总户数 47.14％。麻章在革命老区村组织农业生产互助组 195 个，通平区

老区村有常年互助组 188 个。至 1953 年，通平区农村常年互助组
发展到 420 个，参加互助组的农户有 3560 户，占全区总户数
83%；麻章区常年互助组发展到 458 个，参加互助组的农户有
2890 户，占全区总户数的 88%；潮满区常年互助组发展到 258
个，参加互助组的农户有 1286 户，占全区总户数的 88%。全区
掀起了农业生产高潮。

2. 建立农业生产初级合作社。

1954 年 3 月，湛江市委决定在当年夏收前建立第一批农业生
产初级合作社。至该年年底，建成初级社 29 个，入社农户 1173
户 4600 人。1955 年又新办 258 个初级社，总共有初级社 287 个，
入社农户 13881 户，革命老区村庄的贫下中农、佃农占其中
的 75.01%。

这些农业生产初级合作社，是社员根据自愿互利原则组织起
来的。实行土地入股，统一经营，民主管理。除 5% 左右土地为
自留地，其余土地一律入社，耕牛、大农具（犁耙）等折价入
社，建立社员股份基金制度，农民入社自愿，退社自由；实行以
按劳分配为主（劳动占六成）、以土地报酬为辅（土地占四成）
的分配制度和提留公积金、公益金制度；坚持民主集中制原则，
定期召开社员大会，选举正、副社长，社委，监察员；定期公布
社员劳动工分，财务收支，分配方案；成立生产小组副业组，建
立劳动纪律（男性劳力每月出勤 24 天，女性劳力每月出勤 20 天，
年满 18 周岁为劳动力，60 周岁为半劳动力）和"爱国日""读书
日"（每月规定一天由所在小学组织社员识字班或读报班），所有
参加读书的社员以出勤一天计劳动报酬；规定社员缴纳股金或以
耕牛、大农具、种子、肥料等物料折价作为入社股金，对贡献突
出者进行奖励，每年以社为单位评选先进社员。对违纪者的处罚
也有明确规定。

3. 建立农业生产高级合作社。

1955 年底至 1956 年春，麻章、潮满、新鹿和太平四个区党委决定选择群众觉悟高、领导骨干强、生产搞得好的甘霖、笃头、云脚、祝美、后坛、东岸等 32 个革命老区村，由农业生产初级合作社转办为农业生产高级合作社。

农业生产高级合作社按照社会主义分配原则，组织集体劳动。1956 年，各区农业生产获得大丰收，稻谷总产量达到 62 万担，番薯 38 万担，杂粮 24000 担，分别比 1955 年增长了 20%、30%、25%，其他经济作物和渔、副业生产也有很大的增长。太平区老区村东岸村东明农业生产高级合作社获得农、渔业生产双丰收，社员每个劳动日所得报酬为 1.2 元，是初级社的 1.5 倍。

1956 年 1 月 8 日中共湛江市郊委召开三级干部会议，全郊掀起农业生产初级合作社向农业生产高级合作社转办的高潮，是年共建成高级社 76 个，入社农户 17082 户，占总户数 94.86%。1956 年 3 月，撤销潮满区和新鹿区，成立郊区工作办公室（后改为郊区办事处）。设立郊区办事处后，把原 76 个高级合作社合并为 34 个，同年 11 月，又合并为 14 个，成立乡党总支、乡人民政府。1957 年 5 月，又合并为 4 个（湖光、中平、海平、坡塘），设乡党委、乡人民政府，直到 1958 年 10 月兴办人民公社。

（二）手工业的社会主义改造

1950 年 7 月，中华全国合作社工作者第一届代表会议通过了《中华人民共和国合作社法（草案）》，提出"把独立生产的小手工业者和家庭手工业者，自愿地联合起来，凑合股金建立自己商业和生产组织"，以便发展生产和解决手工业者的困难。

依据中央的各种指示和要求，为了适应农业生产发展的需要，麻章、潮满、新鹿和太平四个区党委成立手工业合作社工作组，分别在麻章、志满、铺仔圩和太平圩镇开展手工业合作社组建工作。主要是坚持自愿互利的原则，将私人生产资料折价入社，成立组社的领导机构，实行民主管理，按劳分配，由初期的民主评工发展到按时计工、以件记工、"四包一奖"（包工、包产、包质量、包成本、超产奖励）等多种按劳分配形式。在财务管理上做到日清月结，每月张榜公布；要留好公积金、公益金、生产发展基金、折旧金。1954年，太平圩木器、铁器手工业合作社宣布成立，入社手工业者28人，占全圩手工业者总数的55%，划为6个生产小组（木工、铁器、缝纫、竹器、鞋匠、五金），产值年年增加。1956年上半年，麻章、潮满、铺仔圩、太平圩镇共组建手工业合作社86个。1954年—1956年，全区手工业社和手工业组生产农具有：锄头6827把、犁612张、耙121张、犁头犁壁402副、铁铲1600把、牛车368辆、手推车280部，其他小农具和工具一大批。1954年手工业产值27.8万元，1955年增长至46.3万元，1956年又增长至72.4万元。

各手工业合作社在党的领导和各部门的大力支持下，坚持自力更生，艰苦创业，通过团结协作，发展了生产，增加了积累，充分显示了各地手工业生产合作社的优越性。

（三）资本主义工商业的社会主义改造

1952年，麻章、湖光、太平三区分布在铺仔、新圩、麻章、坡塘、志满等圩的私营商业有221户514人，其中太平、通明73户168人，麻章、志满、坡塘62户157人，湖光铺仔、新圩86户189人。私营小工厂9家73人，其中太平圩有4家小型织布厂和1家工艺社，共35人，麻章圩1家粮食加工厂，2家油行，1家铁木社，共38人。私营商业主要经营日用百货、粮油、副食、饮食、土特产、小手工业品、农具、陶瓷、猪苗牛苗等，大多数为"夫妻店""家庭店"。1953年，开展打击投机倒把、哄抬物价、欺行霸市等违法行为的行动，全郊有170户分别与新鹿区和潮满区、太平、麻章的供销社签订联营协议，实际上成为供销社的代销店。

1955 年，中共中央提出对资本主义工商业实行"利用、限制、改造"的政策，同时打击投机倒把、打击哄抬物价和欺行霸市的违法行为，维护了市场物价稳定。1955 年 11 月，党中央发表了《关于资本主义工商业改造问题的决议（草案）》，进一步强调利用赎买政策有偿地进行公私合营，或是自愿组织起来参加合作经营组织。在上级党委和人民政府领导下，由麻章、湖光、太平各供销社分别抽调 15 名至 18 名干部、职工组成四个"私改"小组，对各圩镇的私营工商业者进行调查。召开各界人士座谈会进行宣传发动，凡自愿实行公私合营的都要清产核资，核定利率。经过双方协商、上级批准之后，双方签订协议，共同执行。为了便于领导，成立麻章、志满、湖光、太平合作总店。自愿组织起来参加合作总店、合作小组的有 177 户，占总数的 80%。总店下设专业店或组，如副食店、药材店、日杂店、饮食店、理发店，土特产收购组、废品收购组。人员按特长编入各店组。1956 年后，有部分参加合作总店的农户又自愿转为公私合营。

在私营工业的社会主义改造方面，在市郊各区委领导下，经过准备、协商、合营、全面转向生产等阶段后，麻章原两间粮食加工厂和许爱周、陈筹伍的两家油行，于 1953 年同麻章粮管所联营，1956 年 2 月转为公私合营。按"私改"政策处理，麻章农具社也转为公私合营了。1948 年设在太平圩的四间小型织布厂，于 1951 年实行 4 户联营，改名"展光布厂"。1956 年 6 月，按照"私改"方向改为公私合营。合营前该厂只有 20 台人工脚踏织布机，25 名工人，主要生产蚊帐布，年产值 10 万元左右。合营之后，工人增至 35 人，新产品除蚊帐布外，还生产药用纱布、白帆布等，年产值达到 32 万元，显示了公私合营的优越性。女工韩少英被评为湛江市劳动模范，光荣地赴京参加全国社会主义建设青年积极分子代表大会。后来韩少英当选为展光布厂副厂长。后来，展光布厂转为国营。1956 年，社会主义改造的基本结束，标志着我国进入全面的大规模的社会主义建设阶段。

人民公社的建立

　　为尽快改变中国贫穷落后的面貌，党中央在 1957 年冬提出了 15 年赶超英国钢产量的发展目标。在党的八大二次会议上，毛泽东提出主张工业产品的产量 15 年赶上美国的"超英赶美"的设想。在 1958 年正式制定了社会主义建设总路线，并发动了"大跃进"和人民公社化运动。社会主义建设总路线、"大跃进"和人民公社，当时被称为"三面红旗"。社会主义建设总路线就是"鼓足干劲、力争上游、多快好省地建设社会主义"。

　　1956 年，社会主义改造基本完成。1958 年 3 月，毛泽东提出把小型的农业合作社有计划地、适当地合并为大型的农业合作社的建议得到了党中央的支持。1958 年 5 月，中共八大二次会议通过了"鼓足干劲、力争上游、多快好省地建设社会主义"的社会主义建设总路线。8 月，在北戴河召开的中共中央政治局扩大会议通过了《关于在农村建立人民公社问题的决议》，在全国农村掀起了大办人民公社的高潮。9 月 11 日，广东省委做出《关于在农村建立人民公社的决定》。

　　1958 年 9 月 30 日，湛江市第一个人民公社——红光人民公社（12 月改名为"湖光人民公社"）成立，管辖范围是海头、中平、湖光、坡塘四个乡。同年 10 月，吴川县的超美公社（划归后改为"前进公社"，后又改为"坡头公社"）、超英公社（划归后改为"跃进公社"，后又改为"龙头公社"）也划入湛江市郊区。

从 9 月 30 日起,不到半月,全郊区实现了人民公社化,10 月中旬,原属遂溪县钢铁公社(原遂溪三区)的麻章、甘霖、迈龙、迈合 4 个营(乡)被划入郊区,并入红光人民公社。10 月至 12 月是郊区人民公社的初建时期。此时郊区共辖湖光、东海、硇洲、南三、坡头、龙头 6 个人民公社。公社下设 142 个营,1832 个连,6265 个排(营相当于原高级社范围,后改为生产大队。连相当于原初级社范围,后改为生产小队。排相当于原高级社的生产队,后改为作业组或专业组)。全郊区入社农户 78201 户,312742 人(其中麻章、湖光老区村庄入社农户 80 个,48300 人),劳动力 139587 个,耕地 484862 亩,其中水旱田 241280 亩,坡地 240734 亩。

1958 年 10 月 1 日,遂溪县金星人民公社在城月圩成立。该社是由遂溪县四区(城月)与遂溪县八区(太平)合并组成。1959 年 5 月 1 日,金星人民公社分为城月、太平两个公社。1959 年 5 月,红光人民公社分为湖光、海头(中平)、麻章三个公社。1961 年 6 月,太平公社(其中老区村庄 30 个,16300 人),从海康县划归湛江市郊区办事处管辖。人民公社自设立至 1983 年撤销,历时 25 年。

人民公社初期实行工农商兵相结合、政社合一的体制。所谓政社合一,是指成立农业生产合作社时,全省农村实行的是乡、社分设体制,乡即农村基层政权,社即经济组织,一个乡领导几个或数十个社。"政社合一",即把基层政权和集体经济组织合为一体。公社一般以原来的大乡为基础,一乡一社,乡社合一,既是政权组织,又是集体经济组织。

郊区的人民公社推行"组织军事化、行动战斗化、生活集体化",按照军事战斗手段、方式,而不是按照经济手段进行农业生产。各公社全按军队编制组成营、连、排、班,并组成若干民兵营、连、排，作为各级生产突击队。劳动力在全公社范围内统一调动，劳动生产实行大兵团作战和军事化管理，按照规定，统一吃饭，统一上工，统一休息。

郊区的全体社员群众集中到村中一两个饭堂吃饭，几个月后粮库空虚，食堂自动解散。人民公社在分配上实行全社统一核算，统一分配，实行部分供给制（有伙食供给、口粮供给、半口粮供给等形式），实行"吃饭不要钱"。还将原有的农村集市贸易、小商小贩、自留地、开荒地、家庭副业等作为"资本主义尾巴"统统割掉。这种供给制或部分供给制的实行，不仅脱离了当时社会生产力发展水平的实际，也严重挫伤了农民的积极性，最终难以为继。为此，中央制定《关于人民公社若干问题的决议（草案）》，明确规定公社、生产大队、生产队三级所有，以队为基础。

1959 年 1 月起，清理"共产风"、浮夸风，促进了老区村庄生产的发展。公社化时大刮"共产风"，它的主要内容正如毛泽东所说，"一是贫富拉平。二是积累太多，义务劳动太多。三是'共'各种'产'。所谓'共'各种'产'，其中有各种不同情况。有些是应当归社的，如大部分自留地。有些是不得不借的，如公社公用事业所需要的部分房屋、家具和食堂所需的用具。有些是不应当归社而归了社，如部分猪、鸡、鸭归社未作价"，"在公社范围内，实行贫富拉平，平均分配，对生产队的某些财产无代价地上调，银行方面也把许多农村中的贷款一律收回。一平二调三收款，引起广大农民的很大恐慌。这就是我们目前同农民关系中的一个最根本的问题"。

湛江市郊区公社化时期各社平调稻谷 4071413 斤，耕牛 3959 头，生猪 29081 头，家禽 39166 只，大型农具 28317 件，家私用具 87953 件，没收社员自留地、开荒地 22512 亩，各种渔船、货船 1200 多艘……建起不缴费的托儿所 932 间，幼儿园 745 间。

由于"虚报浮夸""互报大账""弄虚作假"，造成粮食大丰收的假象，省委信以为真，以为粮食大丰收，于是下达高征购任务，如：革命老区村湖光的坡塘和大坡塘村，由于干部报大数，被高额征购，占总产量的 60%。很多村庄高征后，所剩无几。对纳入公社体制的圩镇工商业、手工业、运输业、小贩等，其一切生产工具、设备、资产，也一律收归公社所有。

1960 年 11 月至 1961 年 7 月，郊区麻章、湖光、太平公社党委认真贯彻执行中共中央关于国民经济实行的"调整、巩固、充实、提高"的八字方针和《关于农村人民公社当前政策问题的紧急指示信》（简称"十二条"）、《农村人民公社工作条例（草案）》（简称"农业六十条"）、《关于坚决纠正平调错误、彻底退赔的规定》、《关于改变农村人民公社基本核算单位问题的指示》等文件。全面开展农村人民公社整风整社运动。郊区成立整风整社工作团，各公社分别成立工作团分团、大队工作组。抽调郊区各公社 60% 的机关干部和圩镇机关单位 40% 的干部、职工，参加人民公社整风整社工作。

全郊区整风整社运动分为四步：第一步，学习贯彻中央文件，组织队伍，打击敌人的破坏活动；第二步，全面清理"共产风"，彻底退赔；第三步，整顿公社、大队、生产队干部作风，健全公社、大队、生产队各项规章制度；第四步，搞好"四固定"（劳动力、土地、耕牛、农具），落实以生产队为核算单位的体制，加强组织建设。在整风整社运动中，各公社进一步健全各大队贫下中农组织——贫下中农协会。

针对前段刮"共产风"的问题，在整风整社中，全郊区各公社对新老帐目进行全面清理登记，张榜公布，彻底赔退。全郊区统计，平调总值 3523807 元，运动期间已赔退 2803717 元，占应赔退总额 79.56%，其余的写欠条定期赔退。其中老区太平公社统计平调总值达 980000 元，运动期间已赔退 645000 元，占应赔退总额的 66% 左右，其余的写欠条定期赔退。从 1961 年开始，以生产队为基础，重新调整搞好劳力、土地、耕牛、农具的"四固定"并造册登记。在此基础上，重新调整"三包一奖"制度。按照中共中央"六十条"规定，重新分配社员自留地，人民公社实行以生产队为基本核算单位的分配制度，全区共设 3324 个生产小队。

从 1961 年 8 月起，郊区党委、各公社党委认真贯彻执行中共中央《关于进一步巩固人民公社集体经济，发展农业生产的决定》《关于农村人民公社工作条例（草案）》和《目前农村社会主义教育运动中提出的一些问题》（简称"中央二十三条"）。"中央二十三条"主要内容是：1. 对 1964 年下半年"四清"运动中某些"左"的倾向做了纠正；2. 在运动中，自始至终要抓好生产，要把增产还是减产，作为搞好运动的六条标准之一；3. 提出了要以阶级斗争、两条路线斗争为纲，并做出"运动的重点是整党内那些走资本主义道路的当权派"的论断。此后，湛江市委、郊委和各公社党委统一组织社教工作团（队）下乡开展社教运动，历时三年。

1962 年，湛江市郊区共有 89928 户，351219 人。1963 年 1 月，撤销 7 个区公所和 26 个小公社，全郊区设立湖光、麻章、太平、东山、东简、民安、硇洲、南三、坡头、龙头、海头、乾塘（由坡头公社析出）等 12 个大公社。公社比原来减少 16 个；生产大队由原来的 409 个合并为 220 个，比原来减少 189 个；生产小队调整为 3652 个，比原来增加 696 个。此后近 20 年，基本保持不变。

各项运动开展情况

20 世纪 50 年代后期到 70 年代中期，在极左思潮影响下，全国梦想一夜进入共产主义，导致浮夸风盛行，层层开展各项运动，耗费大量人力资源，造成生产力水平下降。革命老区村庄也不例外，使农业生产受到严重影响。

一、"大跃进" 运动的开展

"大跃进" 运动是在批评反冒进和酝酿、制定社会主义建设总路线的过程中发动起来的。1957 年，郊区制订《湛江市郊区建设社会主义农村规划（草案)》，要求 "1958 年稻谷平均亩产 800 斤，争取达到 1000 斤；1959 年平均亩产 1000 斤，争取达到 1500 斤；1962 年平均亩产 1800 斤，争取达到 2000 斤；以郊区 8 万人口计，平场每人每年生产粮食达 2900 斤稻谷。渔业由 1957 年的 20709 担增加到 1958 年的 30000 担，再到 1962 年的 60000 担。水果由 1957 年的 678 亩增加到 1958 年的 10000 亩，再到 1959 年的 25000 亩。蔬菜由 1957 年的 15500 担，增加到 1958 年的 21000 担，再到 1962 年的 40000 担，平均亩产 5000 斤。甘蔗由 1957 年的 14042 亩到 1958 年的 30000 亩，再到 1962 年的 32000 亩，平均亩产 30000 斤。生猪饲养量从 1957 年的 50000 头，存栏量 33500 头，增加到 1958 年的 110000 头，存栏量 60000 头，再到 1962 年的 180000 头，存栏量 100000 头。盐业从 1957 年的 2500 担，到

1958 年的 375000 担，再到 1962 年的 795000 担"，这个规划严重
脱离了实际。

为做好"大跃进"的组织保证，1958 年 4 月，郊委组织部决
心在郊委领导下，争取全区 80% 以上干部达到优秀，做到"生产
大跃进，组织工作做保证"。各乡党委书记、乡长感到压力太大，
因为绝大部分的乡委书记、乡长都是土生土长的本地人，非常了
解农村的情况，熟悉农业生产，每个人心里都十分清楚水稻亩产
量是多少。大家私下议论："田里的稻谷不是凭想象就能生产出
来，情绪激动就能高产？"但市委领导要求："若达不到省里规定
的亩产 1200 斤，无法向上交代，上级撤我，我先撤你们。"无奈
之下，各乡都表态"人有多大胆，地有多高产"，省里要求多少
就报多少。

二、深翻改土和"高产"运动

1958 年 10 月 31 日，广东省委作出《关于开展 1959 年早稻万
斤县社（乡）、万斤片运动的决定》，决定开展每个地委（区党
委）创造一个万斤县、每个县创造一个万斤社（乡）、每个社创
造一个万斤片的运动，并要求开展万斤高产运动的县、社（乡）、
片，必须下决心搞好，只许成功，不许失败。按照省委的要求，
一场"深翻改土"的大规模行动在全省范围内铺开。当时，全省
提出"深翻三尺土，亩产万斤粮"的口号，集中大量劳力深翻田
地。湛江市郊区早在 10 月 18 日就开始展开深翻改土运动。11 月
初，湛江市委召开紧急会议，要求郊区一定要按照省委的要求完
成改土任务，并派员到郊区红光人民公社的北月、临东、龙潮、
陈铁、大塘、调塾等地督办。湛江市郊委立即发动群众，开始在
各村田地深翻改土，地委、市委、郊委领导带头参加劳动。在田
上搭排楼，插彩旗，装上高音喇叭，锣鼓声和喇叭声响彻云霄，

写着"鼓足干劲，力争上游，多快好省地建设社会主义"的各种标语、横额张贴、悬挂在群众的屋墙和田垌中。湛江市委和郊委，都组织机关干部下乡参加深翻改土劳动，日夜突击，有关农业社队80%的青壮年参加改土。为实现1959年万斤县、万斤片的目标而盲目地在田野上劳作。这种生产场面，投放人力的规模，深翻土地的面积，都显示出"大跃进"的时代特征。特别是把坡地的上层表土全挖到田里改土，造成绝大部分被挖的坡地寸草不长，结果得不偿失。省里还提倡高密度种植，推行以小株密植为中心的栽培方法。湛江市郊区纷纷推广"双龙出海""蚂蚁出洞""满天星斗"等密集种植法，一亩秧田从平时播谷种12.5公斤、15公斤提高到50公斤、250公斤。在高度密植的要求下，郊委还使出"奇"招，将十几亩长势良好的禾苗拔起，插在一亩田里，导致通风不良，光照不足，禾苗全部死掉，结果颗粒无收。甘蔗、番薯也搞起高密度种植。这种瞎指挥的作风，严重地违背了农作物的生长规律，其结果只能是大减产，甚至颗粒无收。但坚持实事求是、拒绝弄虚作假的都被上级严厉批评。于是各地弄虚作假的浮夸风愈演愈烈。1959年全郊区经济滑坡，农民除去交公、购粮、留种子，所剩无几，农村普遍缺粮严重，农民因为吃不饱，营养跟不上，出现水肿病。经历了这些之后，各级领导干部逐渐清醒，吸取了教训。

三、"钢帅升帐"，大炼钢铁

在农业"浮夸风"和"瞎指挥风"盛行的同时，一场以大炼钢铁为中心的工业"大跃进"运动也轰轰烈烈地展开了。根据中央的计划，中共广东省委于1958年6月5日发出《关于大力发展钢铁工业的指示》，决定当年全省新建小炼铁炉1645座，生铁生产能力达到100万吨。按省委的指示，各地、市、县均成立由第一书记挂帅的钢铁生产指挥部，层层负责，督促指导生产。1958年8月23日，湛江市郊区成立钢铁生产师，各乡也成立以党委书记为首的钢铁生产领导小组。带有很大盲目性的群众大炼钢铁运动在全区迅速掀起。从1958年9月初开始，全郊区"党委挂帅，全党动手，全民动手"，掀起大炼钢铁的高潮。9月20日，有16万人参加的钢铁生产组织"湛江地区钢铁军团"成立，是时，郊区钢铁师到处掀起挖炭炉、斩树烧炭的热潮，不管何乡何村何社，见到大树即砍伐，10月28日，湛江市郊委还下达文件，要求"组织人力继续投入砍树运动，保证炼钢需要，各级领导带头，日夜突击，直至满足需要或可砍之树木被砍光为止"。不到一个月，全郊区共砍8000多吨树，区内各地的几百年大树基本砍伐完毕。麻斜一带有一片密度较高、名贵树种较多的原始山林，几天之内全部砍光，连根挖起运去烧炭。只见炭窑遍地，到处浓烟滚滚，烟雾弥漫，青壮年劳力实行三班轮换制烧炭。湛江市郊区根本就没有铁矿资源，只好发动全郊机关干部、工人、学生到处捡废铁，有的将旧锄、刀、锅、犁头、犁壁拿去上交。东海公社建起大地炉480个，烧结海绵铁2吨，炒钢炉200多个，约产铁1吨，小高炉15个。麻章搞了一个黄继光式高炉。湖光建套炉20个，有风箱40个，白天炼钢，晚上砍树，但根本炼不出合格的钢铁。郊区在大炼钢铁运动中，只根据上级要求，带有很大的盲从性，完全违反客观规律，造成人力、物力、财力的巨大浪费。为提供炼钢铁的燃料，全郊区森林资源遭到毁灭性的破坏，特别是各村高大的天然林木几乎被毁光，有的是名贵树种，使后来的生态环境严重失调。

四、兴建水利，抗旱治涝

1957年9月24日，中共中央、国务院作出《关于今冬明春大规模开展农田水利和积肥运动的决定》，指出"积极广泛地兴修农田水利，是扩大生产，提高单位产量，防治旱涝灾害最有效的一项根本措施"，强调各地"必须切实贯彻执行小型为主，中型为辅，在必要和可能的条件下兴修大型工程的水利建设方针"，大力开展农田水利建设。10月21日至23日，省人大委员会召开扩大会议，发布了《关于开展冬季兴修水利运动的指示》。

中共湛江市郊委各级党组织，对加强水利建设的积极性极高，新鹿区和潮满区早在1952年就开始打井灌溉，两区在各乡村打自流井和抽水井共23口，可灌溉面积6700亩。还按"三亩一井"的要求，各地挖井326口，方便群众挑水抗旱。南三岛挖井2500口，解决抗旱面积13750亩。1955年8月，湛江市郊区正式成立打井队，成员34人。1955年至1957年共在郊区打井520口，增加灌溉和抗旱面积3.12万亩。

湛江市郊区在1956年就掀起兴修水利的高潮。1957年，郊委发动湖光乡青壮农民3000多人参加兴修水库。多时达6000人参加兴修水库。首先兴建新坡水库，拦蓄那郁河上游集雨面积17平方千米，总库容670万立方米，设计蓄水424万立方米。该水库于1958年5月建成，完成土方112万立方米，石方8600立方米，可灌溉面积1.8万亩，该水库还联通那柳、体村、程村、大田洋等4座水库，总库容362万立方米，增加可灌溉面积8000亩。1957年10月，遂溪三区的麻章、甘霖、迈龙、黄略等乡出动3000多人兴建合流水库，该水库集雨面积8.25平方千米，总库容483万立方米，设计调蓄水量205.6万立方米，坝长250米，坝高14米，渠长15千米，1958年5月建成。1957年10月，湖光乡、中平乡也出动4000多人兴建位于三岭山南的赤溪水库，该水库集雨面积5.85平方千米，总库容307万立方米，设计调蓄水量145.6万立方米，坝长310米，坝高12.5米，干支灌渠9条，总长 22.3 千米，1958 年 9 月建成。

湛江市郊委遵照中央和省委指示精神，从 1957 年冬季开始，与全国一样，迅速掀起一场更大规模的兴修水利的群众运动。1958 年 1 月 16 日，广东省委召开全省水利电话会议，强调"拿出最大的革命干劲，组织一个规模更大的、更扎实的水利高潮"。此时，郊委组织投入水利建设的队伍规模更大、人员更多，包括未入社的"单干户"，也要求人员、牛车都去参加水利建设。全郊区投入水利建设的劳动力占总劳力的 25%～30%。1958 年 9 月 8 日，湛江市郊委对全区（不含麻章、太平两公社）的水利工程进行全面规划，大项目重点建设，小项目自行建设。全郊水利建设工程预计土方共计 500 多万立方米，石方（含青年运河东海河）78760 立方米，需要资金 873493 元。工程费主要由群众自筹。

在蓄水工程方面，1958 年 1 月，雷东县发动东海人民兴建红星水库，该库实为围海式水库。该水库集雨面积 28 平方千米，总库容 732 万立方米，设计调蓄水量 645.1 万立方米，坝长 10500 米，坝高 8 米，干支灌渠 6 条，总长 13.5 千米，完成土方 64.64 万立方米，混凝土 4370 立方米，设计灌溉面积 1.1 万亩，实灌 6000 亩，1958 年 10 月建成。

1958 年 3 月，湛江市郊委和遂溪县委联合发动迈龙、迈合、麻章、甘霖、海平、坡塘等乡的 17 个高级社 4000 多人，兴建湛江市郊区最大的中型水库——志满水库。该水库集雨面积 22 平方千米，总库容 1505 万立方米，设计调蓄水量 1307 万立方米，坝长 1300 米，坝高 16 米，干支灌渠总长 23 千米，完成土方 42 万立方米，浆砌石 4500 立方米，混凝土 600 立方米，设计灌溉面积 2.66 万亩。经过 13 个月的奋战，于 1959 年 4 月建成。后又经三次加固维修，以求安全。

1958 年 9 月，湛江市郊委发动海平乡、坡塘乡人民兴建赤坎水库，同时，市委发动赤坎的机关、学校协助修建。该水库集雨面积 58 平方千米，总库容 575 万立方米，设计调蓄水量 347 万立方米，坝长 260 米，坝高 16 米，干支灌渠总长 2 千米，完成土方 14.6 万立方米，浆砌石 1928 立方米，混凝土 800 立方米，设计灌溉面积 2000 亩。1959 年 3 月建成，后作为赤坎区人民饮用水水库。

1961 年 10 月，湛江市郊委发动麻章公社人民兴建麻章大鹏水库。该水库集雨面积 2.76 平方千米，总库容 107 万立方米，设计调蓄水量 68.8 万立方米，坝长 410 米，坝顶标高 67.71 米，坝高 8.5 米，干支灌渠 2 条，总长 6 千米，完成土方 6.9 万立方米，浆砌石 450 立方米，混凝土 55 立方米，设计灌溉面积 1010 亩。1963 年 10 月建成。

1963 年 9 月，湛江市郊委发动麻章和海头公社人民兴建北铁门水库，该水库是控制水土流失与灌溉相结合的复合型水库。该水库集雨面积 2.59 平方千米，总库容 114 万立方米，设计调蓄水量 64.6 万立方米，坝长 290 米，坝顶标高 68.69 米，坝高 14 米，干支灌渠 2 条，总长 6 千米，完成土方 7.9 万立方米，浆砌石 190 立方米，混凝土 45 立方米，设计防涝 2000 亩，灌溉面积 1000 亩。1964 年 3 月建成。

在引水工程方面，1958 年 6 月 1 日，湛江地委发动兴建鹤地水库，该水库集雨面积 1440 平方千米，总库容 11.8 亿立方米，并开挖一条长达 174 千米的雷州青年运河灌渠，可灌溉廉江、遂溪、海康、吴川、化州及湛江市郊区等五县一区的 140 万亩土地，设计灌溉郊区麻章、湖光、太平、海头等公社 11 万亩土地，实灌溉 3.25 万亩。鹤地水库和雷州青年运河开工后，郊区成立指挥部，郊区主要领导任正、副指挥，与全郊区 1 万多名青壮年，多的时候超过 3 万人一起参加鹤地水库建设。经过三个多月奋战，分给郊区的筑大坝任务基本完成。7 月 10 日前后，郊区部分农民回家参加夏收、夏种，完成后再回工地施工。1959 年 9 月，转入开挖青年运河工程，郊委机关抽调干部 20 多人，负责具体工地管理，各公社或大队派出书记、社长或大队长，带领 3000 多人的施工队伍，自筹资金、粮食，自带工具，自搭工棚，日夜突击，至 12 月基本完成主运河郊区任务段。1960 年 5 月 14 日，主运河及东西河完工通水。

湛江市郊区工程转入青年运河东海河工程，由遂溪县与郊区负责全线施工。郊区负责从新桥大渡槽出口起至湖光岩止，全长 32.74 千米，1960 年 3 月 8 日动工。湛江市郊委主要领导任正、副总指挥，组织麻章、湖光、海头三个公社 1 万名青年劳动力参与施工，多时达 1.5 万人。上游段主要由麻章公社负责，中下游段由湖光、海头两个公社负责。上游段农民采取搭棚或借用遂溪颜村、塘口、源水、庞村坎、官田隆等村的祠堂、民房的方式解决住宿的问题。经过日夜突击，于 1963 年 10 月 1 日胜利完工通水。

郊区的太平引水灌渠工程是雷州青年运河在东运河 9.45 千米处开出的支河，称太平河引水工程。从海康客路坡仔村起至郊区太平公社止，全长 26 千米。全河附属建筑物 104 座，郊区太平公社负责 91 座。1959 年 9 月动工，遂溪县成立太平河引水工程指挥部，发动青壮年劳动力 2000 多人上工地，奋战 3 年，完成土方 104.4 万立方米，浆砌石 1420 立方米，混凝土 412 立方米。于 1962 年 3 月完工通水，可灌溉 19 个大队 1.31 万亩农田。

鹤地水库和雷州青年运河整个工程建设，主要靠农民手挖肩挑，工具靠自带的锄头畚箕和极少的手推车，有些地段夯实堤坝的工作也全靠人工打夯。建设资金民筹公助，主体材料费由政府拨付，其他开支由社队自筹，伙食、工具、搭棚用料全由社队自备。

鹤地水库和雷州青年运河建成后，在农业生产上基本改变了雷州半岛历史上的干旱状况，省委第一书记陶铸还感慨作对联一副"脚踏地球手托天，气吞山河服自然。"运河建成后，也使郊区的麻章、太平、湖光、龙头、坡头等公社部分农村土地受益。但由于水源少，远没达到原设计要求。部分村庄连续几年出动30%以上主要劳力修建，耗费生产队的粮食、工具、劳动力，有相当部分生产队还卖了耕牛维持修建，通水后却没得到半点受益。

湛江市郊区人民，在中共湛江市郊委的领导下，在 20 世纪 50 年代中至 60 年代初，经七八年艰苦奋斗，在农田水利事业上造就了一个新飞跃阶段，历史应永远铭记这代人所付出的努力。

五、农业学大寨，劈山造田

1964 年 12 月，毛主席发出"农业学大寨"的号召，各公社、大队、生产队纷纷响应，自力更生，艰苦奋斗，向荒山荒岭进军，掀起开荒造田、劈山增地的高潮，大搞农田水利建设。1965 年，湛江市郊区为解决湖光岩以西一大片"望天田"的水利灌溉问题，决定将湖光岩内的湖水引出浇灌农田。1965 年，引水工程动工，组织人力在湖西挖隧道 387 米，隧道直径 2 米，隧道底低于湖面 2 米，建干渠 24 千米。1966 年 10 月竣工放水。由于人为破坏了湖光岩的生态平衡，奇怪的事情发生了，自一次引水成功后，此后 50 多年，湖水都低于隧道底，以致无法引水自流灌溉。当时，郊委只考虑如何学大寨，想创造一项惊人之作，以带动全郊人民学大寨、树榜样，所以未组织专家论证，罔顾生态平衡，破坏了旅游资源，既耗费了资金、粮食，又浪费了人力，造成得不偿失的恶果。

湛江市郊区在农业学大寨运动中，虽然在湖光岩引水工程方面失败了，但在向荒山野岭、沼泽海壑进军方面却取得显著成效。全郊新开辟可耕地面积 16500 亩，这是个了不起的成就。同时，郊区树立麻章公社大塘大队为郊区农业学大寨、战天斗地的先进典型，号召全郊人民学习大塘精神。通过农业学大寨运动，进一步培养了全区人民吃苦耐劳、战天斗地、永不屈服的精神。

1966 年至 1976 年"文化大革命"期间。人民公社管理委员会改为文化革命委员会，其组织成员由各群众组织联合选举或推荐，上报县（市）革命委员会批准。公社的生产大队亦成立文化革命委员会。

改变老区生产条件　促进老区农业发展

新中国成立之前，麻章区（郊区）老区村的生产条件较差，"大雨下时水汪汪，天旱之后人逃荒"，1949 年前粮食（水稻）单产 73.5 公斤。新中国成立后，经过土地改革和农业合作化运动，政府对老区村庄进行了大规模生产条件改造，逐渐促进了老区村庄农业发展。

一、兴修水利，灌溉老区"望天田"

从 1957 年开始，郊区首先在有群众基础的革命老区村庄大规模兴修水利工程，每个生产队抽调四分之一劳动力，每队自带口粮、钱、工具在荒山野岭安营扎寨，全区每天出动 10000 余名劳动力，多时达 15000 人，有的老区村庄卖掉宝贵的耕牛也要支持兴修水利。

太平灌渠（郊区界内长 8 千米）经三年奋战，于 1962 年 3 月建成通水，灌溉太平镇老区村耕地面积 1.31 万亩。志满中型水库建成后，兴建灌渠两条，全长 23 千米，灌溉面积 2.66 万亩，其中麻章镇有迈龙、英豪、聂村、畅侃、古河等 33 个老区村庄受益。

同时兴建赤坎、合流、新坡、大鹏、迈龙、老虎坑、团结、赤溪、聂村、高阳、符竹、北铁门、潭龙、车罗塘、麻章、郭家、调塾、冯村、花村、古河、英豪、新坡仔、群井、程村、后坛、祝美、体村等小型水库。太平公社库容在300万立方米以上的水库有东岸、其连、调浪等。还有南夏、山后、乌塘、仙村、塘边杨、洋村东等7座革命老区小水库。

1969年，革命老区克初村为早日建成克初水库，利用该村溢洪道灌溉农田，发动村中青年连续10个夜晚突击挖掘水库溢洪道。该溢洪道位于白坟岭下，右侧有8米深，即将完工时，山体突然塌方，3人被埋。经全力抢救，2人获救，青年团员林秋庆牺牲。麻章公社团委向全社青年发出“向林秋庆学习”的号召。

1973年，赤岭10个老区村庄派出由150名青年组成的水利专业队，驻扎在赤岭山脚下，奋战一年半，建成两条总长7000米的灌渠，土石方3万多立方米，使三佰洋上、三佰洋中、三佰洋下村、林屋、大路前、北罗坑、赤岭、沙墩、迴龙内村、迴龙外村等10个革命老区村庄的生产用水得到解决。1974年至1977年，老区镇麻章（时为公社），组织一支750人的水利建设兵团，长年驻扎在水利建设未过关的革命老区村庄，历时两年八个月，完成志满水库排洪闸、南定沟灌渠、老虎坑灌渠、上塘大填方、合流灌沟、大路前村排灌渠、北铁门水库加固、迴龙支灌渠、工农渠疏通加固、麻章村高地灌渠、笃头排水渠等工程，完成土石方28万立方米，有效解决麻章49个革命老区村庄的生产用水、排水问题。1975年，湖光公社组织500名青年驻扎在老区村云脚村附近，日夜突击，建成一条长5000米、高10多米的水泥拱桥灌渠，解决了云脚、塘北等老区村几千亩“望天田”的生产用水。使这些老区村从亩产650斤/年增加到亩产超千斤/年。老区村冯村、江门坡、赤岭、老赤水、谢家外、城家外、北沟、司马、群麻坡、蔡屋、赤忏、仙村、调浪等都打出深水井，用于抽水灌溉。经过20世纪50年代至70年代的努力，全区80%的老区村庄初步解决了生产用水问题，基本结束了革命老区村庄千百年来靠天吃饭的历史，使这些老区村从 1995 年亩产 650 斤稻谷增加到 2018 年亩产超千斤稻谷，也初步解决了革命老区村庄民众温饱问题。

二、改土开荒，扩大老区可耕地面积

1949 年 10 月，湖光塘北村、世乔村围海造田，在东溪堵慧海筑堤，围出 800 亩耕地。1958 年，麻章、湖光、太平等公社掀起改造低产田运动，重点放在对各老区村深烂田、石碎田、高旱田的改造上。20 世纪 60 年代至 70 年代，为扩建农田，改造低产田，各老区村庄不惜投入大量劳动力挑沙改土，挖沟排水，改造沼泽地。如老区村庄大路前、林屋、三佰洋上、三佰洋中、三佰洋下等村庄，在村前沼泽地挖沟排水，冒着 6℃ 的寒冷天气，浸在齐腰深的烂泥里，个个如泥人，开沟排水，挑沙改土，将 260 亩沼泽地变成农田。老区村庄笃头、柳坑、北沟、车路溪、鸭曹等村组织村民，下到白水塘（现湛江西站所在地）齐胸深的稀泥里挖沟排水，将昔日 390 亩荒草田改造成良田。老区村庄调塾、古河等村，在村的西洋塘沼泽地挖沟排水，2000 多人奋战 20 天，开辟出 1000 多亩优质农田。迈龙、龙井、外园、水口等老区村组织劳力在石碎田中挖石头，改造 600 亩石碎田。1975 年，鸭曹大队组织 9 个老区村的 70 个青年，把上塘附近荒山野岭开辟为 300 亩农场，种上果树，增加收入。同年，又组织鸭曹、北沟、后北、后湾、潮发等老区村群众在鸭曹洋田挖排灌沟，把历史上丢荒的 120 亩荒草地改造为良田。1975 年，麻章公社老区村庄大塘村、调塾、沙沟尾、白水坡改造 4000 亩连片农田，与海头公社的屋山、陈铁、后洋等村衔接为万亩洋田，并在洋田中间修建机耕路，挖排灌沟，之后年年获丰收。老区大塘村还被省政府选为国际开放村，有多批外国友人曾前往参观。

三、改进耕作工具，提高生产效率

毛主席说"农业的根本出路在于机械化"。麻章区历史上农业耕作使用的农具主要有犁、耙、锄、镰、铁铲、戽斗、水车、风柜、畚箕、筛、箩筐、牛车等。解放初，区政府就非常重视农业机械化的推广使用。1954年，新鹿区购买了麻章（郊区）第一台大型拖拉机，在革命老区临东村首次使用机械犁耙田示范耕作，引起老区农民的好奇心，从四面八方涌向现场观看，发现一台拖拉机作业约等于50头牛，100个强壮劳动力。村民尝到甜头后，发誓不吃不喝也要筹钱买拖拉机，但受当时各方面条件限制，即使筹到款也没有购机指标。同时老区村还推广"五一犁""双铧犁""插秧船"。1958年初，徐闻县国营拖拉机站在湖光设立了一个机耕队，共有9台拖拉机，总动力262千瓦。

1960年，各公社都成立了农机修造厂，生产简易农机具和修理其他农机。1970年，市计划委员会和农机公司优先给予革命老区村购机指标，各公社也设立了农机管理站。麻章、湖光公社人少地多，所以优先给麻章公社的老区村庄大塘、调塾、英豪、畅侃、聂村、龙井、甘霖、高阳、符竹、迈龙和湖光公社的临东、临西、云脚、祝美，以及太平镇的南夏、调浪等大队分别购买了上海产的"丰收"牌拖拉机、洛阳产的"东方红"牌拖拉机，可犁可耙又可搞运输。1970年以后，农业机械化、半机械化拥有量逐渐增加，如大部分生产队有半机械化的脚踏脱粒机，有的还用上了电动脱粒机。是年全区有大中型拖拉机64台，手扶拖拉机567台，电动排灌机432台，机（电）脱粒机167台，碾米机266台。1972年全区机耕率达到31.48%。20世纪70年代初，因指标限制和缺乏资金，大部分老区村生产队没有拖拉机，但麻章公社绝大部分的老区村生产队拥有一台以上的红旗－10型、红旗－12

型、工农－10型手扶拖拉机。1975年，麻章公社老区英豪生产大队在全区设立首个农机站，该站拥有拖拉机3台，推土机1台，联合插秧机2台，联合收割机2台，手扶拖拉机7台，在该大队范围内的6个老区村基本实现了耕作机械化，而1949年以前磨谷椿米全靠人力。1960年，湖光公社在铁耙河边建成水轮机碾米厂，周围老区村群众都挑谷去加工脱壳。1962年起，人口多的老区村都用上了柴油碾米机或电动碾米机。老区大塘村，1970年办起占地3000平方米的大型碾米厂，可为群众加工稻谷、打粉和兑换大米，既方便了群众，又增加了老区村集体经济收入。20世纪70年代中后期，部分老区村用上电，80年代末期，全区老区村庄安装了电力设施。取水灌溉取消了戽斗、木桶、脚踏水车或手摇水车等农具，取而代之的是用抽水机抽水灌溉或直接在作物中喷灌，农产品加工采用全机械化生产。

四、引进优良品种，促进种养业发展

为改善老区农民生活，各级党委和政府想方设法引进各种粮食作物和经济作物新品种，逐渐淘汰各种低产劣质品种。

（一）引进甘蔗新品种，提高甘蔗产量

从1957年开始，全区老区村庄水稻、甘蔗、花生三大农作物持续丰收。1958年，全区引进甘蔗新品种"台糖134号"，首先在革命老区村甘霖、麻章、临东、临西、南夏、仙村试种，改变之前种竹蔗的习惯。新品种"台糖134号"，年亩产3吨至4吨，是竹蔗亩产的五六倍，老区村群众十分惊喜。1958年，革命老区村庄麻章、临东，因甘蔗大面积亩产超过4.5吨，获国务院"全国社会主义建设先进单位"称号。1960年后全面推广种植，此后十多年均以"台糖134号"甘蔗品种为主。1972年又引进"印度331号""印度997号""海蔗4号""海蔗5号"等新甘蔗品种，

年亩产一般在 5 吨以上。1980 年后，甘蔗平均亩产超过 5 吨，很受老区农民欢迎。

（二）引进水稻新品种，提高粮食产量

1960 年，首先在革命老区村迈龙、龙井、外园、畅侃、甘霖、赤岭、鸭曹、大塘、调塾、古河、聂村、临东、临西、祝美、赤忓、南夏、调浪、仙村等村推广"珍珠矮""广场矮"水稻新品种，亩产 150 公斤至 200 公斤，是之前水稻品种亩产的 1.5 倍。1970 年，湛江地区从汕头请来一批善于种田的老农，每个公社安排几个老农负责指导各老区村的水稻种植，从下秧、插秧、施肥、锄草、田间管理到收割，全程实地示范，取得良好效果，年亩产增加了 25 公斤至 30 公斤。各公社农技站人员也经常下乡到各生产队指导各种作物的种植管理，采用科学种田，改变历史上"重种不重管"的现象，收到良好效果。1972 年引进"桂朝 2 号"水稻新品种，并在老区村甘霖、赤岭、鸭曹、北沟、临东、临西、祝美、云脚、坡塘、南夏等地试种，亩产 200 公斤至 225 公斤，次年在全区推广。1976 年上半年，湛江市郊区推广杂交水稻种植，每个生产队派一名青年到湖光的革命老区村后坛、祝美、临东、临西、云脚，麻章的谢家外、甘霖、鸭曹、调塾、古河、聂村、冯村、英豪内，太平的南夏、调浪等推广杂交水稻，是年秋种上"汕优六号"，全区种植 12 万亩，其中老区村 74800 亩，亩产一般五六百斤，是 1949 年前一般水稻亩产的 2 倍多，老区村民笑逐颜开。1977 年后全面种植杂交水稻，年年均有好收成。

（三）引进畜牧新品种，老区畜牧业缓进

生猪饲养。1949 年前，老区村的村民养殖生猪，一般品种是东莞猪，长膘慢，一年才长三四十公斤，从 1962 年起，当地政府引进"长白猪""杜洛克"等生猪品种，一般每年每头长膘达 100 公斤。麻章、湖光、太平三个公社每年出栏 6 万头，其中老

区村庄出栏 3.8 万头至 4 万头。1975 年，上级号召养猪，老区村赤水、江门坡开始集体养猪，每村出栏 800 头至 1000 头。

耕牛饲养。1949 年前，牛是农民的命根子，革命老区村庄村民，中农以上才每户有一头耕牛，贫农需几户共养一头。公社化后，每个生产队只有十多头牛，麻章、湖光、太平三个公社共有 14876 头耕牛。改革开放后，农民大量养牛，基本达到每户一头，麻章镇有的农户还购进湛江耕牛配种站的"摩拉牛"，这种牛身材高大、力气足，耕田一头可抵两头本地牛用。

家禽饲养。改革开放前，由于各方面条件的限制，加上政策不允许大批饲养家禽，有的农民为了完成上级任务，才少量饲养，集体养殖也较少。

第六章
改革开放　促进老区发展

　　1978 年 12 月，中国共产党召开十一届三中全会，把党的工作重心转移到经济建设上来，实行改革开放。中共湛江市郊委认真贯彻十一届三中全会精神，采取一系列措施，进行经济体制改革，转变政府职能，精简机构，加快改革步伐，发展全区经济。1981 年 9 月，湛江地区行政专员公署以革命老区社麻章公社为试点单位，进行体制改革，撤销公社体制，建立区公所，将 20 个生产大队改建为 11 个乡政府。1983 年 5 月，参照麻章公社撤社建区试点工作经验，全郊区撤销公社体制，设立区公所。此后，麻章区农村人民公社体制取消。

　　1984 年 6 月 25 日，中共广东省委把湛江市大郊区建制改为小郊区，分别成立湛江市郊区、坡头区、霞山区、赤坎区等区级人民政府。郊区由原 13 个区公所减少为 7 个（麻章、湖光、太平、东山、民安、东简、硇洲）。1994 年 10 月，经国务院批准，湛江市郊区改名为麻章区。1993 年 7 月，东海岛成立开发试验区，麻章区只辖麻章、湖光、太平三镇。

落实联产承包　解决人民温饱

　　党的十一届三中全会后，广东省在农村社队普遍推行"五定一奖"（定土地面积、定肥料、定种子、定产量、定劳力，超产奖励）的经营管理制度。当时，湛江市郊委派出工作组协助各大队搞好"五定一奖"经营管理工作，麻章公社选择革命老区村庄麻章、调塾、甘霖、畅侃等，湖光公社选择革命老区村料村、祝美，太平公社选择革命老区村东岸、南夏、洋村为"五定一奖"试点。经过两个月的工作，全区全面推行"五定一奖"经营管理制度。1979 年末，全区农业生产总量比 1978 年增长 15%。1979 年 11 月，麻章镇革命老区村庄洋溢村的老党员黄振兴带头把生产队的土地包产到户，遭到当时公社的强烈反对。公社派员下去制止，无效。至年底，该生产队在全公社第一个将土地实行家庭联产承包责任制。次年，老区村庄黄屋、水塘、古河、龙井、七星岭、笃头等纷纷实行家庭联产承包责任制。

　　1982 年元旦，中央一号文件批转《全国农村工作会议纪要》，明确指出，目前农村实行的各种责任制，包括小阶段包工定额计酬、农业承包联产计酬、联产到劳、包产到户、包干到组等。初时，部分老区村庄的干部群众不理解，特别是子女多、劳力少的村民怕像解放前一样，再次出现雇佣关系。有些生产队迟迟不肯包干到户，老区村庄畅侃村还出现讨要"祖宗田"的现象，少数解放前无地的村民极不愿意包干到户。中共郊委派出工作组到各村大力加强宣传，指出包产到户和包干到户不是分田单干，更不是各自要回"祖宗田"，只是劳动形式发生变化，都是集体经济的农业生产责任制。错误认识消除后，革命老区村的生产队迅速展开包产到户和包干到户的行动，畅侃村也刹住要回祖宗田的歪风。郊区实行农业生产责任制的生产队由 1980 年的 48%，上升到 1983 年的 89%。至 1984 年底，全区所有村庄全部实行包产到户和包干到户生产责任制。

农村改革初见成效。以包产到户、包干到户为主要形式的农村家庭联产承包责任制实行后，全郊区把集体土地（以生产队为单位）长期包给农户经营，农业生产基本上改为分户经营，自负盈亏，农民生产的农副产品，"保证国家的公购粮，留足生产队的公益金，剩下是自己的"。这种生产承包责任制，把广大老区农民的责、权、利紧密结合起来，农民的生产积极性空前高涨。1983 年，全区水稻平均亩产 179 公斤；1985 年全区平均亩产 200 公斤；1990 年平均亩产 307 公斤；1995 年，平均亩产 331 公斤；2005 年平均亩产 387 公斤；2017 年平均亩产 344 公斤。粮食亩产不断提高，老区人民解决了温饱问题。

1984 年起，太平区老区村庄东岸村从 23 个生产队的公益金中，调用 80 万元，兴建石坡防潮堤。该堤高 6.2 米，长 4 千米。东岸村获湛江市政府表彰，被评为"湛江市农田基本建设先进单位"。

随着农村家庭联产承包责任制的普遍推行和农业生产效率的提高，老区村农民利用剩余劳力和资金发展多种经营，涌现出一大批专业户、重点户、"万元户"。1981 年，麻章老区谢家外村和湖光镇的祝美村有 4 户村民购进汽车从事货运，至 80 年代末，这两个村子已成为全区有名的货运专业村。到 1986 年，全区老区村有各种专业户 574 户。麻章镇老区村庄也出现 9 个专业村，如城家外村的工程挖掘专业村，花村的花卉种植专业村，符竹村的甘蔗专业村，黄外村的小家电制作专业村，赤岭村、迥龙村的竹品编织专业村，鸭曹村的菜苗专业村。湖光镇老区村还出现香蕉种植专业户、鸡鸭养殖专业户、浅海鲜活产品直销专业户、云脚种养专业户……共有 168 户。太平镇老区村庄有甘园村、仙村、塘边（杨）村、洋村东村、洋村西村、南夏村、调浪村、文昌村、南山下村、仙凤村、田头尾村、文里陈村等 12 个蒲草加工编织专业村，209 个编织专业户，还有 7 户养鸡、养鸭专业户，25 户海产养殖专业户，48 户栽培蔬菜专业户，52 户推销蒲织品专业户。1284 人外出务工经商。在革命老区麻章形成了一支带头先富、勤劳致富的改革先行队伍。1993 年，麻章区老区建设办公室、区老区建设促进会召开了麻章区革命老区勤劳致富代表会议，表彰了一批先进单位和个人。

第二节 农业发展，夯实致富基础

随着改革开放的不断深入，革命老区村庄人民放开手脚，大力发展各种种养业，彻底解决了"温饱"问题，"钱袋子"也逐渐鼓起来了。

一、推广作物新品种，引进种植新技术

20 世纪 90 年代后，随着改革开放不断深入，老区村庄生产条件不断改善，水稻、番薯、甘蔗、花生、蔬菜、花卉成为麻章区"六大"作物。1994 年，老区村庄稻谷平均亩产 292 公斤。2000 年后，主要种植高产优质水稻，以主产粮区的麻章镇老区村龙井、外园、迈龙、调塾、大塘、沙沟尾、聂村、英豪、畅侃等村，湖光镇的祝美、临东、临西、云脚等村，太平镇的南夏、调浪、东岸、通明、山后、文李叶、乌塘、仙村、东黄、洋村东、洋村西等村为主。

同时，番薯平均亩产 2320 公斤；花生主要种植汕油 8 号，平均亩产 97 公斤；蔬菜平均亩产 957 公斤。甘蔗主要推广种植台糖 10 号、台糖 22 号、台糖 16 号等品种，一般亩产 5 吨以上，全区年种植 7.2 万亩至 7.4 万亩，老区村庄种植面积占 65%。20 世纪 90 年代，麻章区老区村庄农业经济由传统农业向现代农业转变，由产品农业向商品农业转变，由常规农业向开发式农业转变，由平面农业向立体农业转变，由自产自销农业向出口创汇农业转变，

由低值农业向高值农业转变，农业经济取得了长足进步。

2000 年后，麻章区以发展高效生态农业为目标，贯彻一系列优惠政策和具体措施扶持"三农"发展，引进黄广香粘、黄山香粘等水稻优良品种，全区推广水稻规范化栽培技术，采用先进的抛秧技术，一般年亩产 900 公斤至 1000 公斤，麻章镇种植水稻多为黄广香粘、特优 009 号等品种，其中老区村畅侃、聂村、古河、调塾、英豪、冯村、大塘、笃头、迈龙、高阳、龙井、外园、符竹、北沟、沙沟尾、白水坡等水稻种植面积占全镇 60%。湖光镇黄广香粘品种约占 60%，黄山香粘品种约占 40%，其中老区村临东、临西、云脚、塘北、祝美、料村、赤忏、蔡屋、坡塘等种植面积占该镇近一半。太平镇主要种卜优 15 号、吉丰优、恒丰、特优 009 号。2005 年全区粮食作物中，稻谷总产量为 5.70 万吨，种植面积较大的老区村有南夏、调浪、塘边西、其连；番薯总产量为 0.69 万吨；糖蔗种植面积为 8.25 万亩，总产量为 35.65 万吨；花生种植面积为 2.56 万亩，总产量为 0.34 万吨；蔬菜种植面积为 6.69 万亩，总产量为 7.44 万吨。2017 年，全区粮食作物中，稻谷总产量为 4.53 万吨；番薯总产量为 1.09 万吨；糖蔗种植面积 71966 亩，总产量为 37.60 万吨；花生种植面积 23068 亩，总产量为 0.45 万吨；蔬菜种植面积为 55001 亩，总产量为 6.61 万吨。

此外，1971 年，在花生种植方面，也引进湛江地区农科所的新品种"湛油 1 号""战斗 2 号"，这两个品种无论在含油率或产量上，都比以往任何品种好，很受农民欢迎。

二、大力发展畜禽，开辟致富门路

（一）养猪

1995 年，全区生猪饲养量为 97444 头，其中老区村庄有

65480 头。1995 年后，麻章先后建成湛大、恒兴、日大三家饲料厂，年产量超 60 万吨。2005 年，全区生猪饲养量为 125880 头，存栏量为 57461 头，其中调塾、赤水、甘霖等 3 个老区村猪场出栏 16600 头，存栏 6846 头。老区村村民，因粮食连年大幅增产，一般农户也开始积极饲养生猪。同年，老区村出栏 31000 头，存栏 14200 头。2017 年，全区生猪饲养量达 242413 头，存栏量 67542 头。2018 年，全区生猪饲养量 265861 头，存栏量 74286 头。

（二）养牛

1985 年，麻章、湖光、太平三镇共有耕牛 40320 头，其中老区村 25416 头（麻章镇 13689，湖光镇 5861 头，太平镇 5866 头）。1992 年，全区耕牛 44200 头；1995 年，部分农民逐渐用手扶拖拉机耕作，耕牛有所减少，全区 22400 头，其中老区村 12146 头（麻章镇 7653 头，湖光镇 1861 头，太平镇 2632 头）。2001 年全区耕牛 23100 头。2005 年，全区耕牛 17669 头，其中老区村 9428 头（麻章镇 6230 头、湖光镇 1521 头、太平镇 1677 头）。2017 年，由于老区村庄的农业机械化耕作程度提高，饲养耕牛作役牛的村民减少，全区养牛 4352 头，其中役牛 3012 头（老区村庄 1721 头）。2018 年，全区养牛 4347 头，其中役牛 3015 头（老区村庄有 1720 头）。

（三）养家禽

改革开放后，各老区村庄把山塘、山林、鱼塘承包到户，承包户在发展水产养殖的同时，也大力发展养鸭、养鸡、养鹅。1985 年，老区村调塾村将位于村西的千亩西洋塘改造为鱼塘，除养鱼外，还养了 45 万只胡鸭、田鸭、麻鸭、北京鸭，引进体形大、长得快的"迪高鸭"，另引进浙江蛋鸭，每年能产鸭蛋 75 万公斤至 85 万公斤，成为湛江市重要的"菜篮子工程"基地。有的老区村也利用水塘、石坑、荒山自然资源养鸭养鸡，如甘霖、合流、迈龙、大鹏、龙井、新坡仔、冯村、聂村、花村、克初、云脚、体村、料村、坡塘、祝美、临西、山后、东岸、塘边西、调浪、其连。是年全区养殖家禽共135万只。1986年，全区老区村有各种专业户574户，太平镇有养鸡鸭专业户7户，湖光镇有13户，麻章镇有25户。1995年，全区家禽饲养量达210万只，出栏量161.9万只。2005年饲养量241.58万只，出栏量181.95万只。2017年饲养量405.05万只，出栏量325.35万只。2018年饲养量403.46万只，出栏量325.31万只。

除此之外，各老区村庄把山塘、山林、鱼塘承包到户，让承包户发展水产养殖和家禽养殖，其中老区村临东、龙井还将水塘承包给村民养天鹅。

三、发展渔业养殖，加速致富步伐

（一）淡水养殖

改革开放后，老区村庄人民利用山塘水库，在保证农业灌溉用水的前提下，大力发展淡水养殖。老区调塾村开发千亩西洋塘，年产鱼150万公斤。有的老区村还出现养蛙、养虾、养鱼、养淡水珍珠贝等专业户。1985年，全区淡水鱼产量达2022吨；1995年达2391吨；2005年达4335吨；2017年达6628吨（其中麻章镇2590吨，湖光镇2321吨，太平镇1260吨，湖光农场457吨）。

（二）海水养殖

1. 鱼塭养殖。1975年，湖光镇老区村料村就在全市首先成功利用海水养殖墨吉对虾，湛江市科学技术委员会还推广该村的经验与技术。改革开放后，湖光镇老区村临东、临西、塘北、蔡屋、坡塘、大坡、赤忻、料村，太平镇老区村山后、文里叶、文里李、文里陈、东岸、陈肖渔、卜品、海岚、通明、其连，利用滩涂大力发展海水养殖，取得了较好的经济收益。2018 年全区革命老区村鱼塭养殖有 43690 亩。

1985 年，全区海产养殖产量 4436 吨，1995 年为 5042 吨，2005 年为 11036 吨，2017 年为 88913 吨。

2. 网箱养殖。湖光镇的老区村临东村网箱养殖有 5300 亩，年产量 1987.5 吨，产值 9937.5 万元；临西村网箱养殖有 1300 亩，年产量 487.5 吨，产值 2437.5 万元；群麻坡村网箱养殖有 450 亩，产量 168.75 吨，产值 843.75 万元；蔡屋村网箱养殖有 750 亩，产量 281.25 吨，产值 1406.25 万元；赤坎村网箱养殖有 400 亩，产量 150 吨，产值 750 万元。此外，赤坎、料村，太平镇的东岸、通明利用南海边的深水，大力发展海水网箱养殖，养殖优质的鲈鱼、金仓鱼。2000 年，全区拥有标准网箱 126 箱，产量 596 吨。2010 年有 732 箱，年产鱼 3122 吨。2018 年有 2086 箱，年产鱼 10120 吨（其中革命老区村 1273 箱，分别是东岸村 833 箱，年产 4165 吨；通明村 30 箱，年产 150 吨；陈渔村 40 箱，年产 170 吨；料村 370 箱，年产 1850 吨）

3. 虾池养殖。湖光镇老区村临东村有 5300 亩，年产量 1987.5 吨，产值 9937.5 万元。临西村有 1300 亩，年产量 487.5 吨，产值 2437.5 万元。群麻坡村有 450 亩，年产量 168.5 吨，产值 743.75 万元。蔡屋村有 750 亩，年产量 281.25 吨，产值 1406.25 万元。赤坎村有 400 亩，年产量 150 吨，产值 750 万元。太平镇老区村通明村有 1200 亩，年产量 450 吨，产值 2250 万元。东岸村有 130 亩，年产量 48.75 吨，产值 243.75 万元。其连村有 300 亩，年产量 112.5 吨，产值 562.5 万元。

1985 年，全区海水养殖鱼虾产量为 4436 吨，1995 年为 7591 吨，2005 年为 34400 吨，2017 年为 88913 吨，2018 年为 89830 吨。

四、海洋捕捞，走在致富前列

（一）海洋捕捞

解放前，靠近海边的革命老区村，只有一些破旧的小舢板船和小型木帆船，出不了深海，只能在近海、浅海从事捕捞作业，所获产品仅够糊口。20世纪60年代中期后，逐渐进行渔具改革，拖刺结合，网具由原来的麻绳网改为胶丝网、尼龙网，并在船上安装柴油发动机，改为机、帆两用的机帆船，吨位也逐渐加大，太平镇通明、其连、陈渔、肖渔等4个老区村都安排指标装造水泥船，定期投产，浅海各装小拖、中拖，平均每艘载重20吨，60匹马力，通明、其连各装造两艘远洋深海捕捞的机船，海洋捕捞量不断增加。80年代开始，推广疏目、高口的笼虾掘捞渔具，配装黑白探鱼机、罗兰定位仪、雷达等设备，大机拖渔船率先用上单边带电台，实现渔业通信的飞跃。1992年海洋捕捞量2.91万吨。1995年，渔业工作以养殖为主，同时增殖、捕捞、加工、流通并举。海洋捕捞量达0.72万吨。从1998年起，海洋捕捞实行休渔制度，1998年捕捞量达1.07万吨。从2001年起，深海作业的渔船逐渐配备卫星探鱼仪、卫星定位仪、雷达单边对讲机，2001年全区海洋捕捞量达1.07万吨，海水养殖2.77万吨。2003年全区有渔船1144艘（其中远洋鱼船22艘，中浅海鱼船1100多艘）。2004年，海洋捕捞量达1.05万吨。中越北部湾渔业协议签订后，深水作业渔民退出北部湾渔场，渔船减少到975艘，世代以海为生的部分老区渔民只能另寻门路。2010年，海洋捕捞量1.1万吨。2018年，全区革命老区村庄拥有各种机动渔船1084艘，总功率22774.6千瓦（其中太平镇通明村278艘渔船的总功率为5536千瓦，东岸村199艘渔船总功率4800千瓦，肖渔村40艘渔船总功率328千瓦，调浪村3艘渔船总功率17.6千瓦，陈渔村 87 艘渔船总功率 673 千瓦，文里叶村 20 艘渔船总功率 141 千瓦，文里李村 70 艘渔船总功率 2265 千瓦，海岚村 33 艘渔船总功率 176 千瓦，其连村 59 艘渔船总功率 528 千瓦；湖光镇临东村 93 艘渔船总功率 1068 千瓦，蔡屋村 38 艘渔船总功率 390 千瓦，料村 55 艘渔船总功率 2296 千瓦，大坡村 13 艘渔船总功率 96 千瓦，坡塘村 44 艘渔船总功率 2986 千瓦，体村 30 艘渔船总功率 349 千瓦，赤忏村 22 艘渔船总功率 1125 千瓦）。

（二）国家对老区村渔民的各项补贴

1. 油料补贴。2017 年，对老区渔船补贴 493 艘，补贴金额 377.78 万元。2018 年，对老区渔船补贴 494 艘，补贴金额 390 万元。2. 休渔补帖。2017 年，对老区渔船休渔期补贴金额 196.56 万元。2018 年，对老区渔船休渔期补贴金额 196.14 万元。3. 渔船更新改造补贴。第一批补贴 89 艘，发放金额 1524 万元（含 2 艘南沙渔船，补贴 450 万元）。

（三）渔港建设

太平镇老区通明村，明朝时是白鸽寨水师驻地，这里港汊纵横交错，不远处是茫茫南海，是发展渔业捕捞、批发、购销不可多得的好场地。2003 年 10 月，广东省决定将明朝时白鸽寨水师驻地的太平镇通明村渔港列入国家一级渔港建设，次年通过"通明渔港建设方案"。方案分两期实施，首期建设二级渔港，若干年后再建成一级渔港。至 2019 年，共投入建设二级渔港资金 9059.81 万元，其中 2015 年投入资金 8009.81 万元（省级专项资金 5000 万元，市级配套资金 1278 万元，区级配套资金 1731.81 万元）。2016 年市级投入资金 300 万元，用于建设通明河避风港维护工程项目，2017 年 3 月动工，当年完工。2018 年市级投入资金 750 万元，其中 500 万元用于建设通明河避风港维修工程项目，100 万元用于渔政中队综合楼改造及渔港水域照明设施项目，150

万元用于渔港公共设施维护修补。2019 年，一座现代化国家二级渔港耸立在革命老区通明村南，争取几年后建设成为国家一级渔港。通明村也随着渔港的建成，村容村貌发生了翻天覆地的变化，新楼林立，巷道整洁，人民安居乐业。

（四）从事水产加工，带动村民致富

改革开放后，水产品加工出口企业悄然兴起，至 2018 年，全区此类企业达 19 家。其中 17 家在麻章开发区，从业人员 18550 人。这些企业主要雇佣周边老区村赤岭、迴龙、大路前、林屋、三佰洋、鸭曹、北沟、潮发、洋溢、北罗坑、赤岭、沙墩、车路溪、后湾、合流的女村民从事剥虾头、去虾线的工作，加工费一般为每斤 6 元，一个女劳动力每月可挣 2600 元至 5000 元。特别是太平镇水产品加工企业，专门设一个加工间给老区村群众和残疾人从事剥虾头、去虾线工作，加工费每斤 7 元。该企业旺季时有工人 1200 人，淡季也有 700 人，工人随到随称随加工，极大方便了家庭任务重、出不了远门的老区村妇女，每个女工每天可创收 70 元至 160 元，既能照顾家庭，又能增加家庭收入。

五、发展各类水果，老区致富提速

解放前各老区村群众种植水果较少，只有少数农户在房前屋后种些杨桃、石榴、香蕉、木瓜、西瓜、黄皮……，新中国成立后 60 年代至 70 年代，湛江市委把麻章公社老区村冯村作为发展水果种植的基地，在原有几十亩荔枝、龙眼、橄榄的基础上，新种 80 亩人参果，60 亩茶树。1984 年，湛江市委提出发展"两水一牧"（水产、水果、畜牧），当时响应发展水产业的较多，种水果的较少。1990 年，麻章在老区村笃头与柳坑之间种下 300 亩红江橙，又在附近种下 300 亩龙眼。区委办公室与冯村也在冯村后岭种植 300 亩红江橙。麻章镇的红橙长势很好，年年丰收，每年收橙 80 万公斤至 90 万公斤，纯收入达 200 万元。1993 年，各老区村的群众又种植荔枝，1995 年总产量达 1292 吨；2005 年总产量达 1170 吨；2017 年总产量达 1657 吨。太平镇老区村洋村东、洋村西注重种植汁多肉脆、清甜可口的杨桃，家家户户都进行种植。2000 年起，平均每户杨桃年收入 3 万元。2000 年后，麻章老区村的群众注意发展香蕉、地菠萝、芒果、树菠萝、火龙果等热带水果种植。较大面积种植香蕉，1995 年，全区种植 4223 亩，总产量 6496 吨。2005 年，全区种植 4183 亩，总产量 7090 吨。2017 年，全区种植 7436 亩，总产量 14174 吨。在无台风登陆或只有八九级以下台风登陆之年，一般每年每亩香蕉获利 1 万元。麻章镇老区村高阳、符竹、大鹏、迈龙、西边、新坡仔、英豪、聂村、畅侃，湖光镇老区村祝美、云脚、体村、塘北、赤忏、竹山等村民大力发展香蕉种植，获得可喜收入。2002 年，各老区村又引进种植清热解毒的火龙果，特别红心火龙果销路很好。老区村云脚村种植 1200 亩，老区村龙井、迈龙、西边、柳坑、高阳、东边岭、新坡仔、畅侃等村均各有一二百亩，平均每亩每年可获利 5000 元至 6000 元。老区村群众还种植其他水果，1995 年，种植其他水果 816 亩，总产量 269 吨。2005 年，种植 1642 亩，总产量 3423 吨。2017 年，种植 2029 亩，总产量 3009 吨。2018 年，种植 2236 亩，总产量 3802 吨。发展水果产业，使老区村又多了一条致富的门路。

六、农业机械化逐渐普及，加速老区耕作现代化进程

1983 年起，老区村村村都有碾米机，极大地节省了劳动力，减轻了农民的劳动强度，提高了生产力。在海洋捕捞方面，老区村通明、其连、东岸、陈渔、料村、蔡屋、赤忏等，以前使用摇橹船或风帆木船，从 70 年代中期起，开始使用柴油发动机船只，木船改造成钢船或塑钢船,捕捞作业的劳动强度进一步减轻。

水产养殖方面,90 年代中期起都用上了抽水机、增氧机、饲料粉碎机、保温机、冷冻机等全机械化生产设备。1980 年后,国家允许个人购买和经营拖拉机,出现村民个人或联户购买拖拉机、农用三轮运输车、农用四轮运输车的现象,至 1990 年,麻章全区有各类农用运输车、运输船 1282 辆/艘(其中载重车 282 辆,农用运输车 749 辆,农用运输船 150 艘),90% 农户拥有脚踏脱粒机。1994 年,全区农业机械总动力为 9.11 万千瓦。1999 年,老区村畅侃率先由个人购买大型悬挂式水稻联合收割机,从收割到脱粒实现一条龙作业。

2000 年起,国家为加快农业机械化普及,实行农业机械补贴政策,因此各老区村庄农户纷纷购买农机,有的农户还成为农机专业户,购有犁、耙、播、插、收一系列农机,专为其他农户提供有偿服务,使农民从世代赤脚种田变成现在穿鞋种田。2004年,老区镇太平村村民购置一台久保田牌联合收割机,是年提供有偿服务 1500 亩,收入 7 万多元。2004 年,全区农业机械总动力为 10.58 万千瓦,其中有履带自走式旋耕机 109 台,排灌机 1593台,农用水泵 1446 台,粮油加工机 2989 台。当年机耕面积 17.7万亩,水稻机械收割脱粒 3.91 万亩,机电灌溉面积 24.23 万亩,机械加工农产品 15.41 万吨,农机运输作业量 1310 万吨,农机修理网点 40 个,修理人员 231 人,驾驶员、技术员 6320 人。2018年,全区有自走履带式谷物联合收割机 38 台,每台售价 128000元,国家每台补贴 19000 元,其中麻章镇老区村龙井、大塘、高阳、畅侃、水口、英豪、符竹、笃头、调塾、古河等有 22 台,湖光镇老区村祝美、临东等有 5 台,太平镇老区村文里李、调浪、通明等有 4 台。轮式拖拉机共有 305 台,其中麻章镇老区村鸭曹、龙井、赤岭、聂村、黄外、大塘、高阳、畅侃、水口、英豪、符竹、笃头、调塾、古河等有 128 台，湖光镇老区村塘北、祝美、临东等有 30 台。太平镇老区村塘边（杨）、山后、调浪、通明等有 18 台。旋耕机（履带自走式）共有 43 台，高级的每台售价 52600 元，国家每台补贴 12600 元；普通的每台售价约 7500 元，主要分布在麻章镇老区村鸭曹、龙井、迈龙、大塘、高阳、畅侃、水口、英豪、笃头、调塾等地，这些村庄有 22 台；湖光镇老区村祝美、临东等有 6 台；太平镇老区村山后、通明等有 5 台。喷杆式喷雾机共有 27 台（含牵引式、自走式、悬挂式），高级的每台售价 75000 元，国家每台补贴 35000 元；普通的每台售价 28000 元，国家每台补贴 11300 元。麻章镇老区村笃头、谢家外、甘霖、郭家等地有 8 台高级喷雾机，10 台普通喷雾机。区内各镇老区村还采购有风送式喷雾机、电动喷雾器、水稻插秧机、稻麦脱粒机、喂料机等一批。微灌设备（微喷、滴灌、渗灌）全区有 2000 多台，每台售价 4300 元，国家农机补贴每台 2500 元，其中老区村有 1360 台。微耕机有 960 台，每台售价 2280 元，国家补贴每台 800 元。该机代替耕牛，价格低、工效快、操作方便，很受老区人民欢迎，主要分布在麻章镇老区村。还有各种薯类收获机。至 2018 年，全区农业机械总动力为 14.8 万千瓦，全区机收率达 99.04%。水稻综合机械化水平达 73.86%，水稻机插率达 14.73%。区农机学校共培训各类农机专业技术人员 1.52 万人次。由于各种农业机械不断更新，逐渐普及到家庭，老区人民世代面朝黄土背朝天的历史一去不返了。

2018 年，麻章全区开展农村土地确权工作，使老区村庄人民吃上"定心丸"。

工业发展加速老区致富

新中国成立前，麻章区革命老区村庄的农民，世代赤脚与土地打交道，少有工业意识，也无钱办工业，只有一些手工作坊。

新中国成立初期，郊区只有一些小型二轻工业，属于湛江市人民政府工业部门管理。1959 年，郊区各公社成立农机修制厂与铁木社。1961 年郊区贯彻"调整、巩固、充实、提高"的八字方针，社会企业得到发展壮大，麻章、太平、东山等 8 个公社和老区村大塘办起机辗粮油加工厂。1966 年，湛江专区第一家革命老区社办企业麻章糖厂开榨。1971 年，老区村赤岭利用本村高岭土资源，生产盆、缸和瓦片，每年可创收 3.8 万元。1973 年，老区村麻章建起两座瓦窑，每年为村创收 1.8 万元。1978 年以前，革命老区经济以发展农业为主，兴办其他副业、社队企业为辅。

1986 年至 1987 年，麻章镇老区村古河、冯村、江门坡、聂村、迴龙内、赤岭、洋溢、云头下和湖光镇老区村祝美等，充分利用本地黏土资源，先后建成 20 座轮窑烧制红砖，每年每座窑可烧制红砖 1200 万块至 1300 万块，每个老区村每年可增加集体经济收入 8 万元至 10 万元，又可为本地富余劳力安排就业。1988 年 1 月，老区村调塾建成一家占地 30 亩、集体生产经营的爆竹厂，吸收该村 36 人为职工，每年可为村增加集体经济收入 8 万元，职工年收入每人亦有 600 元至 700 元。1989 年，老区村克初建起一座瓦窑，每年为村创收 1.2 万元。1990 年，老区村笃头也建成一家占地 10 亩的爆竹厂，每年可为村增加集体收入 10 万元。1992 年，麻章区经济开发试验区成立，成为招商引资、发展工业的平台。1993 年，郊区确立"工业立区、农业稳区、商业活区、科技兴区"的指导思想，在老区镇麻章实施新城区、大工业、大市场、大发展的经济发展战略，其中老区村城家外办起副食品厂，高阳办起碎石厂。当年麻章工业产值达 4.26 亿元，比 1992 年增长 16.1%，占麻章工农业产值的 64%。1997 年，全区私营企业 262 家，总产值 10.2 亿元。2000 年，麻章区改变原来以制糖业为主导的生产结构，形成农海产品加工、食品、饲料、医药、建材、机电、音影碟、木材加工、包装制品、橡胶制品等 10 大产业群，全区工业产值达 14.5140 亿元。2004 年，全区花卉企业 582 家，其中大路前、三佰洋、甘霖、笃头、城家外、花村、冯村、畅侃、英豪，龙井、水口、外园、大鹏、高阳、符竹等 31 个老区村庄就有大小花卉企业 362 家，从业人员达 1.1 万人。主要经营发财树、青铁、凤梨、蝴蝶兰、富贵竹等品种，年产值达 1 亿元。产品远销美国、韩国、欧盟各国以及中国香港、台湾等十多个国家和地区。是年，全区工业总产值（原口径）为 35.6817 亿元。2005 年增加到 2013 年，全区增加造纸、汽车配件、矿产、医药、乳制品、罐头、家电、食品、机器制造等九大产业群。规模以上企业也由 2004 年的 44 家增加到 2013 年的 85 家。2005 年，全区工业总产值（原口径）为 45.08 亿元，其中规模以上工业产值为 35.79 亿元。2011 年 9 月，晨鸣纸业在革命老区镇太平镇建成投产，附近的老区村文里李、文里叶、文里陈、南夏、田头尾、后塘仔、南山下、角塘、乌塘恒泰、下店、东黄、东岸、仙村等利用荒山荒坡种植速生林，三四年便可砍伐一次，增加了老区村民的收入。2013 年，全区工业总产值（在地口径）为 178.40 亿元，其中规模以上工业产值为 154.36 亿元。2014 年起，在习近平新时代中国特色社会主义思想指导下，全区工农业生产大发展。全区工业总产值达到 210.51 亿元，其中规模以上工业产值达 184.4154 亿元，三资工业达 9.4811 亿元。2017 年，全区工业总产值达 325.61 亿元，其中规模以上工业产值达 303.0 亿元，三资工业产值达 24.61 亿元，其他工业产值达 278.42 亿元。2018 年，全区工业总产值及规模以上工业产值分别比 2017 年增长 4.8% 和 5.1%。麻章区工业园和太平森工产业园区初具规模，物流产业发展迅速，深国际湛江综合物流港、宝供物流等项目进展顺利。全年有 39 个重点项目动工，湛江海洋科技产业创新中心有 24 家企业入驻，新增 7 家高新技术企业。同年，全区 23 家高新技术企业完成工业总产值 169.97 亿元。麻章区工业的发展，吸收了老区村庄 13000 人进企业工作，这些人既增加了收入，又掌握了部分现代工业技术。如太平镇甘园等 3 个老区村，先后办起蒲草加工厂，编织各种花样的菜篮、储物用具，代替塑料制品，出口欧洲、非洲及东南亚国家。老区村上年纪的村民也可加入，足不出村就可为家庭增加收入。

第四节 商业发展激活老区经济

历史上，湖光旧县村曾是铁耙县衙所在地，商业发达，对周边农村具有辐射作用。在革命老区村庄，经营者多是亦农亦商、走村过巷的行商。1921 年，革命老区村庄调塾村在坡塘设农贸集市。1938 年遂溪县在麻章甘霖村成立消费合作社，坚持 5 年之久。抗战胜利后又连年内战，各圩镇商业日渐衰落。

新中国成立初期，党和政府对私营工商业者实行"利用、限制、改造"的方针，以"稳定市场、平抑物价、调剂供求、改组社会商业"为主要任务。1952 年，湛江市人民政府成立工商行政管理局、商业局、供销社、粮食局等机构。同年，市郊各区先后成立了供销社，这是农村群众性集体所有制的合作商业组织。当地的小商小贩逐步同当地的供销社签订经销代销、代购包销等多种形式的联营协议，各革命老区村，如甘霖、调塾、迈龙、英豪、大塘、笃头、临东、临西、料村、云脚、南夏、东岸、通明、塘边西、调浪，都设立了代销店，以方便老区人民。各店从供销社进货回去销售，又收购村内土特产、废品由供销社收购包销。1953 年以后，郊区各区先后成立粮管所、食品站、水产站等国营商业机构。这些商业机构分工经营：粮食、油料由粮所经营，禽畜产品由食品站经营，水产品由水产站经营，供销社经营农副产品、土特产品、生产资料、生活资料等。1957 年，时属遂溪县管辖的麻章、太平分别成立国营商店，翌年并入供销社。1961 年，供销社在全郊区各老区村建立零售机构 148 个，从业人员 486 人，社会商品零售总额 1719 万元。

改革开放后，革命老区村的农民也改变了单一的耕种传统，部分村民"洗脚上田"，亦农亦商，在各圩镇经商，加速商品流通，打破供销社在农村商品流通中一统天下的局面。

1979 年 2 月，开放农贸市场，恢复传统的圩日（麻章、铺仔圩为农历每旬一、四、七；新圩为农历每旬三、六、九；太平圩为农历每旬二、五、八）。1981 年以后，商业实行"多种经济成分、多种经营方式、多种流通渠道"的经营体系和"国营、集体、合营、私营、个体一齐上"的经营方针，加快郊区商业的发展。1985 年，全区社会商品零售网点发展到 467 个，从业人员 1129 人（其中革命老区村网点 332 个，从业人员 791 人），社会商品零售总额 6586 万元，比 1978 年分别增长 218%、92.3%、87.7%。1990 年，社会商品零售机构 579 个、从业人员 1665 人，社会商品零售总额 1.94 亿元，比 1985 年分别增长 24.0%、47.5% 和 194.1%。

1990 年至 1992 年，麻章区麻章、湖光、太平三镇先后新建市场 16 个，扩建市场 5 个，社会商品零售机构有 872 个，从业人员 5728 人。其中革命老区村农民个体户有 686 户，从业人员有 4019 人。社会商品零售总额为 2.55 亿元。

兴建药材企业，带动村民创业。1990 年，麻章镇办起一个药材批发市场，档位从最初的 90 家增加到 1997 年的 323 家，是当时全国三大药材批发市场（河北廊坊、四川河花池、广东麻章）之一，中南 17 个省的药材采购人员都到麻章药材批发市场采购，带动当地 5000 人就业，有长、短途运输的，有装卸货的，有开饮食店的，有房屋出租的，有开宾馆、招待所的……昔日默默无闻的小镇兴旺起来。特别是附近的老区村麻章、沙墩、迴龙内、迴龙外等，有出租房屋做仓库的、或供人居住的、或给人开店铺的，也有从事货运客运的，小镇热闹非凡，村民的收入不断增加。

粤海铁路和湛江高铁西站的建成，极大提升了麻章区交通的便利性。2004年12月，粤海铁路客运开通营运，2018年7月湛江高铁西站建成通车，粤海铁路湛江站和湛江高铁西站都位于麻章老区村英豪、冯家塘、笃头、柳坑车路溪、迈合岭附近，有效带动了这些村庄及古河、迈合岭、冯家塘、调塾等老区村的物流业发展。2004年麻章区社会消费品零售总额6.33亿元，从业人员1.24万人，其中革命老区村从业人员8112人。2017年，设在老区古河村附近、占地2500亩、首期300亩的湛江商贸物流城建成开业，促成附近老区村1000多人就地创业，人均年收入25000元。2017年，全区社会消费品零售总额68.25亿元。特别是在湛江商贸物流城的辐射下，麻章区老区人民的商业意识大大提高，老区村自行创业人员由2004年的0.81万人增加到2018年的1.26万人，人均收入也不断提高。2018年，全区社会消费品零售总额达到73.05亿元。革命老区村农民进入市场销售行列，推动麻章区的商业体系不断向前发展。

2005—2018年全区社会消费品零售总额统计表

年份	商品零售总额（万元）	年份	商品零售总额（万元）
2005	71960	2012	337043
2006	85839	2013	399538
2007	102958	2014	460726
2008	129285	2015	539583
2009	153938	2016	612733
2010	183960	2017	682474
2011	295960	2018	730499

城镇发展，促进老区村貌改变

　　麻章圩是麻章区革命斗争的策源地，也是湛江市进出口西大门，是市区通往雷州半岛各县及海南、广西的必经之地，地理位置十分重要，但基础设施较为落后。1984 年以前，麻章的城建面积只有 0.6 平方千米。1985 年开始规划开发，次年建成面积2.1 平方千米，新建横直 6 条街道。1997 年麻章区党委、区政府的办公机构从霞山搬迁到麻章，加速了城区建设的发展。2000 年，城区基础设施建设投入 4 亿元，城区面积扩大 10 平方千米。新建、扩建街道35 条，道路面积40 万平方米，同时，争取湛江市的支持，开通金康路，使麻章城区的街道逐渐与赤坎区连接。2001 年，麻章城区新建药材、副食品、果菜等 3 个专业批发市场，开发建设两个住宅小区，建设商品房 144 套，总建筑面积2.3 万平方米。2004 年，全区铺设混凝土硬底化道路15050 米，其中麻章城区4150 米。是年，麻章区城区建成面积达 15 平方千米。高楼耸立，街道整洁，市场繁荣，城区初具规模。2017 年，麻章区城区建成面积达 45 平方千米，辐射周边的麻章、迴龙内、迴龙外、赤岭、大路前、北罗坑、林屋、黄外、云头下、鸭曹、后北、潮发、后湾、合流、三佰洋上、三佰洋中、三佰洋下村等 17 个革命老区村，带动这些村庄衔接发展，使这些老区村庄纳入规划，逐步建成有街道、楼房、文体设施、绿化的新型老区村庄。麻章镇沙墩村是革命老区村，1989 年，在原村的东南重新规划街道、建筑、绿化。电、路、水、气、污、灯、讯等"七通"接入家庭，至2017年建成6层以上楼房300多幢，可与中心城区媲美。

1995年湖光镇总体规划完成，并成立湖光开发区。所有新进企业及机关事业单位基本搬入开发区。开发区道路四通八达，2004年湖光开发区的楼房逐步规范化，新建的楼房楼层均超过五层。也带动附近的麻坡、群井、临东、临西、后坛、祝美等革命老区村建设新农村。2017年，湖光镇城建面积达9平方千米（含广东海洋大学主校区）。

太平圩是太平镇政府所在地。1984年以前太平圩没有水泥硬底化街道，没有三层以上楼房，更没有钢筋混凝土结构的楼房。至2000年，太平镇建有太平农贸市场，企事业单位、机关单位等均建钢筋混凝土结构的楼房。修建混凝土硬底化道路长达1700多米。建设排水管道1200米。2010年以来，新建的楼房都在六层以上，附近的老区村庄仙村、恒太、下店、文昌、甘园等也不甘落后，新建的楼房整齐有序，极具人性化。2017年，太平镇城建面积达6平方千米。

麻章区所在地的麻章镇，房地产业及建筑业发展较快，截至2018年，有29家房地产开发公司进驻麻章区，共建20层以上楼房200多幢，销售兴旺。

2018年，麻章区省级新农村连片示范建设工程共有171个（其中革命老区村102个）单项工程，已经进场施工的项目有126个，施工完成率达60%；省定贫困村计划落实建设项目57个（其中革命老区村34个），已动工53个，动工率达92.98%，竣工10个；完成疏港大道、县道670线麻章至志满段和麻赤路、金川路、瑞云路主辅道、朝南路、南方路、湖海路的"白改黑"工程。开展省道S373、S374线麻章段路面"白改黑"工程，麻南路建设工程完成 90% 。

　　全区城镇化的发展，促进了革命老区人居环境的整治，加快了新农村建设的步伐。

民生工程慰民愿　坎坷村道变通途

新中国成立前，麻章区老区村庄绝大多数是坑坑洼洼、高低不平的土路。新中国成立后，党和人民政府注意解决老区的交通问题，特别在改革开放后，麻章区交通发展迅速，湛江机场与麻章区地域接壤。1956年，黎湛铁路建成通车，经麻章路段8千米，旁边有塘口火车站，带动铁路两边的革命老区村庄黄屋、岭仔、水塘、洋溢、赤岭、北罗坑、沙墩的经济发展。2002年新建粤海铁路（广州至海南省），横贯区内，并在麻章老区村庄英豪村附近设立湛江西站。公路交通网络也发展迅速。1985年后，扩建旧街巷，建设新马路，大搞基础设施建设，通水、通电、通排污、绿化、美化、路灯化。至1995年，在麻章、迴龙、沙墩、合流、潮发、后湾等革命老区村庄之间新建和扩建金川、金康、金河等9条道路，金康路是麻章至赤坎的主要道路。1997年，麻章长途汽车客运站和公共汽车站（与霞山公共汽车总站互为终点站）建成投入使用，附近老区村庄有100多人在两站周边从事各种经营。麻章成为湛江市区重要的旅客集散地。1997年，拓宽原325国道麻章段，由原来的两车道拓宽为六车道，1999年国道325改线，原国道麻章段改名为瑞云路；2014年改水泥路为柏油路。2002年建成疏港大道（即S293线），全线4车道，长20千米。大道两边的老区村庄，麻章镇有田寮、水粉、新赤水、老赤水、合流、车路溪、后湾、潮发、笃头、冯家塘、柳坑、迈合岭、英豪内、古河、聂村、克初、花村；湖光镇有交椅岭、后坛、群井、祝美、临西等村。2008 年，开辟雷湖快线，区内长 42 千米，贯通麻章区南北，全线 4 车道。区内受益的有麻章、湖光、太平等 3 镇 19 个老区村。2012 年至 2015 年，新开南通路和政通路，连接 S293 线至赤坎。2013 年，拓宽省道 S373 线和 S374 线，沿途受益的老区村有麻章镇的后湾、合流、迈龙、大鹏、龙井、水口等，湖光镇的临东、临西、祝美、司马、群麻坡、云脚、蔡屋、塘北、体村等，太平镇的山后、仙村、东黄、文昌、甘园、洋村东、洋村西等，共 22 个老区村庄。2000 年至 2017 年，实现村村通混凝土汽车道，农村巷道及村与村之间的主要道路实现混凝土化。其中湖光镇建成那郁至料村公路，沿线有坡塘、竹山、大坡、赤忏、料村等 5 个老区村受益，受益的老区人口 12000 人。至2017 年，全区主要村庄设站通公共汽车。2018 年 7 月 1 日正式通车，湛江市至广州首条铁路动车客运专线开通营运。湛江铁路新西站选址在麻章革命老区村庄笃头、柳坑、迈合岭三村之间，占地近 1000 亩，促进了附近 12 个老区村的经贸发展。笃头村有 60人在该站从事服务工作，人均月收入 3000 多元。

各种道路在麻章区的加快建设，极大地促进了沿线各老区村庄的经济发展。

庙堂上课成历史，注重文教育英才

　　1949年前，麻章区只有23所小学和一些较大的村庄自设的私塾，大部分农民子弟无钱入学。

　　新中国成立后，对之前留下的学校采取"维持原校，逐步改造"的方针，麻章区内的大部分中小学都照常恢复，然后再进行改造。这些学校恢复了，学校的教职员也得以保留就业岗位。1953年4月，将陈学谈的私立附中更名为湛江市第四中学，同年10月更名为湛江市第三中学；遂溪县立第七小学改为麻章小学；遂溪县立第四小学改为太平小学；湖光的立轩小学改为湖光小学。其他小学也按所在地名称改名。1955年，中共湛江市郊区区委在各老区村大规模办学，由1949年的23所小学增加到1955年的45所，但大多数老区村还在祠堂、庙宇上课，学生自带桌椅。1955年至1957年，郊区区委开展扫除文盲工作，派出区、乡干部，组织机关、各驻区单位、各学校老师，分片包干，保证每个老区村有两个以上扫盲工作人员下村举办扫盲班，教农民识字，让旧社会读不起书的老区村人民有接受教育的机会。1956年，广东省在市郊湖光岩以东创办湛江农业学校。至1960年，全郊有公办小学62所，在校学生达21438人；民办小学也发展到32所，革命老区村庄适龄儿童入学率达90%以上。

　　1962年，湛江市将湖光公社铺仔圩的中学改为市三中并增设高中部（现湖光中学）；在麻章公社设立市十二中（现麻章中学）；在太平公社设立市十一中学（现太平中学）。革命老区村庄学生可考入中学就地入读。1965 年，麻章、湖光、太平 3 个公社分别自办农业初级中学，使革命老区村接受初中以上教育人数大增。小学适龄儿童入学率达 92.2%。

20 世纪 60 年代，湛江地区还在麻章创办第一技工学校，现改名为湛江高级技工学校，每年可为本地和珠三角地区输送各类技术人才 3000 人。1965 年，湛江财贸学校迁到麻章老区城家外村附近。1965 年，湛江市教育部门在麻章的潮发至后湾一带老区村创办耕读师范学校，两村群众大力支持，无偿提供 30 亩土地办学。1979 年，广东农垦湛江技工学校在老区镇麻章镇创办。湛江财贸学校迁到麻章镇糖厂东，并进行扩建，湛江农业专科学校在湖光岩东边扩办。1985 年，湛江市人民警察培训学校在麻章镇糖厂后边兴建。20 世纪 80 年代后，又先后在麻章区兴办民办初中群信中学、港城中专私立学校、广东船舶工业技工学校、湛江市麻章区农机学校、湛江中医学校、爱周职业技术学校；1996 年在湖光岩东边的广东湛江农业专科学校的基础上兴建广东海洋大学主校区；2015 年，又在湖光新坡村附近兴建占地 1000 亩的湛江教育基地。

麻章区在"文革"前的教育注意加强革命政治教育，引导学生如何为工农大众服务，增强为人民服务的意识，坚持德育为首、智育为主、育人为本的办学理念，收到良好的效果。

"文化大革命"期间，强调学生读书"小学不出村，初中不出大队，高中不出公社"，增加了大量砖瓦结构的校舍，老区村庄大批子弟入读中学。

1973 年 9 月 26 日，市三中更名为湛江市湖光中学，十二中学更名为湛江市麻章中学，十一中学更名为湛江市太平中学。

1980 年 12 月，麻章（郊区）党委、政府十分重视教育工作，吸取外地先进办学经验，掀起群众办学高潮，老区村庄亦不例外。

改革开放后，全区教育事业蓬勃发展。80 年代开始，先后创办了 8 所初级中学：1980 年有英豪初级中学；1981 年有太平第一初级中学、铺仔中学（现湖光第一初级中学）；1983 年有湖光第二初级中学；1984 年有城家初级中学；1987 年有群信中学（民办）；1994 年有太平第二初级中学；1996 年有太平第三初级中学。革命老区村庄 90% 学生可就近进入中学。1999 年，区政府创办麻章区第一中学，结束全区无重点中学的历史。

1984 年 6 月 10 日，中共湛江市郊委发出《关于进一步动员群众集资办学的意见》。同年 12 月，郊区政府召开会议传达省市集资办学会议精神。至 1987 年，全郊区集资 1300 万元，新建校舍 221 幢，其中钢筋混凝土结构的楼房 221 幢，校舍总面积达 229197 平方米。中学生人均 4.8 平方米，小学生人均 3.89 平方米，均超过当时国家教委的额定标准，实现了"一无两有"（无危房、有教室、有桌凳）。1987 年 5 月，省、市校舍建设"一无两有"联合验收组对郊区进行全面验收，1988 年省政府和市政府分别授予郊区校舍建设特级区称号。

1993—1996 年，麻章区实行普及九年义务教育工程（东海硇洲已划归东海经济开发区），共投资 5540 万元建设新校舍 10.53 万平方米，镇级初中校舍不断扩充，太平镇群众集资 75 万元，新建太平镇第三初级中学，加快了麻章区实现"普及九年义务教育"工作的步伐。至 2004 年，麻章区学校校园总面积 40.84 万平方米，其中混合结构的楼房 412 幢，面积 38.26 万平方米，占全区校园总面积的 96%。教育、体育室、仪器室、音乐室、电脑室、卫生室、实验室、教研室、运动场等"八室一场"不断完善。

2002 年至 2006 年麻章区共投入中小学校校园建设资金

2128.41万元，建起文化长廊、文化橱窗、假山、喷泉、壁画文化广场等校园文化设施。2015年，太平镇老区村东岸小学，集体投资共250万元，在麻章区教育局的指导下，建设起一个符合国家标准的400米跑道运动场。

2017年，全区有各类学校30所，1060个班，在校学生44602人，其中中学生20413人，小学生24189人。教职工4958人，幼儿在园儿童14297人。其中，革命老区村庄在各类学校就读的学生，占全区学生总数的64%。2018年，麻章区有中小学校31所（其中公办学校27所，民办学校4所），小学校区27个（校区均为标准化学校），特殊教育学校1所，幼儿园119所（其中规范化幼儿园86所，公办和普惠性幼儿园108所）。在校中小学生48931人（其中小学生27126人，初中生12467人，高中生9251人，特殊教育学校学生50人，中职生38人），在园儿童14817人，其中公办幼儿园儿童3358人，中小学、幼儿园教职工5223人。另外，麻章区是湛江科教基地，区内有广东海洋大学、广东海洋大学寸金学院、湛江幼儿师范专科学校、湛江市技师学院等15所高、中等院校，有中国热带农业科学院南亚热带作物研究所等8家省、市级科研单位以及一批教育学习培训机构。2015年，又在湖光新坡村附近兴建占地1000亩的湛江教育基地。

麻章区先后被评为"广东省教育强区""全国义务教育发展基本均衡区""广东省推进教育现代化先进区"。

2018年，全区现有公办在职教师2221人，离退休教师553人。在职教师中，普通高中教师221人，进修学校教师52人，特殊学校教师34人，初中教师723人，小学教师1153人，幼儿园教师72人。其中特级教师3人，高级职称138人，小学副高职称5人，中级职称1843人。教师工资待遇平均每月比公务员高762元，农村教师生活补助人均1000元/月。2018年，麻章区建档立卡的贫困学生教育资助落实率达 100%，共资助困难学生 5394 人次，资助资金 644.81 万元。办理生源地信用贷款 353 笔，金额 280.77 万元，确保全区没有学生因家庭经济困难而读不起大学。

麻章区丰富的教育资源，也造福了各个革命老区村的子弟。2014 年至 2018 年，全区先后实现了"创强""创均""创现"目标，标志着麻章教育迈上了新的台阶，进入优质均衡和高质量发展轨道。教育事业的发展，有效地推动了革命老区的建设，也推动了老区文化教育事业的发展，使革命老区英才层出不穷。

基础设施建设，老区实现"四通"

通水

解放前，麻章区人民饮水困难，条件好的能饮到井水，条件差的只能喝田沟水。边远的老区村庄饮水质量更差，农业生产也无水灌溉。人民公社化后，当地大力发展水利，兴建了雷州青年运河及支渠东海河和太平河，加上兴建多座中小型水库，生产用水基本得到解决。但人畜饮水还是困难。改革开放初期，部分家庭打手压泵井。2017 年后，全区老区村 90% 用上了安全卫生的自来水。

通电

解放初期，只有少数圩镇能用上少量电。20 世纪 70 年代初，茂名热电厂 11 万伏高压输电至湛江；80 年代，麻章老区村庄大部分能用上电；90 年代末电力输送增加到 22 万伏；2015 年后麻章区农村全能用上电了。

通气

20 世纪 80 年代后，少量家庭能用上石油液化气，90 年代后期，农民渐渐也用上了液化气。1996 年，麻章、湖光、太平三镇都有了石油液化气零售加气站。2000 年起，老区村庄 90% 用上石化气。2010 年，全区农村全部用上安全卫生的石化气。此后，全区每年石油液化气零售 5 万吨至 6 万吨。2015 年后，革命老区麻章镇有的住宅小区还装上了管道天然气，方便了人民群众的生活。

通讯

解放前，麻章区人民的通讯十分困难，几个主要圩镇，都只有一两台电话。1962 年，全郊区只有 408 台磁石手摇电话，还要通过郊区总机转，有时线路繁忙，经常等一个小时也打不出电话。1977 年，老区麻章镇自办两台人工转接的 50 门电话小总机，以广播线载波与各大队和村庄通话。1989 年，麻章镇在全区首先装上 200 门自动程控电话，20 世纪 90 年代初期，湖光、太平也用上程控电话。90 年代后革命老区村家庭也逐渐用上电话。2000 年后，手机通讯发达，部分群众用上手机通讯。2004 年，全区有线电话 3.68 万部，全部实现程控化；拥有移动电话 9.66 万部。2015 后，手机通讯在全区基本普及。

老区人民迈向小康

　　新中国成立前，麻章区老区村庄的农民 98% 在家务农，人均年经济纯收入 50 元（法币），边远地区的革命老区村庄人均收入更少。20 世纪 60 年代至 70 年代，老区村庄农民在生产队劳动，以工分计酬，一个主要劳动力一天一般 10 工分，每 10 工分的价值一般是 0.30 元—0.50 元，年均收入 100 元左右，扣除口粮款所剩无几，有的没有现金分配收入，还须补口粮钱。改革开放后，改变农村经济管理体制，实行家庭联产承包责任制，农业生产迅速发展，老区农民收入水平有较大提高，1983 年人均年经济纯收入 255.5 元；1985 年麻章区老区村庄农民人均年经济纯收入 424元；1986 年农民人均年经济纯收入 483 元；1990 年人均年经济纯收入 750 元；2000 年，老区村庄农民人均年经济纯收入 3281 元；2004 年老区村庄农民人均年经济纯收入 3728 元；2010 年，老区村庄人均纯收入 6905 元。2017 年，革命老区村庄的青壮年劳动力 80% 以上外出经商或务工，剩下少数年纪大或文化程度低的劳动力在家务农。是年，老区村庄人均年可支配收入 15065 元。2018 年，人均年可支配收入 16717 元。革命老区村庄的人民逐步向小康生活迈进。

老区村人均年经济纯收入统计表

年份	人均年经济收入（元）	年份	人均年经济收入（元）
1976	50—100	2009	5876

（续表）

年份	人均年经济收入（元）	年份	人均年经济收入（元）
1980	60—120	2010	6905
1984	396	2011	8203
1995	1672	2012	9499
2000	3281	2013	10363
2004	3728	2014	11760
2005	4002	2015	12806
2006	4476	2016	13672
2007	5008	2017	15065
2008	5399	2018	16717

注：统计口径改变，2014年起的数据统一采用人均年可支配收入。

7

第七章

不忘老区人民　助力老区建设

　　新中国成立后，各级党委、人民政府不断出台对革命老区村庄的扶持政策。中共十一届三中全会后，逐渐加大对革命老区村庄在经济建设方面的投入，这让麻章区老区村庄各方面不掉队，发展步伐不断加快。

不忘老区人民，改善民生福祉

新中国成立后，党和政府在各个时期各个方面给予老区村庄大力扶持。

1950 年，根据广东省人民政府颁布的《征收公粮实施细则》，对粮食单产低的老区村，给予免征或少征。1954 年实行粮食统购统销政策，对有实际困难的老区村庄，给予减征或返销粮优惠。

19 世纪 50 年代至 70 年代，在革命老区村庄兴修水利，建成灌溉老区村庄的支渠 45 千米，先后建成志满、新坡、合流、大鹏、迈龙、赤溪、北铁门等中小型水库和山塘 36 宗，实现灌溉面积 20 多万亩。同时，在农田基本建设、兴修学校等方面，对经济确有困难的老区村，给予资金扶持，给予钢材、水泥、木材、肥料等指标照顾。此外还给予通电优先，如麻章甘霖、龙井、迈龙、笃头、城家外、调塾、冯村、聂村、畅侃、英豪、大塘等老区村庄 70 年代初就用上了照明电。在农业机械化方面给予优先购机照顾，如英豪大队基本上是老区村，1973 年拥有推土机 1 台，胶轮拖拉机 3 台，联合插秧机和联合收割机各 1 台，提高了工效，极大节省了劳力，令很多村庄羡慕。在招工、招干、参军、保送上大学等方面，也优先照顾老区村庄革命后代子女。

改革开放后，区委、区政府在老区村庄新建、扩建各类学校 12 所。省里每年都安排扶贫资金扶持老区村庄建设，有力推动老区村庄经济发展。区委、区政府对老区工作和老区的经济发展较重视，在区财政极为困难的情况下，每年拨出专款支持老区建设。1985 年拨出扶持老区村庄建设资金 27.3 万元，主要解决 8 个老区村庄通电和修路问题。1986 年拨给老区 21.2 万元；1987 年区财政拨出救灾款 63 万元，减轻老区村因台风和其他灾害造成的损失。1992 年拨款 82 万元，1997 年拨款 63 万元，1999 年拨款 43 万元。从 2000 年开始，给老区村庄"五老"（老地下党员、老游击队员、老交通情报员、老堡垒户、老苏区区乡干部）人员发放生活补贴款每人每月 100 元。2000 年共发放 28 万元，2002 年共发放 43 万元，2004 年共发放 13 万元，2005 年共发放 71 万元，2006 年共发放 281 万元。从 2006 年 1 月 1 日开始，停征农业税，农民种田不再需要交公粮，这是新中国成立以来首次。全区每年减轻农民负担 1200 万元。还给农民发放种地补贴，每亩由 2006 年的 50 元增加到 2017 年的 91.7 元，再到 2018 年的 93.8 元，直发到农民手上。同时大力发展公益型社会事业，不断完善"普惠型"的社会保障，全面实施"共享型"民心工程，城乡低保实现动态管理的应保尽保，五大险种参保人数大幅增加，参加农村社会养老保险的人数不断增加。不断完善"强农惠农富农"机制，坚持"多予少取"的方针，促进农民增收，以实现农业可持续发展为重点，进一步加大对农业支持保护的力度，认真贯彻落实国家关于减轻农民负担的工作部署，探索建立村级组织减负管理机制，同时加强对村务、社会公共事务和基础设施建设等方面的管理，对 2 万元以上项目开支均需经财政部门审核批准，全面清查涉农收费，取消一切不合理的涉农收费项目。从 2007 年开始，区政府加大了对老区建设的投入。2008 年，区财政支持农村水利、生态环境、饮水、厕所改建等项目建设资金 5511.5 万元，并及时兑付农民种粮补贴款 667.42 万元。2008 年全区发放 228 万元，解决 2823 名城乡居民最低生活保障，其中老区村庄村民 1628 人，占 57.7%。2009 年，区财政投入 660 万元支持农村改水项目建设。2010 年，区财政支持老区村环境卫生、生态、海产品养殖等资金 4129 万元。2012 年，支持老区村庄农田水利、堤围保护、扶贫开发、道路建设等 1127 万元。2014 年，支持老区村庄渔民转产、农田水利、堤围保护、扶贫开发等 5329 万元。2015 年，支持老区村庄巷道建设、台风"彩虹"袭击后的救灾复产、堤围保护、文物保护、扶贫开发等 3213 万元。同时，全区民生方面支出 85440 万元，占区财政一般公共预算支出的 79.62%，特别注重解决低收入群体 5423 人的基本生活困难，确保"底线民生"各项资金的落实，低保金每人每月从原来的 230 元增至 370 元，再增至 410 元。五保供养也由每人每月 200 多元提到 2015 年的 588元，分散供养的也由每人每月 260 元提到 2015 年的 760 元。2016年，区政府再次支持老区村 2023 万元，用于因上年台风"彩虹"袭击造成的电杆重立、海堤加固，以及通水、通电、扶贫开发等工程。2017 年，支持老区村庄连片开发、加固海堤、村村通自来水、脱贫开发、水利应急等项目 5579 万元，省、市另发放资金7518 万元。2017 年优先安排十大民生项目资金 39760 万元，其中投入"底线民生"保障金等各项资金 4091.13 万元，拨付"弱有所扶"扶贫金 8622.07 万元，其中中央、省、市配套资金 3822 万元。另发放扶贫小额信贷保证金 80 万元，学生免学费和发放生活补助费 456.14 万元，危房改造工程补助 272.8 万元。

扎实推进城乡医疗保险、养老保险全覆盖，2018 年城乡居民基本医疗保险参保率完成 100%，城乡居民社会养老保险参保率完成 100%。同时，做好老区村五保户、低保户、残疾人、高龄老人生活补贴。

情系老区再解"五难"

一、再解老区村庄"出行难"

改革开放前，部分老区村庄存在"出行难"问题，有些老区村庄生产的产品难以运出销售。在省、市、区党委和各级政府的重视下，老区人民发扬艰苦奋斗、自力更生的精神，群策群力，大搞修路工程。

麻章镇的笃豪村是个抗日战争时期革命老区村庄，在改革开放前，只有一条牛车路可出入，2009 年至 2013 年，上级投资 100 多万元，村筹资 500 多万元，建成出村公路 2 条，共长 4.2 千米，建环村路及村内巷道 10 千米，解决了群众行路难的问题。2010 年 10 月，地处官田岭南的麻章镇老区村新坡仔村，筹资 45 万元（其中政府投资 26.5 万元，群众集资 18.5 万元），建起一条长 1.8 千米、宽 5 米的水泥路，解决该村群众出行难问题。麻章镇龙井村至外园村是丘陵地带，历史上连牛车路也不通，群众外出十分困难，2011 年，上级投资 120 万元，群众集资 200 多万元，建成长 7 千米的水泥硬底化公路，解决了群众出行难的问题。王桂芳是湖光镇临东村人，1938 年入党，是一位革命老前辈，生前交代将他的存款及家人的部分存款共 30 万元捐赠给家乡临东村，建一条村中主大道水泥路。2012 年，全长 1 千米的临东村主大道建成，村委会命名为"桂芳路"。2011 年 4 月，麻章镇合流村建成村硬底化大道。2011 年，通过政府投资和群众集资共 140 多万元，太平镇老区南夏村建成通镇道路，全长 4.75 千米。2011 年，政府投资 120 万元给麻章镇老区村符竹村的环村道路。2011 年 3 月，通过政府投资和群众集资，太平镇老区上店村 1.2 千米的硬底化道路建成通车。2012 年，麻章镇老区村聂村村道建成，该道长 2 千米，宽 8 米，总投资 80 多万元。2013 年，通过政府投资和群众集资 450 万元，使湖光镇那郁村至料村长 9.1 千米、宽 8 米的公路建成，解决了沿途 6 个老区村庄近万人的行路难问题。2013 年，麻章镇调塾村至江门坡村硬底化道路完成，总长 5 千米，宽 7 米，总投资 300 万元（其中群众集资 150 多万元）。2014 年，太平镇洋东村通过政府投资和群众集资 180 万元，建成长 6 千米、宽 4 米的环村公路。其余建成出村水泥硬底化道路的老区村庄有：麻章镇的车路溪、迴龙、岭仔、高阳、古河、西边山、后湾、黄屋、七星岭、鸭曹、沙墩、甘霖、大鹏、水口、北罗坑、水粉、英豪内、英豪中、田寮、柳坑、大路前、赤岭、北罗坑、三佰洋、洋溢、新赤水、老赤水、北沟、水塘、江门坡、大塘、云头下、畅侃、后北、沙沟尾、谢家外、迈龙、冯村、聂村、白水坡、李家、郭家；太平镇的文里陈、塘边杨、田头尾、东岸、通明、后塘仔、肖渔、文里李、文里叶、仙凤、甘园、角塘、其连、文昌、南山下、乌塘、调浪、后坑、山后、洋村西、恒太、陈渔、海岚、仙村、东黄、卜品；湖光镇的祝美、临西、临东、群麻坡、蔡屋、司马、交椅岭、体村、竹山、群井、塘北、赤忭、坡塘、后坛、云脚、大坡、料村。

在省、市、区党委和政府的重视下，在各镇委和各村党支部的直接帮助下，至 2004 年，全区建成乡道 228 千米，其中硬底化四级公路 208 千米。至 2017 年，麻章全区镇通老区村路有 108 条已全部建成硬底化的道路，总长 366.37 千米；村委会通自然村的硬底化道路 88 条，总长 238 千米。以上两项共投资 6357 万元（其中省、市补助 3602.3 万元，村自筹资金 2754.7 万元）。完成疏港大道、县道 670 线麻章至志满段和麻赤路、金川路、瑞云路主辅道"白改黑"工程。开展省道 373 线、374 线麻章段路面全面"白改黑"改造工程，铺上高级沥青，麻南路建设工程全面铺开。

至 2017 年，全区老区村庄村内巷道建设硬底化 394.4 千米，其中麻章镇 249.1 千米，湖光镇 93.3 千米，太平镇 52 千米。尚未解决出村道路建设的，只有麻章镇的克初村和车路溪村。

至 2017 年，麻章区老区村庄已装路灯的：麻章镇有甘霖、调塾、江门坡、沙沟尾、白水玻、李家、大塘、谢家外、城家外、云头下、迈合岭、聂村、畅侃、后北、潮发、黄外、田寮、大鹏、北罗坑、赤岭上、赤岭下、岭仔、古河、英豪内、龙井、鸭曹、麻章等 27 个村庄，共 2719 盏；湖光镇有祝美、临东、临西、群麻坡、蔡屋、后坛、交椅岭、塘北、赤忏、坡塘、大坡、竹山等 12 个村庄，共 771 盏；太平镇有东岸、肖渔、洋村东、南夏、通明、东黄、卜品、仙村、塘边等 9 个村庄，共 519 盏。

二、再解老区村庄"读书难"

1986 年，区财政在极度困难的情况下，仍设法解决 6 个老区村的小学危房改造问题。1987 年投入 40 万元，1992 年投入 38 万，1996 年投入 42 万元。2003 年至 2008 年，省、市对革命老区薄弱学校和破旧小学的改造修建非常重视，总投入 734.89 万元（其中省补助 360 万元，市补助 170 万元，区补助 65 万元，群众投资 139.89 万元），麻章区先后有 20 所学校各获得 30 万元的补助。新建老区村庄教学楼 20 幢，总面积 15736 平方米，老区孩子从此告别破旧、危险的教学楼。老区农村学校也成为革命老区村庄最靓丽的一道风景线。

2010 年后，区委区政府继续加强校园建设。麻章镇赤岭小学原为一所老区村办小学，2015 年，湛江市支持 500 万元，麻章区投入 300 万元，新建教学楼和学生宿舍楼各一幢，既解决了附近 10 个老区村庄儿童上学难问题，又解决了全区小学布局调整问题。湖光镇料村是个革命老区村，20 世纪 50 年代办成完全小学，周围几个老区村的儿童都在该校读书。2015 年，区教育部门撤销料村完全小学建制，只作为一个教学点，群众意见较大。区老促会根据绝大多数群众意见，积极向区教育部门反映，要求恢复料村完全小学建制，被采纳。2016 年，区教育部门恢复了料村完全小学建制，解决了附近老区村儿童上学难的问题。改革开放后，省、市对麻章区的教育十分重视，从 1980 年开始，不断在麻章范围内配置各种教育资源，兴建大学 1 所，各类中专、技校 23 所，有效地解决了革命老区村子女受教育难的问题。

自 1996 年起，麻章区不断加大教育投资，1997 年全区教育支出 1881 万元，比上年增加 28.5%。2006 年全区教育支出 5106 万元，比上年增加 17.3%。2017 年全区教育支出 31331 万元，比上年增加 5.2%。2018 年全区教育支出 34330 万元，比上年增加 9.6%。麻章区不断加大教育投入，极大地解决了革命老区村庄子弟读书难的问题，促进了老区村教育事业的发展，让老区村人才辈出。

三、再解老区村庄"饮水难"

1949 年前，麻章有部分老区村庄如迈龙、西边村、外园、古河、高阳存在饮水难问题，水井无水时，村民经常要挑浓白色的田沟水回家饮用。因长期饮用这样的水，有些村民腹部黄肿，有些人四五十岁就去世了。新中国成立后，老区村民最盼望的就是解决饮水问题。这个要求引起各级党组织的重视，各级党组织层层发动群众挖井、打井，以解决饮水和土地灌溉所需。高阳村从水库引水至水井解决民众饮水难问题。迈龙村在村宗祠侧挖大井，引田沟水到井里澄清后饮用。古河村群众挑回家的井水不能直接饮用，要先在缸内澄清几小时，舀上层水才能煮饭或煮开饮用。1972 年，湛江市机电局支持下乡知青工作，在麻章公社老区村古河村建起一座水塔，既解决了知青用水问题，又连接到农户，彻底解决了古河村饮水问题。1980 年，麻章的赤岭村群众集资建成了全镇第一座村自建水塔，解决了老区村 1500 人饮水困难。1995 年太平镇老区村仙村建水塔通水。2000 年，仙村的东关村水塔通水。2004 年，麻章区财政投入专项资金 884 万元，用于解决村民饮水问题。是年，太平镇有洋村东、麒麟、后塘仔、文里陈等老区村安全通水。2007 年，仙村下村建成水塔通水。2008 年，仙村中村建成水塔通水。2009 年，麻章区老促会开展了一次"饮水难"的大排查，发现还有 26 个老区村未通自来水，即动员老区干部、群众积极筹集配套资金，对已筹集配套资金的老区村，老促会推荐给上级主管饮水安全的部门。当年，省饮水工程项目批准麻章区建设 34 个供水点（其中涉及老区村庄 26 个），解决了 132 条自然村（其中老区自然村 61 条）的饮水问题，受益人口 141563 人（其中老区人口 78109 人），总投入 5770 多万元。

湖光镇老区村临东村集体筹资、群众捐款 100 多万元，把建在家门口的市属临东水厂的自来水引入村中，使全村 4000 多人都用上了安全卫生的自来水。60 多年前的梦想，终于实现了。

2010 年底，太平镇老区村乌塘农民喜迎饮水安全工程通水到户。同年，老区村塘边西、通明、山后等村也实现通水。2011 年麻章镇谢家村供水点完工，村民盼望多年的自来水终于用上了。2011 年太平镇的东岸陈肖水塔建成通水。2012 年，区政府投入饮水工程项目 350 万元，其中老区村庄 220 万元，当年通水 8 个。至 2014 年，全区总投入饮水安全工程资金 7732.8 万元，其中建水塔投入 2392.3 万元，装水管投入 2440 万元，其他配套投入 1282.6 万元，其中老区村自筹资金 2408.5 万元。2014 年，湖光镇老区村塘北、后坛、大坡、坡塘、竹山等村自来水工程建成通水到户。2015 年 6 月 1 日，麻章区启动"村村通自来水"工程，麻章镇老区又有内村、西边山、符竹、大鹏等村饮水工程完工通水，麻章镇几个边远山村终于饮上安全水。至 2017 年，麻章区老区村庄通水已达 95 个，占老区村 86%。剩下的 15 个老区村庄，麻章区委、区政府决心通过改造管网、更新老化设备等措施，在 2020 年前实现村村通自来水的目标。

四、再解老区村庄"看病难"

1987 年，区公费医疗支出 38.5 万元，1992 年 90 万元，1999 年 221 万元，2000 年 375 万元，2002 年 452 万元，从 2004 年开始，积极推动农村合作医疗工作，建立新型农村合作医疗保障制度，切实解决看病难问题，特别是边远老区村看病难问题。区财政逐年加大投入，2004 年投入 506 万元扶持农民参加农村合作医疗，在全区三个镇全面铺开。2005 年又投入 645 万元。2006 年投入 1103 万元。2007 年投入医改经费 1989 万元，其中个人医改经费 715 万元。2008 年投入农村合作医疗经费 200 万元，补充医疗保险 12 万元。2009 年又投入农村合作医疗补助金 200 万元，补充医疗保险 14 万元，乡镇卫生院经费补助 366.8 万元，完成 83 个村级卫生站（其中老区村卫生站 49 个）和 1 家规范化卫生院的建设。2010 年，投入基本医疗保险、离休人员医疗保险、农村合作医疗保险经费 1793 万元，其中省市一次性补助 7925 万元。2011 年，投入基本医疗保险、离休人员医疗保险、农村合作医疗保险、基层卫生站建设等经费 3182 万元，其中省市一次性补助 7925 万元。2013 年，投入 10256 万元，2014 年投入 11892 万元，2015 年投入 16014 万元（其中省市专项支出 11662 万元），2016 年投入 19368 万元（其中省市专项支出 11523 万元），2017 年投入 18532 万元（其中省市专项支出 11624 万元），这些投入，全部用于城镇居民基本医疗保险、农村新型合作医疗保险、行政事业单位医疗保障、基层卫生站建设等方面。2018 年，麻章区投入医疗卫生开支 19672 万元，另外，湖光镇也投入 163 万元，协助解决革命老区村庄 243 位重病村民的医疗开支。至 2018 年，麻章区有医院 4 家，床位 267 张，医疗技术人员 251 人。同时，麻章区革命老区村庄农民实现 100% 参加医疗保险。

麻章全区建设卫生站 83 个（其中老区村庄 49 个），每个卫生站由政府全资建设，并免费配备一般疾病检查设备，一般性疾病在村卫生站即可诊治。

麻章、太平两个革命老区镇的卫生院已列入广东省农村合作医疗重点扶持单位，其改造规划也列入省、市规划以予实施。上述举措，初步解决了老区群众看病难的问题。

五、再解老区村庄"住房难"

从 2006 年至 2009 年，麻章镇老区村庄获得危房改造补助款 5000 元的有 104 户，获得改造补助款 4000 元的有 48 户；太平镇老区村庄获得危房改造补助款 5000 元的有 122 户，获得改造补助款 4000 元的有 44 户；湖光镇老区村获得危房改造补助款 5000 元的有 70 户，获得改造补助款 4000 元的有 31 户。2007 年，区财政拨付 231 万元，完成老区村贫困户危房改造 344 户。麻章区农村收入低的困难住房户有 310 户，2011 年，投入资金 1344.8 万元，当年改造完成 220 户，建筑面积 18752 平方米。其中有麻章镇老区村大塘村村民李明玉的危房,他在区政府5000元安居工程款的推动下,自筹10多万元,建起了一幢两层高的靓丽的新楼房,真是新旧两重天。太平镇老区村庄东岸村安居工程,有20多户房屋得到改造。湖光镇料村村民黄玉兰,在区政府、妇联支持1.5万元的情况下,自筹3万多元,建起80多平方米的房子。2012年,麻章区对农村困难户完成90户住房改造。至2014年5月,麻章区老区村总农户27303户,其中住泥砖房的有1324户,共6804人;住茅草房的有97户,共417人。2014年底,太平镇老区村庄仙村有10户危房完成改造,山后、文里李、南夏、东岸各有1户危房完成改造。2015年,区财政投入1476万元,重点解决老区村庄因台风"彩虹"袭击需要重建的房屋,共重建改造255户。太平镇上店村贫困户卢道权大病致贫,4个子女没钱读书,一家人挤在不足20平方米的破房里,生活艰难。2017年,广东海洋大学采用"一对一"的扶贫方式,精准帮扶48000元,加上区政府的扶持,卢道权家于2018年住上楼房。区委区政府决心在2019年前,将老区村庄的茅草房、泥砖房全部改造完毕。

第三节　发展特色产业，繁荣老区经济

改革开放以前，麻章区老区村庄的经济收入主要以农业种植为主，农作物大多为水稻、甘蔗、番薯、花生、芝麻、蔬菜等。改革开放以后，特别到20世纪90年代末，水稻年亩产一般达600公斤至800公斤。甘蔗、番薯、花生等年亩产也比改革开放前有大幅提高。当地还大力发展开发性农业，发展高产、高质、高效的"三高"农业，使农村经济逐步实现了由传统农业向现代农业转变，由产品农业向商品农业转变，由常规农业向开发农业转变，由平面农业向立体农业转变，由自产自给农业向出口创汇农业转变。老区村庄的农民不再以单一的传统农业为限制，因地制宜，扬长避短，使农村经济得到长足发展，出现多个香蕉、红橙、木瓜、青枣、火龙果、莲雾、花卉、富贵竹、养虾基地，还有海水网箱养殖以及猪、家禽、天鹅、山羊、青蛙养殖基地等。2017年全区农业总产值39.75亿元（其中种植业13.14亿元，粮食产值4.56亿元，林业产值0.47亿元，牧业4.57亿元，渔业17.01亿元）。

麻章镇老区村调塾村，人口4838人，1985年把1000多亩的西洋沼泽地辟为鱼塘和鸡鸭饲养基地，成为湛江市重要的"菜篮子工程"基地。老区村花村有115户，670人，从1995年开始，改变传统种植业，家家户户种花卉，在村后的3000多亩土地上成片发展花卉种植，在全区首先种植大王椰、国王椰、发财树、青

铁、凤梨、蝴蝶兰等品种，全村脱贫致富，人均年经济收入由1995年的2000元增加到2017年的18000元。

麻章镇大路前村是老区村，人口1131人。从2000年起，在村后的1500亩坡地上成片发展花卉、观赏林木种植，吸引外地商人前来投资，不但建成特色花卉园林区，而且增加了农民经济收入。人均收入由2000年的4000元增加到2017年的17800元。麻章镇老区村黄外村，人口1560人，该村将发展集体经济作为振兴经济的重头戏，在积极推进土地流转的同时，利用靠近麻章区城区中心的优势，在社区建成占地50亩的农贸市场和木材批发市场各一处，花卉和蔬菜基地各150亩，村中安排160人在两个市场和基地工作。该村还建有园林式花卉公园、文化体育中心广场，还销毁烟囱400多座，获得全国首个"无烟村"称号。另外，该村2018年建起全市首家长者饭堂，专供村中70岁以上老人一日三餐免费就餐。2017年，人均经济收入由2000年的3600元增加到2017年的21000元。麻章镇老区村城家外村，全村人口1560人，从1996年起，将村中土地承包给台湾商人经营花卉公司，村民可在公司务工，每年人均可分得承包金1000多元。村内主要劳动力从事车辆运输业以及挖掘机、推土机、吊机等工程机械行业。该村1972年用上照明电，2009年实现住房楼房化，自来水、村道、巷道、路灯、排水、排污、园林绿化、文化楼、假山、观赏鱼池等基础设施一应俱全。湖光镇的塘北村是老区村，全村人口2001人。新中国成立后，该村主要以农业种植为主，农作物大多为水稻、甘蔗、番薯、花生等。从1995年起，外出务工的村民带回优良的富贵竹竹苗，并在村里种植，几年间发展到1200亩，每亩年获利2万元以上，每支竹苗可卖2元钱，成功带动周围村庄种植，同时，该村自办包装加工厂，产品出口到美国、日本、韩国及东南亚国家，既出口创汇，又增加村民收入。湖光镇云脚村是老区村，有638户，2535人，耕地4000亩，还有800亩怪石嶙峋的荒山林地。原来农业靠传统种植为主，2001年开始引进火龙果，至2017年种植已达500多亩，年亩产盈利超过2万元，还种植发财树、鸭脚树、富贵竹、大罗伞等苗木1000多亩，人均年经济收入由1995年的1400元增加到2017年的15000元。湖光镇的料村是老区村，利用海滩涂开发海水养殖，经济收入可观，人均年收入由1995年的1400元增加到2017年的14000元。老区通明村有1771户，6772人，耕地面积只有800亩，海滩涂面积946亩，村民以耕海为主，现有深海渔船60艘，中浅海渔船400多艘，人均年经济收入由1995年的1800元增加到2017年的21000元。

2018年，全区开展农村土地确权工作，使老区村民众吃上"定心丸"，放心发展自己的特色经济。

落实扶贫攻坚，情系老区人民

　　1980 年，湛江市郊区老区建设办公室成立，属区民政局的内设机构，负责老区村庄日常建设工作，调查了解老区村庄"五难"问题，并及时向上级有关部门反映，争取政策性倾斜扶持。1994 年，麻章区扶贫开发办公室成立，为麻章区扶贫开发领导小组下的常设机构，挂靠区农业局，编制 2 人；2003 年机构改革后归区农业局管理。

　　湛江市郊区从 20 世纪 70 年代末开始注意抓好扶贫工作，主要以帮助贫困老区村庄修水利、改造低产田、改善生产条件为主。从 1983 年起，省级财政陆续拨专款扶持老区生产建设和社会福利项目，主要是解决饮水、道路、种养和老区破旧小学改造等问题。1998 年，动员各级政府、职能部门、社会各界对特困家庭采取"一帮一"的办法进行扶贫，主要以提供资金、技术、信息的方式帮扶。1999 年至 2001 年，又以"千人扶千户"的方式，三年捐献扶持资金 90 万元。2001 年，麻章区人均年收入 2000 元以下贫困人口 3962 户，2.14 万人，其中人均 1500 元以下特困人口 3160 户，1.71 万人。在特困人口中住危房、茅草房的有 878 户。从 2004 年开始，分四年解决全部特困户的住房问题。从 2002 年开始采取智力扶贫，对适合的贫困家庭劳力进行技术培训和劳力转移。至 2004 年，麻章区减少贫困人口 301 户，1159 人。

　　2004 年，省级财政扶持老区生产建设项目和社会福利建设项目有 53 个，资金 109 万元；拨专款 360 万元，扶持老区破旧小学改造 12 所（甘霖、洋水岭、笃豪、陈渔、肖渔、高阳、鸭曹、仙村、古河、金兴、赤忏、合流）。市级财政扶持小项目 50 个，资金 125 万元，主要解决饮水、道路、种养、新农村建设等问题，另拨专款 170 万元扶持老区破旧小学改造 6 所（谢家、英豪、聂村、临西、塘边、南夏）。麻章区财政扶持老区村庄小型项目 83 个，资金 156 万元，主要解决饮水、道路、种养、新农村建设等问题。又拨专款 60 万元改造通明、东岸两所破旧小学。全区 70 多幢校舍得到重建、改造、加固。

从 2005 年开始，主要扶贫目标是"扶贫双到"，即"规划到户，责任到人"。2010 年，麻章区列入省考核的贫困村有 4 个，共 162 户，714 人（其中帮扶对象 123 户，572 人；救济对象 39 户，142 人），湛江市人大、市发改局、市审计局对口帮扶 3 个贫困村，麻章区政府办公室帮扶 1 个贫困村。是年，麻章区委、区政府高度重视扶贫工作，主要领导亲自挂点到扶贫村庄、家庭，区内各单位一把手各挂点一个村委会落实扶贫工作。区委、区政府还与各企业沟通，动员 74 家规模以上企业挂钩帮扶 70 个村的贫困户，并通过劳动技能培训，吸收 307 人到区内企业工作。是年，全区干部职工和各界捐款 525 万元，全用于扶贫开发。至 2010 年 12 月，麻章区筹集帮扶资金 1835 万元，有 1261 户 6104 人脱贫。2011 年区财政投入 1185 万元，实施帮扶项目 246 个，实现脱贫 1061 人，改造危房 220 户。2012 年，全区筹集帮扶资金 8600 万元，实施帮扶项目 215 个，实现脱贫 252 户，改造危房 90 户。太平镇的老区村山后村，是广东省老区贫困村庄，全村有 669 户 2726 人，耕地 2195 亩，有海滩涂养殖 449 亩，在市人大的帮扶下，实施海滩涂养殖、养鸡、番薯种植等六大项目，经济效益不断提高，2012 年该村已脱贫。2014 年，着力抓扶贫"双到"，区财政投入 1422 万元，解决老区村危房改造 60 户，并帮助农村饮水安全工程建设。

2015 年，麻章区列入省考核的贫困村有 5 个，共 6116 户，2.59 万人，其中贫困户 409 户，1748 人。市级帮扶贫困村 3 个，区级帮扶贫困村 2 个，麻章区共派出 17 个区直单位及市驻区单位对口帮扶 5 个贫困村；57 个区直单位及市驻区单位挂钩帮扶 56 个面上贫困村；共派出干部 68 人驻村帮扶。至 2015 年 11 月，5 个贫困村共筹集和投入帮扶资金 2512.94 万元（三年累计 6510.38 万元），村均投入 502.59 万元（累计村均 1302.08 万元）。实施村集体帮扶项目 50 个（累计 150 个），累计生产经营项目 13 个，基础设施项目 103 个。建三面防渗渠 7 条，总长 20220 米；村硬底化道路 11 条，总长 31.57 千米；完成饮水工程 10 宗；建垃圾池 32 个；建文体场所 12 个；改善村办公条件 18 项；安装村路灯 110 盏；其他项目 47 个。同时，麻章区在没有省市支持低收入家庭危房改造的补贴情况下，仍自筹帮扶资金 150.8 万元，帮助低收入家庭危房改造 323 户。

2009 年至 2016 年，顺利完成 9 个贫困村、6265 户贫困户、2.36 万贫困人口的帮扶任务。扶贫工作连续五年被评为全省优秀。

2017 年，麻章区省定相对贫困村 4 个，分别是湖光镇革命老区赤忏村、太平镇六坑村委会（重点是老区村上店、下店、恒泰、乌塘、角塘、南山下等）、岭头村委会（重点是老区仙凤村）、老区陈渔村，共有贫困户 278 户，895 人。4 个相对贫困村，全部由佛山市负责对口帮扶，湛江市和麻章区各派出 4 个市直单位、区直单位协助帮扶。

2017 年底，老区赤忏村建档立卡的在册贫困户 81 户 203 人，全部实现预脱贫，有劳动能力的贫困户，每人年均可支配收入 9850.54 元，超省定最低收入 7598 元。该村的扶贫项目主要有水产养殖项目，总投入扶贫资金 250 万元，主要养殖斑节对虾、南美对虾、金古鱼、立鱼、金鲳鱼，贫困户年人均纯收入 3500 元，村集体收入每年可增加 4.32 万元至 5.6 万元。还可为贫困村民提供 20 个就业岗位。还有从 2008 年开始的锦成海水养殖合作社项目，有高位池 24 个，鱼虾混养池 2 个，基地面积 700 亩，年均总产值 800 万元，至 2017 年底，该合作社返还 50 万元本金和 20 万元股息，贫困户每人分得收益 4351.35 元。产业帮扶项目有：2018 年 12 月，以村的 400 亩流转土地与水稻育种公司合作，由佛山市扶贫基金投入 60 万元，采取"公司＋基地＋农户"模式，贫困人员可在基地务工获取报酬，每年 12 月返还固定收益 7%，第三年一次性返还本金用作开展续帮扶项目；投资草畜养殖科技项目，开展肉牛养殖产业扶贫示范基地建设，每年收益 10%，贫困人口年均增收 440 元，还可为贫困人口提供 50 个至 100 个就业岗位。该项目给贫困户提供增收方式主要有三种，一是贫困户可根据自身条件与企业签订认养协议，由企业免费为贫困户提供牛犊回家自养，达到育肥出栏条件时再由企业回购，一般每头肉牛贫困户可获 5000 元至 8000 元收益；二是贫困户可通过自家闲置土地开展牧草种植，草种和技术由企业提供，按 200 元/吨回收，一般每亩年纯收入 2500 元；三是在公司务工，人均月收入 3000 元。另外，投入扶贫资金 187 万元，其中佛山市 80 万元，区水利部门 107 万元，修建排灌渠工程，该渠长 1140 米，解决了 2000 亩涝田长期失收的问题。老区村民十分高兴。

麻章区为贯彻落实省委省政府和市委市政府关于精准扶贫的各项决策部署，牢牢把握三年攻坚方略，主要领导带头挂点，坚持深入扶贫村庄调研了解扶贫对象情况。原区委书记高诚苗深入麻章镇老区黄外村，现任书记符贤深入湖光老区赤扦村，并为该村解决扶贫资金 276 万元。区长杨杰东深入太平岭头村村委的老区村仙凤村，副书记黄大庆深入湖光镇老区村临东村，副区长柯召深入麻章镇老区村英豪村。区内每个部门、单位都挂一个扶贫点，保持每天有人在点上，真抓实干，把扶贫攻坚任务落实到村、到人。

麻章区把产业帮扶造血工作放在首位，培育富民产业，增强老区农民自身造血功能，引导农民进行土地流转，突出发展具有麻章特色的优质花卉、绿色果蔬、休闲观光、海水养殖等产业，以产业为指导，以精准化经营为手段，走"一村一品""一村一特"之路。现麻章区大部分老区村庄都有自己特色的产业或合作组织，村民可在家门口打工，月工资 2000 元以上，有的还可获得租金分红。

太平镇的东岸村是老区村，全村 1224 户，有海滩涂 650 亩，2012 年成立东岸网箱养殖专业合作社，有 120 户 400 多人从事网箱、渔排养殖工作，养殖面积达 15 万平方米，年产鱼 1500 万公斤，产值 2 亿元，盈利 3000 万元，每户年均收入 25 万元。另发展吊养生蚝产业，养蚝面积 10 多万平方米，年产值 80 多万元。通过产业示范带动，全村有劳动能力的贫困户纷纷参与，打工领取工资，形成稳定收入，逐渐奔小康。

太平镇陈渔村是老区村，全村 410 户 1839 人，只有耕地 75 亩，是典型的人多地少村庄。村民世代以捕鱼为生，现全村有渔船 76 艘，是麻章区 4 条省级贫困村之一，并有贫困户 42 户 139 人。2016 年，佛山市派扶贫工作组进驻该村，2016 年至 2018 年，各级共投入资金 1000 万元，其中省级单位投入 175.2 万元，佛山市投入帮扶专项资金 300 万元，该村自筹资金 100 万元，新农村建设资金 400 多万元。经三年帮扶，该村现在环境优美，村民收入提高，脱贫 35 户 102 人。

湛江市规划局麻章分局挂点老区村迈龙村，2018 年春节前夕，组织慰问该村 10 个特困户，每户送上价值 150 元的慰问品，又在当年台风来临前，将 120 个住房危险的村民转移到安全的地方。麻章区招商局挂点老区村笃头村，2018 年帮助该村贫困户 26 户 56 人全部脱贫，同年春节前夕，组织慰问该村 26 个特困户，每户平均送上 200 元慰问金。又在同年 5 月，投入 17 万元建设占地 160 平方米的光伏发电项目，平均每年收益 1.97 万元，贫困户人均每年可增加收入 351.79 元；投资交投公司，进行利息分红，贫困户人均增收 150 元。2018 年，麻章区检察院挂点扶持麻章镇老区村畅侃村。该村有 3100 人，扶贫工作队进驻后，发动村民治理九曲溪，改直溪流河床，增加耕地 200 多亩，改变作物受浸失收的情况，从 2018 年秋开始，粮食获大面积丰收。此外，拆除旧屋 170 处建设新农村，还修建环村公路 4 千米，路旁种黄花风铃树，装有路灯，又建有村中生态小公园。全村种有各类水果 2000 多亩，各种花卉 2260 亩，全村人均收入由 2016 年的 12000 元增加到 2018 年的 16500 元。贫困户陈乔思是退伍军人，得到危房扶贫改造款和捐款共 7 万多元，现已住上新房，并种上富贵竹 5 亩，加上老婆务工，2019 年成功脱贫。

革命老区村仙凤村，有 200 户 900 人，该村位置偏僻，人多地少，耕作方式落后，经济发展滞后，是有名的贫困村。2017 年，扶贫工作队进驻后，与太平镇委镇政府共商精准扶贫对策，首先把全村低产土地 260 亩出租发展现代农业，既提高土地产出，村民又可分到租金，还带动农民改变作物种植结构，发展高效农业；其次是大力做好劳务输出，扶贫工作队与太平镇伟信水产公司共建"扶贫车间"，以优惠的条件让村民就近务工，解决贫困户和低保户 58 人的就业问题。同时筹集扶贫资金 50 万元投入该公司，每年固定让贫困户有 11 万元分红。另外，扶贫工作队还投资兴建光伏发电项目，入股交通投资公司等，让村民每年有固定分红。由于精准扶贫到位，该村贫困户绝大部分实现脱贫，所住危房得到改造。村民收入增加，全村出现新气象，坑坑洼洼的泥路变成宽敞笔直的水泥路，路旁绿树成排，村中不仅建起文化楼、健身广场，还建起污水处理池，实现雨污分流；公厕漂亮整洁；全村实现亮化工程，晚上路灯、巷灯齐亮，可与城市媲美。

至 2017 年底，全区实现脱贫 1817 户 3067 人，相对贫困户占40%，其中通过政府兜底脱贫 1723 户 2690 人，产业帮扶脱贫 94户 377 人，超额完成省市下达的脱贫任务。2016 年至 2019 年，共投入 1.49 亿元，其中精准扶贫 8503.11 万元（省级 4547 万元，佛山市 2962.11 万元，湛江市 497 万元，区级 497 万元。共拨付到镇 8030.52 万元，已报账使用 7997.08 万元，使用率 99.6%。建档立卡家庭经济困难学生免学费和生活费支出 688.8 万元，最低生活保障金、特困人员资金、城乡医疗补助金等共 7254.77 万元）。麻章镇贫困人口相对少一些，2018 年底，预脱贫人口 402户 883 人，脱贫率为 83.70%。

至 2019 年 10 月，麻章区有建档立卡贫困户 2781 户 7077 人，其中一般贫困户 273 户 1111 人，低保贫困户 1684 户 5113 人，五保贫困户 824 户 853 人。有劳动能力贫困户 1186 户 4800 人，占比 67.83%；无劳动能力贫困户 1595 户 2277 人，占比 32.17%。2018 年度，全区实现脱贫 2457 户 6199 人，实现脱贫率达 88%。2019 年度，全区计划实现脱贫 2728 户 6834 人，计划实现脱贫率达 96.57%。拟至 2020 年底 100% 实现相对贫困户基本脱贫。

创建生态文明，振兴老区经济

改革开放后，麻章区委区政府高度重视创建革命老区生态文明、创建卫生村的工作，区镇都成立创建小组，自2006年至2010年投入资金5500万元，建设农业生态环境和基础设施，创建生态公益林、生态文明村，切实改善农业农村生产生活条件，促进城乡协调发展。2011年至2017年，区财政支出6600万元，为麻章区各镇建设农业生态环境、生态文明村及基础设施，使该区农村生产生活条件得到极大改善。2013年至2018年，被评为湛江市生态文明达标的革命老区镇（含有"老区镇"）、村的有：

生态文明区：2016年麻章区被湛江市评为生态文明区，奖金150万元。

生态文明镇：麻章镇（2013年）、湖光镇（有老区镇）（2014年）、太平镇（2015年），各奖100万元。

此外，还有如下革命老区村庄被评为湛江市生态文明村：

2013年，麻章镇有黄外村、云头下村、谢家外村、北罗坑村、三佰洋上村、岭仔村、田寮村、西边村；太平镇有文昌村，东黄村甘园村、仙村西关村；湖光镇有坡塘村、后坛村、祝美村。同年，麻章镇的白水坡村还被评为湛江市生态文明先进村。

2014年，麻章镇有赤岭下村、新赤水村、三佰洋下村、鸭曹村；太平镇有东黄村、百龙黄村、田头尾村、仙村东关村；湖光镇有大坡村。

2015 年，麻章镇有杨屋村、水粉村、三佰洋中村、林屋村、黄屋村、郭家村、白水坡村、江门坡村、英豪内村、花村；太平镇有仙村下村、乌塘村、陈渔村、后坑村、通明村；湖光镇有交椅岭村。

2016 年，麻章镇有外园村、迴龙内村、迴龙外村、冯村、冯家塘下村、后北村、潮发村、高阳村、沙沟尾村、古河村、北沟村；太平镇有仙凤村、下店村、洋西村、东岸村；湖光镇有赤忏村、群井村。同年，被评为市生态文明先进村的有麻章镇的外园村。

2017 年，麻章镇有笃豪（头）村、赤岭上村、英豪中村、洋溢村、后湾村、畅侃村、李家村；湖光镇有蔡屋村、竹山村；太平镇有恒泰村、上店村、山后村、角塘北村、仙村中村。同年，被评为市生态文明先进村的有湖光镇的蔡屋村和太平镇的恒泰村。

2018 年，麻章镇有车路溪村、西边山村、龙井村、大鹏村、冯家塘上村、甘霖村、聂村、调塾村、大塘村；湖光镇有云脚村、司马村、塘北村、料村；太平镇有卜品村、肖渔村、调浪村、乌塘仔村、洋东村、角塘南村、塘边（杨）村。

以上被评为生态文明村的革命老区村，各获湛江市政府奖励 3 万元。

加速治污除脏步伐，改善老区人居环境

改革开放前，麻章区老区村庄贫穷落后，自然环境较差。2000 年后，中共中央实施振兴乡村战略，建设生态文明村。自此，改变老区村庄落后面貌，成为麻章区老促会的头等大事。麻章区中国老区建设促进会（以下简称"区老促会"）注意与区扶贫办紧密配合，下到各老区村庄调研，根据不同村庄特点，先急后缓，积极扶持老区村整治脏乱差环境。

一、老区镇兴建污水处理厂

麻章镇是老区镇，随着工业的加速发展，工业废水直接排入北桥河的上游，该河上游长 2 千米，两边的麻章圩、三佰洋上、三佰洋中、三佰洋下、林屋、大路前、迴龙内、迴龙外、沙墩、北罗坑、赤岭、洋溢、水塘等 12 个革命老区村庄污染严重，污水横流，臭气熏天，老区村民意见很大。2006 年区老促会多次与区环保局联系整治，还老区村民一个干净的生存环境。区环保局及时将情况反映至市环保局。2007 年，市环保局将其纳入重点治理河段，投入 1 亿多元，在大路前桥段下建污水处理厂，日处理能力 5 万吨。围绕麻章镇各工业区周围，建设市政排污管道网，把各企业污水截流引至污水处理厂，处理后再排放。这一举措，不但解决了沿途 12 个老区村的污染问超，还解决了北桥河中下游的污染问题。

二、老区村兴建污水处理池

从 2015 年开始，区政府在创建文明卫生村的同时，注意在麻章镇南溪河流域的革命老区村庄建设污水处理池，涉及 39 个自然村，其中老区村庄有笃头、城家外、黄外、北沟、鸭曹、后北、潮发、后湾、车路溪、郭家、谢家外、云头下、白水坡、大塘、李家、沙沟尾、调塾、古河、冯村、江门坡、高阳、三佰洋上、迈合岭等 23 个。老区村建污水处理池 28 个，常住人口 41757 人，计划建设 41 个污水处理站点，工程总投资 4019 万元。至 2017 年 9 月 1 日，工程总投入 4010 万元，已建成污水处理站点 38 处，比原计划少 3 处（因黄外村仔等 3 村的污水处理并入麻章区市政管道网），其中 1 处验收，37 处等待验收，建设规模为 3125 立方米/日。另外投资 1600 万元建设工程配套管网 48210 米。已铺设污水管网的有冯村、江门坡、沙沟尾、白水坡、李家、大塘、谢家外、郭家、云头下、潮发、黄外、高阳、赤岭上、赤岭下、北罗坑、三佰洋上、三佰洋中、三佰洋下、水塘、外园、鸭曹、麻章圩等 22 个老区村庄。湖光镇也不甘落后，至 2017 年，已建成祝美、临东、临西、群井、塘北、体村、赤忻、坡塘、大坡、竹山、料村等污水处理站点 11 处，铺设污水管网总长度 42.1 千米。太平镇已建污水处理池的有东岸、洋村东、南厦、通明、后塘仔、文里陈、东黄、卜品、肖渔、仙村、塘边（杨）、太平圩等 12 个老区村，共建污水处理池 26 个，污水管网总长 35 千米。2018 年，投资 280 万元的麻章镇南畔污水池建成通污，解决周边 3 个革命老区村庄和 7 家企业的排污问题。

三、老区村公厕和户卫厕的改造

麻章镇有 63 个老区村，完成村公厕改造的有 39 个；共改造

58 座，占 56%。还有 24 个老区村 45 座正在改建；已改造三级无
害化的户卫厕 12541 座，占老区村户卫厕的 96%。湖光镇的祝
美、群井、临东等 17 个老区村完成公厕改造 30 座，仍在改造的
有 20 座，完成的占 60%；改造三级无害化的户卫厕 5057 座，占
应改造的 69.1%，还有 2260 座正在改造。太平镇的老区村完成
公厕改造的有肖渔、东岸、洋村东、南厦、通明、后塘仔、文里
陈、仙凤、东黄、卜品、肖渔、仙村、塘边（杨）等 13 个村，
共改造完成 28 座。完成老区村户卫厕改造的有肖渔、东岸、洋村
东、南厦、通明、后塘仔、文里陈、东黄、卜品、肖渔、仙村、
塘边（杨）等 12 个村庄，共改造完成 2793 座，还有 18 个老区村
户卫厕 3430 座正在改造。

四、增加保洁员，建立老区村垃圾回收站

从 2005 年开始，区政府创建卫生文明城区，整治环境卫生，
麻章城区的各路段任务包干至各机关、单位、社区。从 2012 年开
始，实施乡村振兴战略，每年区财政投入 4000 多万元，在麻章、
湖光、太平三镇建垃圾中转站 4 个，分别是麻章太和站、湖光那郁
站、太平北山站和仙村站，共配备保洁员 374 人。村级垃圾收集点
388 个，其中麻章镇 123 个（其中老区村垃圾收集点 87 个），湖光
镇 108 个（其中老区村垃圾收集点 44 个）、太平镇 157 个（其中老
区村垃圾收集点 69 个），采取完善的"村收集、镇中转、区清运、
市处理"的四级联动农村生活垃圾管理体系，做到日产、日运、日
清，确保农村生活垃圾能及时有效地得到处理。全区 110 个老区村
庄基本做到村边、路边、河边、池边无垃圾，村容整洁。

在抓好上述措施的同时，注意抓好责任落实，完善督办机制，
推进农村垃圾分类，强化老区村民环保卫生意识，进一步落实农
村垃圾管理长效机制。

第七节 建设精神文明，树立老区新风

改革开放后，各级党委政府在老区村抓好物质文明的同时，也注意抓好精神文明建设，麻章区被列为省级新农村连片建设示范点。

一、加强老区村精神文明建设

大力培育和践行社会主义核心价值观，学习习近平新时代中国特色社会主义思想、政策法规，崇尚科学、卫生常识、优秀文化传统，移风易俗，破除迷信，学习道德规范，坚决扫除陈规陋习和"黄赌毒"等丑恶现象，倡导文明之风，不断提高老区村庄的德治、法治水平。

20世纪80年代，全区开展"五讲四美三热爱"、共建精神文明活动、"三民"（便民、利民、为民）服务活动、讲公德树新风活动，涌现出一批先进村庄和个人。90年代初，创建文明单位、文明家庭，麻章镇老区村七星岭村薛秀清被评为"军人好妻子""军人好母亲"。2000年春节期间，针对个别村以做"年例"为名大搞封建迷信活动的现象，区委做出"提倡科学精神，反对封建迷信"的决定，提倡过个文明、健康、祥和的春节，收到较好效果。2002年，组织干部、学生、老区村村民等参加"实践公民道德从我做起万人行"活动，又在麻章区举办"卫生服务一条街"等便民活动，在老区村开展"美德在我家"活动。2004年，

区委在太平镇召开未成年人思想道德教育现场会，传达中央、省、市关于加强和改进未成年人思想道德建设现场会的会议精神，会议推介革命老区其连村开展未成年人思想道德教育的先进经验。2008 年开始，在革命老区村开展"注重家庭、注重家教、注重家风"的教育活动，创建和谐社会首先要创建千千万万个和谐家庭，然后才能实现最终目标。

2010 年，全区开展无毒村庄教育活动。革命老区村黄外村，针对绝迹几十年又死灰复燃的吸毒行为，该村党支部开始创建无烟无毒村庄。至 2018 年，全村 1000 多人，无一人吸烟，无一人吸毒，村外的人进村也不准吸烟。同时，建有占地近百亩的各类农产品市场和有小桥流水的湿地公园，还建有 12 条村内巷道和舞池、文化室、图书室、灯光球场、电影院等，配套体育器材 20 套，还设立了长者饭堂，70 岁以上老人一日三餐可在饭堂免费就餐，使这个平凡的老区村庄精神面貌焕然一新。

2015 年以来，区委、区政府高度重视精神文明建设工作，以创建文明乡村工作为契机，以培育和践行社会主义核心价值观为根本出发点和落脚点，加快推进文明道德风尚培育工作，深入推动群众性精神文明创建活动，不断提升村民文明素质和社会文明程度，为麻章革命老区村经济发展提供了强大的精神力量。

2017 年，太平镇革命老区村恒泰村一农户家因煤气爆炸起火，村民吕永良、吕玷辉奋不顾身，冲进火海救出该家庭全部成员，被评为"湛江好人"，并获得"湛江见义勇为基金会"的奖励。

二、加强老区村的普法教育

改革开放初期，因土地权、山权、林权的归属问题和村与村之间的其他矛盾，村子之间经常发生宗族械斗，如聂村与畅侃村、调塾村与沙沟尾村、英豪村与迈合村、临东村与临西村、东岸村与陈渔村、通明村与其连村，甚至造成流血事件，极大地影响了群众的生产与生活。区委区政府从有关部门组织大批力量进驻械斗村庄，开展普法教育，提高村民的法制意识，组织村民进行自我剖析，深挖村斗的根源，讲村斗的危害。经过一系列教育，村民猛然醒悟，深感惭愧，并保证此后不再发生类似事件。至2019年底，全区30年没有再发生村斗事件，曾械斗过的村民，现在和谐相处，携手向前。

从1999年起，区委区政府在加强对机关事业单位人员进行普法教育的同时，也注意加强对全区110个老区村庄村民的法治意识教育，推进"民主法治治村"。通过开设"村村通"小广播、巡回法庭，设立法治宣传车、社区法律顾问，对"两委"班子成员进行法治培训，开设法治宣传栏，"组织法律进村"等多种形式，提高老区村民法律意识和村干部依法办事的能力。按照"德威并施、标本兼治"的原则，区委区政府认真履行维稳主体责任，切实做到领导到位，人员到位，措施到位，敢抓敢管，抓实抓细，有效化解了一批重点信访案件，成功打掉了一批村霸和宗族黑恶势力，确保全区大局稳定。至2019年底，麻章镇63个老区村庄，有61个村无犯罪记录；太平镇30个革命老区村庄，有28个无犯罪记录；湖光镇17个老区村庄，有16个无犯罪记录。显示出法治社会的巨大威力，促进了全区祥和稳定的局面，加速了经济发展。

三、建成多种文化娱乐设施

自1996年起，麻章区委区政府十分重视各老区村的文化娱乐建设，各老区村群众自筹大部分资金兴建各种文化娱乐设施，区财政给予部分资助。至2017年，麻章镇有文化楼的老区村有赤岭、沙墩、迴龙内、大路前、三佰洋、水塘、甘霖、田寮、高阳、迈龙、外园、黄外、调塾、白水坡、大塘、李家、古河、聂村、英豪、畅侃、谢家、冯家塘；湖光镇有文化楼的老区村有祝美、临东、临西、群麻坡、塘北、云脚、料村；太平镇有文化楼的老区村有山后、南夏、东岸、仙村、乌塘、卜品、调浪、其连、通明、仙凤、塘边。藏书10000本以上的老区村图书室有笃头、甘霖、英豪、调塾、迈龙、畅侃、城家外、黄外、白水坡、高阳、聂村、古河、岭仔、临东、临西、祝美、云脚、赤忏、料村、后坛、塘北、蔡屋、东岸、南夏、恒泰、仙村、通明、调浪、山后、其连等。老区村庄开展"千万少年快乐阅读""心向党、讲品德、见行动""学文明礼仪、做幸福少年"等主题读书活动，强化了理想信念教育。建有篮球场的老区村有麻章镇的赤岭、田寮、甘霖、岭仔、符竹、高阳、迈龙、笃头、英豪、城家外、黄外、白水坡、畅侃、聂村、调塾、古河、迴龙内、迴龙内；湖光镇的临东、临西、祝美、云脚、赤忏、料村、后坛、塘北、蔡屋、体村、群麻坡、司马；太平镇的乌塘、文李陈、文里叶、南夏、恒泰、仙村、通明、调浪、山后、仙凤、洋村西、塘边杨、陈渔、其连、东岸等。有醒狮队的老区村有调塾、麻章（村）、东岸、其连。有舞蹈队的老区村有黄外、谢家外、沙墩。另外，每个老区村均由区体育局赠送体育器材一套。

通过落实各项文明举措，现各个革命老区村庄的村风民风发生了翻天覆地的变化，到处盛行文明之风，也促进了老区经济建设的发展。

第八章

继承革命遗志　迈向新的征程

在大革命时期和土地革命、抗日战争、解放战争中，麻章区的共产党员和革命仁人志士为中国人民解放事业做出了重大牺牲和极大贡献，涌现了一批又一批前仆后继、不屈不挠、英勇战斗的英雄人物。麻章区革命前辈、革命烈士的英雄业绩将永载史册。

新中国成立前麻章区革命烈士英名

一、新中国成立前麻章镇革命烈士英名录（共 46 人）

黄良贵，男，又名黄桂，出生于 1913 年，麻章镇甘霖村人。1940 年参加南路抗日游击队，任遂溪县路西乡独立三中队中队长。1943 年 10 月在麻章冯家塘村与敌作战牺牲。

朱生，男，出生于 1908 年，麻章镇甘霖村人，中共党员。1941 年参加中共地下党工作，1943 年在遂溪江洪港楼仔被敌人包围，壮烈牺牲。

黄大贵，男，出生于 1912 年，麻章镇甘霖村人。1941 年参加中共地下党组织，1943 年在遂溪河头仔圩被敌人杀害。

梁有，男，出生于 1917 年，麻章镇甘霖村人。1941 年参加中共党组织，1942 年参加遂溪东别动队，后任南路人民游击队遂溪县东区抗日中队小队长。1943 年 10 月在麻章冯家塘村与敌作战牺牲。

陈亚星，男，出生于 1923 年，麻章镇甘霖村人。1942 年参加南路抗日游击队东区中队，战士，1943 年 10 月在麻章冯家塘村与敌作战牺牲。

黄同，男，出生于 1918 年，麻章镇甘霖村人。1942 年参加游击队，1945 年 1 月在广西合浦金鸡岭附近与敌作战牺牲。

梁彪，男，又名梁标，出生于 1924 年，麻章镇甘霖村人，中共党员。1944 年参加游击队，后转入南路人民解放军新二团二连，任连长。1947 年 11 月 4 日在遂溪县笔架岭与敌作战牺牲。

邹沙莲，女，又名李兰，出生于 1923 年，赤坎沙湾邹屋村人。后嫁入麻章镇甘霖村，中共党员。1946 年参加南路人民解放军新一团武工队，兼任遂溪县西北区妇委主任。1947 年在遂溪县北崖村被捕，受尽摧残后被敌杀害。

梁黎，男，出生于 1922 年，麻章镇甘霖村人，中共党员。1943 年参加游击队，是南路人民解放军老一团副营长。1948 年在云南师宗县石修河作战负伤，后被俘遇害。

梁铁王，男，出生于 1922 年，麻章镇甘霖村人，中共党员。1942 年参加游击队，是南路人民解放军新八团八连连长。1948 年 11 月在海康纪家岭与敌作战牺牲。

梁德生，男，又名梁生，出生于 1917 年，麻章镇甘霖村人。南路人民解放军新二团八连炊事员，1947 年在笔架岭战役后失联，后被捕遇害。

梁谢生，男，出生于 1926 年，麻章镇甘霖村人，中共党员。1944 年参加游击队，是南路人民解放军新一团排长，1949 年在云南广南县与敌作战牺牲。

梁汝宏，男，出生于 1919 年，麻章镇甘霖村人，中共党员。1941 年参加游击队，后任南路独立三中队地雷班班长。1947 年在遂溪县岭北圩南边三角礅被敌追击负伤牺牲。

梁太安，男，出生于 1912 年，麻章镇甘霖村人，中共党员。1946 年参加南路人民解放军，后任南路人民解放军新一团便衣队队长。1948 年 6 月在赤坎与敌作战牺牲。

梁汝秀，男，出生于 1910 年，麻章镇甘霖村人。1941 年参加甘霖交通联络站，任联络员。1946 年 3 月在麻章赤岭新屋仔村被捕遇害。

梁举，男，出生于 1922 年，麻章镇甘霖村人。1946 年参加南路人民解放军，新一团排长。1947 年在遂溪县界与敌作战负伤，回茅源村医治无效死亡。

梁关隆，男，出生于 1921 年，麻章镇甘霖村人。1947 年参加南路人民解放军，任南路人民解放军新二团八连炊事员。1947 年被敌追击负伤，回家医治无效死亡。

梁玉英，女，出生于 1920 年，麻章镇甘霖村人，中共党员。1943 年参加游击队，后编入南路人民解放军新二团二营任护士。1947 年在东海岛被敌人杀害。

林士权，男，出生于 1911 年，麻章镇甘霖村人，中共党员。1946 年参加地下工作。1948 年 11 月 10 日在花村执行征粮被敌人包围杀害。

林兆雄，男，出生于 1917 年，麻章甘霖村人，中共党员。1947 年参加东南区武工队。1948 年 11 月在花村执行征粮被敌包围杀害。

林进，男，出生于 1922 年，麻章镇田寮村人。1943 年参加游击队，担任南路抗日游击队二支队三连司务长。1945 年 1 月在广西合浦金鸡岭附近因病不能随队，被捕遇害。

李田兴，男，出生于 1920 年，麻章镇田寮村人。1943 年参加游击队，担任南路抗日游击队一支队一大队战士，1945 年 2 月在广西合浦谷覃埠河与敌作战牺牲。

左拉，男，出生于 1920 年，麻章镇田寮下村人。1943 年参加游击队，南路人民解放军老一团三连排长。1945 年在化州中学附近与敌作战牺牲。

李定安，男，出生于 1910 年，麻章镇田寮村人。1944 年参加游击队，担任南路人民解放军老一团三连排长。1945 年在化州中学附近与敌作战牺牲。

黄进生，男，出生于 1925 年，麻章镇田寮村人。1944 年参加游击队，担任南路人民解放军老一团排长。1948 年在广西镇边县南坡与敌作战牺牲。

黄保，男，出生于 1924 年，麻章镇黄屋村人。1943 年参加游击队，担任南路人民解放军老一团战士。1945 年 1 月在广西合浦金鸡岭附近与敌作战牺牲。

黄加兴，男，出生于 1925 年，麻章镇洋溢村人，中共党员。1943 年参加地下抗日组织，1946 年在遂溪县四九圩被捕遇害。

郑九五，男，出生于 1924 年，麻章镇赤岭村人。1944 年参加游击队，担任南路人民解放军八团指导员。1947 年到麻章圩地主家收税被伪乡兵包围杀害。

黄典伍，男，出生于 1900 年，麻章镇西边村人，中共党员。1942 年 2 月参加游击队，后任七星乡人民解放政府乡长兼西边村地下交通情报联络站站长。1948 年在麻章大鹏村附近被敌杀害。

黄其兴，男，出生于 1913 年，麻章镇迈龙村人，中共党员。1947 年参加南路人民解放军，后任南路人民解放军新一团副连长。同年 9 月在廉江县牛圩仔岭与敌作战牺牲。

黄扬辅，男，出生于 1925 年，麻章镇迈龙村人，中共党员。1944 年参加游击队。1946 年在遂溪县张曼村被敌人包围杀害。

梁德仁，男，出生于 1915 年，麻章镇甘霖村人。是遂溪县青抗会会员，地下工作者。1946 年 2 月 3 日在遂溪县大路前村公路被敌人杀害。

黄亚石，男，出生于 1913 年，麻章镇迈龙村人。1947 年初参加南路人民解放军，任新一团班长。同年 9 月在廉江县安铺镇与敌作战牺牲。

郑九五，男，出生于 1924 年，麻章镇赤岭村人。1944 年参加游击队，南路人民解放军八团指导员。1947 年到麻章圩地主家收税被伪乡兵包围杀害。

林培南，男，出生于 1925 年，麻章镇长布村人。1947 年 3 月参加南路人民解放军。1947 年在遂溪县杨柑白水塘与敌作战牺牲。

李亚柏，男，又名李亚伍，出生于 1927 年，麻章镇大路前村人。1947 年参加南路人民解放军。1948 年在化州县白花岭与敌作战牺牲。

梁瑞祥，男，出生于 1916 年，麻章镇大路前村人。1943 年参加抗日地下组织，后任麻章路西乡解放政府乡长。1948 年在大路前村被敌追捕至吐血，医治无效死亡。

符永，男，出生于 1905 年，麻章镇笃头村人。1946 年参加南路人民解放军，在新一团任炊事员。1948 年 6 月在广西十万大山上思县与敌作战牺牲。

杨玉期，男，出生于 1916 年，麻章镇笃头村人。1945 年参加地下工作，是笃头村交通联络站秘书。1948 年因叛徒出卖被捕，在湛江志满圩就义。

李那料，男，出生于 1907 年，麻章镇沙沟尾村人。1948 年 7 月参加南路人民解放军飞马连，战士。1949 年 1 月在志满圩与敌作战被俘遇害。

冯那良，男，出生于 1924 年，麻章镇冯村人。1948 年 7 月参加南路人民解放军老一团，战士。1949 年在广西十万大山与敌作战牺牲。

梁赤，男，出生于 1927 年，麻章镇水口村人。1947 年参加南路人民解放军八团八连，战士。1948 年因病在麻章圩被捕遇害。

梁康胜，男，出生于 1929 年，麻章镇潮发村人。1947 年参加南路人民解放军，任八团经济员，1948 年在沙罗塘被敌包围受伤，后医治无效牺牲。

梁忠，男，出生于 1929 年，麻章镇调塾村人。1947 年参加南路人民解放军，在老一团任班长。1949 年在广南与敌作战牺牲。

梁信，男，出生于 1913 年，麻章镇调塾村人。1947 年初参加粤桂边纵队人民解放军，在新一团二营任传令兵。1947 年夏在化州白花塘战斗中牺牲。

梁亚春，男，出生于 1930 年，麻章圩人。1947 年参加游击队，任南路人民解放军飞马连通信员。1948 年 9 月在湛江新圩与敌作战牺牲。

简亚福，男，出生于 1917 年，麻章镇龙标村人。1947 年参加南路人民解放军任新八团战士。1948 年 7 月在湛江麻章圩执行侦察任务时被捕，在西营牺牲。

二、新中国成立前太平镇革命烈士英名录（共 27 人）

卢保昌，男，出生于 1893 年，太平镇东岸村人。1929 年在东岸村组织农民武装革命队伍，1930 年加入中国共产党。1932 年在海康城被捕遇害。

洪荣，男，出生于 1916 年，太平镇南夏村人，中共党员。1942 年参加南路抗日游击队，任第一支队第一大队大队长，他于 1945 年 2 月在广西合浦武利江谷埠河与敌作战牺牲。

洪漏，男，出生于 1909 年，太平镇南夏村人。1943 年参加南路抗日游击队。1945 年 2 月在广西合浦武利江谷埠河与敌作战牺牲。

许美尧，男，出生于 1919 年，太平镇洋村东村人，中共党员。担任南路人民解放军新五团一连副连长。1948 年 7 月在遂溪竹叶塘村与敌作战牺牲。

卢妃林，男，出生于 1920 年，太平镇东岸村人。南路人民解放军新一团战士。1947 年在遂溪江洪田西村与敌作战牺牲。

袁妃四，男，出生于 1921 年，太平镇通明村人。1946 年参中共地下组织。1947 年 6 月在海康县韶山村被敌包围杀害。

洪国光，男，出生于 1922 年，太平镇南夏村人，中共党员。1943 年参加南路抗日游击队，后在南路人民解放军老一团任连长。1946 年 4 月回家养病被捕，在遂溪豆坡岭被敌杀害。

洪妃生，男，出生于 1925 年，太平镇后塘村人，中共党员。人民游击队税收员。1946 年在太平田头尾站被敌包围，在突围时牺牲。

洪布，男，出生于 1925 年，太平镇南夏村人。南路人民解放军战士。1949 年在遂溪乐民圩被捕遇害。

陈妃扒，男，又名陈妃梅，出生于 1926 年，太平镇造甲村人。1947 年初参加南路人民解放军，在八团任战士。1947 年 4 月在海康六区下担圩与敌作战牺牲。

郑国生，男，又名郑召棋，出生于 1926 年，太平镇北山草坑村人，中共党员。任海康县西区驳壳队队长。1948 年 9 月在海康县猪舍村因符学义部队叛变遭杀害。

吴其明，男，又名吴泽川、吴德新，生于 1913 年，太平镇洋村东村人。1945 年参加游击队，任经济站站长。1947 年在徐闻地下站被捕遇害。

陈进森，男，出生于 1916 年，太平镇造甲村人。1947 年初参加游击队。同年 4 月在海康六区下担圩与敌作战牺牲。

苏保生，男，出生于 1924 年，太平镇乌塘村人。1946 年初参加南路人民解放军，在新一团任排长。1947 年 11 月在遂溪笔架岭与敌作战牺牲。

陈妃卿，男，出生于 1921 年，太平镇岭头村人，中共党员。

1946 年初参加游击队，在南路人民游击队一支队一营一连任班长。1947 年 11 月在徐闻调丰与敌作战牺牲。

彭妃生，男，又名彭吴生，生于 1924 年，太平北山后坡村人。1946 年初参加南路人民解放军，在新四团任战士。1947 年在志满圩与敌作战牺牲。

吕妃安，男，出生于 1918 年，太平镇吕宅村人。1945 年参加游击队，后编入南路人民解放军，在新五团任战士。1947 年在太平洋村被敌包围，被捕三天后遭杀害。

陈妃荣，男，出生于 1920 年，太平镇东岸陈村人。1946 年参加游击队，后编入南路人民解放军在新一团任炊事员。1947 年 12 月在广西十万大山被敌追击，中弹牺牲。

叶腾蛟，男，出生于 1904 年，太平镇通明村人。1946 年参加游击队，后编入南路人民解放军，在新一团任班长。1947 年 7 月在遂溪县洋青乡泮塘村与敌作战牺牲。

陈同有，男，出生于 1904 年，太平镇造甲村人。1947 年参加粤桂边纵队，在南路人民解放军八团任战士。1949 年在徐闻县龙塘村被敌包围，被俘遇害。

陈同居，男，出生于 1923 年，太平镇造甲村人。1947 年参加粤桂边纵队，在南路人民解放军五团任战士。1949 年 5 月在攻打遂溪县江洪敌人堡垒时牺牲。

黄家彩，男，又名黄仲义，出生于 1917 年，太平镇卜品村人。南路人民解放军新八团战士。1948 年 8 月在海康唐家坎村与敌作战牺牲。

叶元亨，男，又名黄仲义，出生于 1929 年，太平镇文里叶村人。1946 年参加地下组织，后在南路人民解放军四团经济队任队员。1949 年 8 月在徐闻县龙塘黄挺村被敌包围，被俘遇害。

李妃斗，男，出生于 1919 年，太平镇卜品村人。1948 年参加粤桂边纵队，在南路人民解放军八团任战士，1949年8月在攻打湛江麻章圩敌人堡垒时牺牲。

徐觉由，男，出生于1913年，太平镇仙村人。1945年参加游击队，在南路人民解放军八团任班长。1947年6月14日在化州白花岭与敌作战牺牲。

许美瑞，男，出生于1917年，太平镇洋村东村人，中共党员。1945年参加游击队，任通平区区中队班长。1948年7月在遂溪竹叶塘村与敌作战牺牲。

肖妃戴，男，出生于年，太平镇东岸肖渔村人。1945年参加游击队，任南路人民解放军老一团战士。1947年在海康县崩坑村与敌作战，受伤后被俘遇害。

三、新中国成立前湖光镇革命烈士英名录（共6人）

谢亚发，男，出生于1920年，湖光镇鹿渚村人。1947年参加地下工作，任四十二军一二六师三七七团二营六连战士。1949年在河南安阳与敌作战牺牲。

何那春，男，出生于1919年3月17日，湖光镇临西村人。1945年加入临西地下交通联络站，任联络员，1949年10月14日被叛徒出卖，被捕后遭杀害。

陈秋奢，男，出生于1902年，湖光镇临西村人。1947年参加东南区游击队，任东南区交通联络站联络员。1949年10月14日被叛徒出卖，被捕后遭杀害。

谢兴益，男，出生于1913年，湖光镇后坛村人，中共党员。1946年参加游击队，任南路人民解放军新一团一营二连二排战士。1948年4月在广西十万大山被敌人围困，因缺粮致病牺牲。

彭康义，男，湖光镇云脚村人，中共党员。1947年在广西十万大山被敌人围困，不幸牺牲。新中国成立后被追认为烈士。

　　许百列，男，湖光镇料村人。1948 年参加粤桂边纵队人民解放军。同年在广西十万大山负重伤被困，因无药治疗而牺牲。新中国成立后被追认为烈士。

<table>
<tr><td>第二节</td><td></td></tr>
</table>

麻章区革命斗争主要人物简介

　　湛江市麻章区人民历来具有反对侵略、保卫国土的革命斗争光荣传统，麻章区革命前辈的英雄业绩将永载史册。

　　许汝旗（1897—1975），男，湖光镇料村人。1925年参加遂溪县农民运动，1925年10月参加中国共产党。1926年4月当选遂溪县农民协会执行委员，1926年10月当选中共遂溪县部委委员，1950年3月参加湛江市首届各界人民代表会议并当选为协商委员会委员，曾任湛江市人民医院（现为"湛江市第二人民医院"）副院长，湛江市医务工作者协会主任。1975年逝世，享年78岁。

许汝旗

　　卢保昌（1893—1932），男，太平镇东岸村人。1929年，参加遂溪农民革命军，1930年参加中国共产党。1932年农历四月初二晚，卢保昌率领太平、东岸等村的农民革命军30多人，潜入雷州城，计划攻打雷城反动堡垒。由于叛徒告密，卢保昌被捕，于当年农历四月初六英勇就义于雷州城较场坡，时年39岁。新中国成立后，被追认为革命烈士。雷州市历史博物馆中共党史展览

卢保昌

厅《第一、二次国内革命战争时期烈士实名录》记载：卢保昌，湛江太平东岸村人，湛江太平农民武装组织者。

支仁山

支仁山（1916—1950），男，1916 年 4 月出生，遂溪县黄略镇支屋村人。曾担任中共遂溪中心县委委员和中共电白县委书记、麻章区最早的党支部书记、雷州人民抗日游击队第一大队大队长、粤桂边纵第二支队司令员等重要职务。

1937 年在遂溪第七小学教书时接受革命思想，1938 年 3 月 22 日，由支仁山带领遂溪七小（现"麻章中心小学"）师生前往洋溢村、甘霖村开会成立农民政治夜校。1938 年 7 月，经黄其江介绍，参加中国共产党，同时 8 月，他参与并组织了"遂溪青年抗战同志会"（简称"青抗会"，下同）并担任遂溪"青抗会"干事。他与师生下乡到洋溢、甘霖、田寮、新坡仔、水塘等村发展青抗会组织。1939 年 1 月，他任麻章区最早建立的中共党支部遂溪第七小学党支部书记。后在卜巢山点燃抗日之火，组织游击队 50 余人，举行"老马起义"。1944 年 8 月 9 日，与唐才猷夜袭老马村反共不抗日的国民党界炮中队，收缴了全部枪支。8 月 10 日上午，他代表中共南路特委在老马村宣布成立遂溪人民抗日联防大队，率部挺进徐海，举行下洋起义。1947 年 6 月，国民党为破坏湛江中共南路组织，在湛江成立"靖匪"保乡会。7 月，中共粤桂边党委临时军委决定，由粤桂边纵队第二支队司令员支仁山和政委温焯华，负责组织袭击国民党高雷统治中心——湛江市赤坎。战斗前，派出情报骨干化装潜入赤坎侦察敌情和街道情况，制定严密的战斗部署并宣布不许破坏工商业等相关纪律。7 月 9 日凌晨 2 时，担任主攻的粤桂边纵队第二支队第八团和配合作战的新三团、新四团，仅用半个多小时便将盘据在南桥附近广荣声爆竹厂（今湛江市委党校校址）的国民党军保安第十团的 1 个营部和 2 个连歼灭，捣毁湛江国民党"中央银行""中国银行"，缴获大批枪支弹药和银元票；同时，还袭击了"湛江市自卫大队"和警察局，击毙国民党中央通讯局驻琼湛工作站的少将主任张辅森。1949 年 10 月 22 日，支仁山指挥第二支队和徐闻独立营进军徐闻城，当天下午 1 时在徐闻城登云塔顶升起五星红旗，徐闻宣告解放。支仁山积劳成疾，于 1950 年 11 月 21 日不幸病逝，享年 34 岁。

梁汝新（1910—1975），男，麻章镇甘霖村人。1938 年参加"青抗会"，1939 年参加中国共产党。在创建革命根据地工作中，被中共遂溪县委、粤桂边区党委称为"农村工作模范""农民大王"。他根据自己家及广大农民的痛苦，总结贫苦农民在旧社会有"九苦十八忧"，在长期农村工作中坚持"诉苦挖根"的工作方法，动员农民起

梁汝新

来进行革命斗争，组织"一站、二筹、三组织"（即建立地下交通站，筹粮款，筹枪支，建立党组织、群众组织、武装组织）。他先后担任甘霖村党支部书记、中共东南区区委委员。他在抗日战争和解放战争期间，建立革命根据地 30 多个，发展党员 61 人，建立党小组、党支部 8 个，建立游击小组 11 个，成员 140 人，建立武工队（游击队）6 个，成员 120 多人，建立交通联络站 12 个，成员 83 人，收缴地主、伪保丁、祖（祠）堂的枪支 200 多支，安插大批党员、游击队员、革命青年到伪乡保政权做情报策反工作。他参加战斗几十次，曾任中共合浦县白沙区委书记，粤桂边区青年训练班副主任。1949 年秋，中国人民解放军南下解放

广西时，国民党反动派六十三军溃败的残兵败将 300 多人经过白沙地区，任白沙区委书记的梁汝新带领白沙地区武工队及广大人民群众一千多人前后夹击。在强大的"缴枪不杀，优待俘虏"的政策攻势下，敌人缴械投降。白沙地区武装共缴获轻机枪 2 挺，步枪 300 多支，电台一部，军用物资一批，受到上级党委和解放军的表扬。新中国成立后梁汝新曾任茂名县农民协会主席，茂名县牛头区区长、土改队长，信宜县供销社副主任，商业局副局长，高州西岸农场场长，高州县商业局副局长，环城区区长，县政协副主席。1967 年离休，1975 年病逝，享年 65 岁。

陈宏柱（1922—1988），男，又名木安，麻章圩人。1938 年在遂溪七小读书时开始参加抗日宣传活动。1939 年 5 月 1 日加入中国共产党，任中共南路特委机关交通情报员。在白色恐怖年代，他长期从事党的地下工作，受派遣打进敌人内部进行秘密活动，曾任麻章乡"白皮红心"乡长，为传递情报、掩护转移革命同志和伤病员、运送军用物资筹集革命活动经费，组织"民运""学运"，他不顾个人安危，机智果敢地完成各项任务。后因多次营救革命人士和群众而暴露身份。1946 年 3 月，根据中共南路特委指示，陈宏柱与一批革命骨干北撤到山东烟台。5 月加入中国人民解放军，先后担任三野特纵特科学校三队副指导员、特科学校九队队长、特科学校一大队副大队长，第三炮校一大队军教副主任、副大队长，南京炮兵学校训练部兵器系主任，沈阳高级炮校科长，军委炮兵科研部处长（中校军衔），安徽省池州军分区副司令员、顾问，炮兵技术学院研究部顾问等职。1980 年 9 月离休。1988 年 6 月 29 日因病在北京逝世，享年 66 岁。

王桂芳（1922—1998），男，又名黄建涵，1922 年出生，湖光镇临东村人。1938 年参加遂溪"青抗会"，在广州湾南强中学做学运工作，进行抗日救亡宣传，1939 参加中国共产党。1943 年打入海康县国民党雷州挺进支队，从事兵运工作。曾任南路抗日游击队中队长、大队长、营长。1946 年 11 月以后任中共香港分局越南军事训练班学习委员，粤桂滇边区纵队团长、团政委，十支队司令员。曾率部在边区与敌顽强作战，配合南下野战军英勇歼敌，为解放大西南立下战功。新中国成立后任云南省军区玉溪军分区司令员。1955 年 6 月由中华人民共和国主席授予三级独立自由

王桂芳

勋章、二级解放勋章，1956 年被授予上校军衔，1957 年任武汉空军司令部副参谋长。1958 年后，任江西工学院副院长，江西八一垦殖场党委书记，江西共产主义劳动大学副校长，江西林垦殖厅副厅长、厅党组成员。1990 年离职休养。1998 年 5 月在昆明逝世，享年 76 岁。

吴森（1900—1996），女，出生于黄略镇源水村贫苦农家。18 岁嫁给甘霖村梁中贤，后成为革命堡垒户。1952 年，被广东省有关部门授予全省仅两人的"革命母亲"荣誉称号（另一人是彭湃烈士的母亲）。

吴森

1938 年春，她参加甘霖政治夜校并成为妇女班长。同年 6 月，参加甘霖村"青抗会"，成为青抗会妇女同心会会长。1939 年 5 月成为甘霖"妇抗会"会长。1940 年参加中国共产党，成为该村第一个女党员。1941 年，任中共甘霖村妇女党支部书记，1943 年在甘霖党支部合并后任党支委，妇女会会长，遂溪东区妇女会会长。她先后动员全家六人（含吴森共 7 人）参加革命，其中党员 5 人（吴森、儿子梁彪、女儿梁才英、

两个侄子），参军 4 人（儿子和 3 个侄子），烈士 4 人（儿子梁标，南路解放军新二团二连连长，1947 年 11 月在笔架岭战役中牺牲。侄子梁黎，南路人民解放军老一团副营长，1948 年在云南师宗县石修河作战负伤，后被俘遇害。侄子梁铁王，南路人民解放军新八团八连连长，1948 年 11 月在海康纪家岭与敌作战牺牲。侄子梁德生，又名梁生，南路人民解放军新二团八连炊事员，1947 年在笔架岭战役后失踪，后被捕遇害）。在抗战救亡斗争中，她发动村妇女参加夜校，送情报，捐大洋，做军鞋，编子弹袋、军粮袋。1946 年，她带领 100 多名妇女到东坡岭开荒扩种，收获所得全捐给解放事业。新中国成立后她担任甘霖村党支部书记，继续带领甘霖人民开荒造田，使该村农业生产走在遂溪县前列，成为该县基层较有名望的女书记，后被选为县人民代表，多次被评为先进工作者、烈军属模范。离休后，享受行政 20 级干部待遇，1996 年 2 月 23 日病逝，享年 96 岁。

王秀充（1916—1995），男，麻章镇三佰洋下村人。1940 年参加革命，1942 年参加中国共产党。任游击队小队长，三佰洋党支部书记，遂溪东区情报联络站站长，多次向遂东区和中共遂溪县军事小组提供重要军事情报，受到中共遂溪县委、分区区委的表扬。新中国成立后，任解放海南岛麻章乡支前供应站站长，遂溪公路管理站站长，公路局副局长、局长等职务。1995 年病逝，享年 79 岁。

王秀充

卢克（1926—2015），男，太平镇东岸村人。1944 年参加革命，1945 年参军，在南路人民抗日解放军第一团第七连当战士。1946 年春随部队转战广西十万大山后，进入越南中部义安省，协助越南人民抗击法国侵略军，同年由连队指导员沈潜介绍加入中国共产党。1946 年秋回国转战广西靖西地区，屡立战功，升为副排长。新中国成立后由于身体原因，复原回乡务农。1999 年全市开展"爱心献功臣"活动，湛江军分区后勤部捐资 2.3 万元为卢克同志建起一座 70 平方米的砖瓦房。2015 年逝世，享年 89 岁。

李兰（1923—1947），女，原名邹沙莲，湛江赤坎沙湾邹屋村人。16 岁嫁到麻章镇甘霖村。1939 年参加"妇抗会"，1942 年参加中国共产党，任"妇抗会"交通联络员。1946 年调往中共遂溪西北区委负责区妇委工作兼交通情报站工作，多次受到区委及上级党委的表扬。1947 年 10 月，国民党反动派包围西北区的北涯村，她临危不

李兰

惧，立即布置地下党员、交通员转移或隐蔽，自己留下处理文件，在烧毁文件时被俘。敌人采取利诱和严刑等手段均得不到一句口供，穷凶极恶的敌人最后下令枪杀她。在赴刑场当天，界炮圩几千群众为李兰送行，李兰仪态从容地向群众挥手告别，一直高呼"打倒国民党反动派！中国共产党万岁！"等口号。李兰牺牲时年仅 24 岁，界炮圩群众无不落泪，赞叹李兰是一位英雄。

洪荣（1916—1945），男，太平镇南夏村人。1938 年参加"青抗会"，1939 年参加中国共产党，1939 年冬至 1942 年任太平地区党组织负责人。1943 年后先后担任卜巢山中队军需部部长和抗日联防区常备队党支部书记、遂溪抗日游击大队第一中队队长、雷州人民抗日游击队第二大队长、南路人民抗日解放军第一支队二大队长等职。1945 年 3 月 28 日在广西合浦县武利江边同国民党反动派四六五团激战，在战斗中光荣牺牲。

吴德中（1919—1991），男，湖光镇祝美村人。1939 年参加

革命，1944 年参加中国共产党，在抗日战争和解放战争时期任中共南路政委、粤桂边纵队湛江联络站交通员、中共南方局驻香港交通员、粤桂边纵司令部参谋处交通科长、粤桂边纵队驻香港后勤部副主任。新中国成立后，任中共中央华南分局组织部干事、广东省土改总团团部总务组长，1952 年后任中共广东省委办公厅行政处行政科长，副处长、处长，省委办公厅副主任。1983 年离休，1991 年病逝，享年 72 岁。

梁甫（1922—1991），男，麻章镇甘霖村人。1938 年参加"青抗会"，1939 年参加中国共产党，任甘霖青抗分会组织股长、甘霖党支部书记、遂溪西北区山家村党支部书记、南路人民抗日解放军老一团连指导员、中共遂溪东区区委委员、西北区区委委员。1947 年后任中共信宜县东南区区委副书记、书记，粤桂边纵队第五支队第十二团团长、中共信宜县委委员、民运部长。新中

梁甫

国成立后，任广东省土改总团办公室秘书组长，中共信宜县委组织部长，中共粤西区委党校研究室主任、教育长，中共徐闻县委副书记、县长，中共廉江县委副书记，中共高州县委书记、县人大主任，湛江地区财办副主任、党组成员。1983 年离休，1991 年病逝，享年 69 岁。

全国明（1921—2004），男，又名全如九，出生于 1921 年农历十月十四日（公历1921 年 11 月 13 日），今麻章区麻章镇新坡仔村人。1937 年，在遂溪第七小学（现"麻章中心小学"）读书期间，积极投身中国共产党领导的遂溪青年抗日后援会的抗日

全国明

救亡宣传活动。1938 初春，跟随支仁山、何森、招离等革命教师一起到甘霖村创办遂溪抗日救亡运动首个农村阵地——甘霖抗日夜校，宣传抗日，发动农民，培养农民骨干。同年加入了中国共产党。

　　1938 年底，中共南路特委重建，即在特委负责交通情报联络工作，主要负责特委领导对各县县委书记工作的指示文件和上级政策的传达，抄写特委密件，并亲自送到高雷地区十一个县县委书记手中，同时负责特委上下来往人员的联络工作等。他主要活动在赤坎、遂溪、吴川、高州等地区，经常日行百多里，夜宿山林，渴饮山泉，饥食草根，在工作中经常身陷险境。如 1939 年 1 月在宝圩壶垌因被怀疑而遭扣押 3 天，最终凭着沉着应对获释；1941 年底，由中共南路特委派往雷州师范学校从事学生工作，参加领导轰动南路的清算特务校长贪污罪行的"雷师学潮"，并因此被捕入狱，经南路特委营救出狱后重回特委机关工作。又如 1943 年 2 月由南路特委派到湛江临西村临光小学任校长，以办夜校为掩护，发动群众抗日救国。年底由中共南路特委调到信宜工作，在岭东中学以读书为名负责学生工作，搞学生运动。次年 10 月被派往怀乡、安莪等地组织抗日武装，担任南路游击队茂信支队信宜大队大队长兼政委。1945 年 1 月在前往信宜县城请示工作及商讨武装起义事宜的途中被捕入狱，囚于信宜，后转押于高州。经历多次审讯，仍视死如归。当他得知党组织要用 200 担稻谷保释他时，他在狱中给党写信"没有死者之死，哪有生者之生，200 担稻谷，拿来买枪弹，消灭反动派，魂灵得生还，河山成一统，万民笑开颜"来表示坚贞不屈，还在狱中写下了慷慨激昂的歌曲《囚徒壮歌》，"为何国难当头，爱国青年被囚在牢里？……救国有罪，谁是国贼。……威吓不惧，酷刑等闲；头颅可断，志壮河山……"直到日本投降，在党组织的营救下才获释。出狱后根据特委指示，又以学生身份分别在广州文化大学和香港达德学院参加和领导学运。1946 年参加领导一卅学运、二一二学运，配合广州民主运动的第二次学生运动。1947 年 1 月，在香港达德学院领导发动港九青年学生援沈爱国运动斗争（沈崇事件）。1947 年 2 月，根据中共南路特委指示，返回粤桂边纵武装斗争前线，先后担任广东南路游击队新一团营教导员、西征独一团营教导员、粤桂边纵五支队十五团团长兼政委，转战茂化信宜地区，解放信宜城，担任信宜第一任代县长，配合南下大军进军广西。此外还参加了不少重要战役，1947 年参加山砥牛头营、白花、余村、笔架岭等主要战斗；1948 年在西征中参加广西鋈清、爱店、难甫、九特、那陵、绥渌等地的主要战斗；1949 年，负责指挥加益、信宜之茶山、木棉、茶垌、罗定之原子山、分界等战斗；参加配合野战军歼灭白崇禧部的宝圩之战，被誉为英雄团长。

新中国成立后又率部在信宜、高州一带剿匪，历任高雷军分区教导员、粤西军区司令部转建科科长、粤西军区吴川县兵役局政委、广化县兵役局政委、化州县兵役局政委、吴川县武装部政委等职。离休后享受师级待遇，2004 年病逝，享 83 周岁。

杨如瑞（出生于 1928 年），男，又名杨日位，麻章区麻章镇笃头村人。由于家贫，十多岁仍无钱上学。1945 年 3 月，不满 17 岁的他瞒着家人，毅然参加革命。1945 年 8 月初，他与唐才猷带领的老一团袭击遂溪日军飞机，抓获日军飞行员 4 人。同年 10 月 10 日零时，他与同村的陈秋南、杨元理参加南路人民解放军老一团袭击遂溪机场战斗，缴获大量枪炮弹药。同月下旬，他随部队突围到了广西十万大山。1947 年 3 月 7 日晚，他被抽调到由

杨如瑞

60多人组成的精干的遂溪机动中队，随中队从麻章龙井村冒雨出发，至当夜到达大路前村，次日早上参加伏击国民党雷州挺进支队司令、民国遂溪县长戴朝恩（又名"铁胆"）的战斗。此战击毙戴朝恩等5人，打伤1人，俘虏7人，缴获枪支弹药一批。1947年11月4日，他随所在部队参加遂溪笔架岭战斗，奋不顾身，冲杀在前。此战打死打伤国民党士兵100多人，解放军牺牲50多人，伤30多人。1948年6月他任八团班长。1948年7月8日晚，他随八团进袭驻赤坎广荣声爆竹厂的国民党保十团第二营营部。9日凌晨2时战斗打响，此战击毙敌连长以下80多人，伤40多人，俘虏40多人，还缴获敌人轻重机枪11挺，长短枪180多支，手榴弹100多颗，枪弹110颗，各种子弹2万多发，军毡60多张，港币25000余元，蒋币3亿多元。1949年7月，他加入中共党组织。1949年8月，他参加解放湛江麻章战役，身负重伤。1951年8月，他获中央人民政府颁发的"革命残废军人抚恤证"。1952年任广州警备司令部二团排长。1956年退伍在广东惠阳地区公安局任职。1988年在广东惠阳地区煤炭局离休。

2015年9月，荣获中共中央、国务院、中央军委颁发的抗战胜利70周年纪念章和奖金。现身体健康，精神矍铄。

黄永辉（1924—2017），男，麻章镇洋溢村人。1939年参加工作，1945年3月入党。他是2015年抗战胜利70周年天安门大阅兵130多名受邀抗战老兵之一，分别领到抗日战争胜利60周年和70周年金质纪念章和8000元奖金。

黄永辉

他于1939年在洋溢村黄氏宗祠农民抗日夜校受训，之后便进行抗日宣传、站岗放哨、运送物资、埋藏枪支弹药等工作。1942

年参加洋溢抗日自卫队和地下交通联络站。1943年4月，中共遂溪党组织抽调包括他在内的8人秘密打入日、伪军莫荣光的"和平队"，策反瓦解该队，活捉了莫荣光，缴获了全队武器。1943年6月某夜，他与本村抗日小组抓获汉奸，经请示中共遂溪县东一区负责人梁汝新同意，将汉奸沉入村东的河中，避免洋溢村遭血洗。1944年6月某夜，加入粤桂边边区南路人民抗日游击队，经梁汝新动员，他和兄长黄永炎及甘霖、田寮、田头等村的进步青年共8人，拿着柴刀、扁担、麻绳化装为砍柴人，到遂溪县卜巢山参加以唐才猷为大队长的粤桂边边区南路人民抗日游击队。10月某日，他带领一个班和其他游击队队员与日、伪军"和平队"展开激战，被敌击中右臂。1946年2月任英豪交通站站长。1947年3月任南路解放军新一团排长。4月，任新二团一连指导员。1947年11月4日，国民党保警队与南路人民解放军新一团、新十二团在笔架岭展开激战，他率一连和东区中队狙击驻赤坎的援敌。

1948年3月，他在东征支队任指导员兼连长、党支部书记。6月任广阳支队钢铁营副教导员，8月任教导员兼营党委书记。东征时在粤中与国民党军作战，左腿被击中，弹片在腿中没有取出。1949年10月，他随第四野战军十五军四十三师等部队，在阳江境内参加广东解放战争中最大的一次战斗，俘虏国民党军副军长谷彬及以下官兵三万余人，国民党军伤亡一万余人。1950年至1951年在新会、恩平、台山等地剿匪，亲自活捉匪首"胡司令"，部队为黄永辉举行了庆功大会。1952年下半年在武汉中南军区学习。同年12月在西北工学院（现"西北工业大学"）任兵工科科长，后任校党委委员、处长。1981年离休。2017年底逝世，享年94岁。

吴定瀛（1912—1948），男，太平镇洋村东村人。1938年任遂溪青年抗敌同志会秘书兼报纸《怒吼》主编，1939 年加入中共党组织，1941 年在湖光料村小学以任教员为名从事抗日活动，次年任校长。1943 年吸收许美意等 3 人入党，4 月任党支书记，7 月调到徐闻开辟抗日根据地。1944 年打入法租界太平公局任秘书。1946 年国民党湛江市长郭寿华企图趁开会抓捕他，他以小便为名机警地离开会场返回洋村东村。郭寿华派兵追到洋村东

吴定瀛

村，没有抓到吴定瀛。他在洋村东村游击队队长吴寿琪护卫下，后撤到越南西贡。直至 1948 年，他与吴寿琪返回粤桂边区工作，住在廉江县，因病转回遂溪县洋村东村养病，病故时 36 岁。新中国成立后，遂溪县人民政府追认吴定瀛为革命病故军人。

简常（出生于 1925 年），男，又名小梁，甘霖村人。1938 年，简常在遂溪七小（现"麻章中心小学"）读书，受到进步老师支仁山、王国强、招离、何森等的影响，回到甘霖村参加抗日夜校的工作，组织甘霖少年先锋队，宣传党的抗日救亡方针；积极参加"青抗会"，1939 年转入地下游击队小组。他与梁有、蔡庆、朱生等在梁汝新的带

简常

领下，开荒种稻谷，办养鸡场，为游击队筹集经费。1941 年，光荣地加入中国共产党。1943 年参加游击队，破坏公路，阻截日军车辆；加入锄奸小组，铲除了村中伪保长、汉奸。

1943 年廖华、梁汝新在甘霖建立第一支抗日武装。简常带头参加游击队。简常、梁有、梁铁王、梁九等冲击符竹村大地主家，将缴获枪支充实游击队。6 月简常参加偷袭冯家塘日伪税务所战

斗，他冲锋在前；战斗失利时，简常等 4 人砸开围墙，救出了指导员廖华。后来他打入日伪符春茂、莫荣光大队，做策反工作，活捉日伪大队长莫荣光，缴获全部枪支弹药。1944 年，简常参加江洪抗日联队并任小队长，十几天后就在江洪炮楼被敌人包围，简常顽强地战斗了三天四夜才突围。是年简常参加老马村武装起义，后编入遂溪洪荣中队。后来从合浦转回遂溪休整，编入粤桂边区老一团。

1944 年，简常随部队向广西十万大山挺进，途中参加了廉江县金屋地和合浦区白石水金鸡岭战役，后在合浦被编入粤桂边纵队第一支队学生队（即教导队）学习。结束后，又安排到一团三营当军事参谋见习教官。部队转回廉江后，简常被调入老一团第五连（李炳发连）任政治指导员。后随部队转战粤桂边区。

1945 年抗战胜利后，简常调回地方工作。1947 年 10 月党组织把他调往茂名、电白、高州、信宜一带发展武装力量，并在茂名黄塘仙人洞、苏坑等地建立革命根据地。1949 年 10 月简常率领信宜区中队，解放了信宜怀乡、万安、大胜和二云乡。他先后任区武工队长、区中队长、区长、区委书记兼指导员、土改队长等职务。1952 年党组织保送简常到华南分局党校（今中共广东省委党校）学习，结业后分配到华南水上民政办公室组教科任副科长。之后，又调入省航运厅党委组织科任科长。1958 年随厅长下放到钦州，任工交部部长。1960 年调回湛江地区，先后任工交办秘书科长，湛江地区交通局副局长，航运局副局长、党委书记，1987 年离休，享受副厅级待遇。2005 年简常荣获胡锦涛总书记签发的纪念中国人民抗日战争胜利 60 周年纪念章。

附　录

附录一 **大事记**

1925 年，周纪（许汝旗，湖光料村人）加入中国共产党，他是麻章地区第一个加入中共党组织的。

1926 年春，南路工人代表大会在遂溪七小（今麻章中心小学）召开。遂溪和广州湾共 60 多名工人代表参加会议，会议决定支持省港大罢工，会后举行示威游行，高呼"打倒英法帝国主义""打倒军阀""收复广州湾"等口号。

农历四月，在遂溪县党组织领导人颜卓的指导下，遂溪县三区（麻章）农民协会正式成立，会员 200 人。四月十五日，遂溪县三区（麻章）、八区（通平）农民协会会员 50 人参加遂溪县四区（城月）召开的遂溪县农民协会成立大会。许汝旗当选为遂溪县农民协会执行委员。后许汝旗（周纪）被派往遂溪县界炮一带指导农民革命运动。

1927 年 5 月初，南路十五县农民代表大会在广州湾秘密召开，麻章、太平两地的农民协会均选出代表参加此次会议。会议成立了南路革命委员会，统一领导南路地区的农民武装斗争。

5 月 18 日，黄广渊率领海山一带 300 多名农民自卫军在海山武装起义，麻章圩的工会、农会、学生会部分成员提前到达海山村，加入起义队伍，后随起义队伍转战到斜阳岛、东海等地进行斗争。

1929 年农历五月初二日，卢保昌在东岸村靖康公祠秘密成立遂溪县农民革命军太平联络站。

1930年卢保昌经陈可章介绍加入中国共产党组织，他是麻章地区第二个加入中共党组织的。

1931年农历六月十八日，黄凌氏（黄广渊母亲）带领遂溪农民革命军从东海岛出发，卢保昌便带领太平农民革命军16人，里应外合进攻太平法帝公局。但攻而未克，黄凌氏撤军返回东海岛调那村。

1932年农历四月初六，卢保昌被敌人杀害于海康县雷城校场坡，时年38岁。1950年初，遂溪县人民政府追认卢保昌为革命烈士。

1934年春季，在雷州十中读书的黄其江、陈其辉、唐才猷、王文邵等20名进步学生成立读书会，并创办《风云》杂志。在此期间，遂溪七小校长冯凌云与进步教师支仁山、何森、招离、王国强、邓麟彰等经常聚集于潮州会馆，讨论抗日救亡问题。

1937年2月，遂溪七小抗日救亡宣传团成立。

是年10月下旬，共产党员郑为之、郑星燕回到母校遂溪七小与何森、支仁山、邹延炳等人商议筹建遂溪县第三区抗敌同志会的有关事宜。月底，遂溪县第三区抗敌会在遂溪七小成立，负责人何森，并创办了会刊《抗敌战线》，郑星燕任主编。

1938年，日军飞机轰炸遂溪江洪港，数艘渔船被炸沉，渔民死伤多人。何森立即与当时中和乡（麻章乡前身）乡长、麻章商会会长陈畴五商议，发动麻章圩工商界人士进行捐献，共募得大洋18块和其他物资一批。由招离、陈良田带领麻章各界人士20多人，带着募捐来的现金物资前往洪港慰问，受到当地群众的热烈欢迎。

1938年8月上旬，广州湾晨光小学（赤坎）校长许乃超（共产党员，后任该校党支部书记）和遂溪七小进步教师何森，发动成立遂湾联合抗日宣传工作团，开展大规模的抗日救亡宣传活动。

8月10日，在黄其江、陈其辉的倡议下，遂溪县各界青年代表共93人联合发出组建遂溪县青年抗敌同志会（简称"青抗会"）的宣言书，呼吁社会各界人士开展抗日救亡运动。太平吴定瀛、卢昌诗参与宣言书的讨论和起草工作。

8月25日，遂溪县各界代表180多人在遂溪第一小学礼堂召开大会，宣布成立遂溪青年抗敌同志会，选举黄其江、陈其辉、殷杰、王国强、邓麟彰、支仁山、周纪、黄枫、陈炎、卢震、李品三等人为干事，吴定瀛为秘书。这是一个由中共遂溪县党组织领导的青年抗日救国团体，会址设在遂溪城黄略会馆。10月，遂溪县第七小学青抗分会成立，会长何森。

9月，遂溪县青抗会干事黄其江、秘书吴定瀛回到太平圩，以平明小学学生读书会为基础，以隆泰书店为联络点，秘密吸收黄其炜、周春开、陈华香、洪荣、陈法仁、徐燕吉、黄德武、洪至臣等人参加遂溪县青年抗战同志会太平分会，会长洪荣。

1939年1月，中共遂溪七小党支部成立，书记支仁山。党员是支仁山、何森、招离、王国强。

同年3月，琼崖抗日游击队独立总队驻广州湾办事处在麻章圩成立，并创办琼崖联合中学。

同年5月，中共甘霖村党支部成立，许旺任党支部书记。

同年夏季，中共广州湾特别党支部在新鹿区铺仔圩开设一间"活力茶室"，作为抗日地下交通联络站，负责联系坡塘、临西、祝美、铺仔圩、益智中学高中部等地的革命同志，孙树珊（临西村人）为交通联络员。

1940年中共遂溪中心县委在太平洋村东村吴氏宗祠举办一期党员培训班。沈斌、沈潜、凌俊卿、唐荣益、支秋玲、招离、李家祥、谢华胜等40人参加了这期党员培训班。同时，成立洋村东村县委情报联络站，吴定瀛为站长。

1943 年 2 月 16 日，日本侵略军 1600 多人，汉奸武装 300 人，在飞机的掩护下，乘舰艇在通明港登陆，侵占东海岛。

2 月 17 日，日本侵略军 500 人在西营登陆，经赤坎攻陷麻章。

2 月 20 日，广州湾包括麻章圩被日军占领，广州湾租界又落入日本侵略军之手。

3 月，在沈汉英、李树生的努力下，中共南路特委重要交通站在笏头村建立。

4 月 9 日，日本侵略军两架飞机在麻章圩上空被盟军击落。

6 月，遂溪东区抗日游击中队夜袭冯家塘日、伪军税站，打死敌人 2 人，缴获步枪 2 支，击伤来自麻章圩的伪军 5 人。东区抗日游击队中队长黄桂、小队长梁有、队员陈亚星及 2 名南洋回来的抗战学生光荣牺牲。这就是遂溪东区（麻章）人民敌后抗战打响的第一枪。

11 月，雷州人民抗日游击队第二大队在遂溪县全围村成立，大队长洪荣（麻章区太平镇南夏村人），政委王平。

1944 年某夜，甘霖村抗日游击队在廖华、梁汝新的率领下，在冯家塘、大塘、北沟、新坡仔等抗日游击队的配合下，再次袭击了冯家塘日、伪军据点，缴获一批枪支弹药和粮食送给抗日部队。

1945 年 2 月，麻章地区先后成立 70 个抗日游击自卫队、村队、武工队、游击小组，共有 1800 多人，拥有长枪 500 多支，短枪 70 多支，冲锋枪 1 挺，长矛、大刀、三叉等武器 470 多件。

同年 4 月，遂南大队袭击新鹿区新圩的新编日、伪军保安大队。缴获敌人长短枪 60 多支和一批子弹。

是年 8 月 15 日，日本天皇裕仁宣布无条件投降，抗日战争胜利结束。侵占广州湾的日本侵略军在赤坎寸金桥头挂起写有"投降"字样的横额。

8月18日，国民党粤桂南区总指挥邓龙光命令日军中佐渡部市藏将其部队结集在赤坎寸金桥、湖光岩一带候命。

9月21日，雷州地区受降仪式在赤坎（九二一路）举行。日军渡部市藏向邓龙光递交了投降书。从此广州湾回到中国人手中。

1946年2月，遂溪县反动头子戴朝恩派出一个中队包围甘霖村，抓去村民107人。5月，第二次洗劫甘霖村，又抓了村民40人。

1947年9月28日，驻霞山的国民党反动派军队和新鹿区国民党反共联防队长杨世昆，率领联防队200人包围"扫荡"新鹿区祝美村，枪杀该村自卫队队员吴玉创，烧毁民房12间，抢走耕牛38头、家禽和财物一批，抓捕革命同志和村民83人到霞山、广州等地坐牢，在监狱中迫害致死3人。历史上称为"祝美事件"。

1947年11月4日，粤桂边区人民解放军新一团、新二团与跟踪"围剿"的国民党广东保安第一团、第二团（2000人），在遂溪笔架岭展开激战，国民党保安部队伤亡100多人，解放军牺牲48人，受伤30多人。

11月，戴朝恩命令遂溪赤坎反动乡团兵1000人，第三次洗劫甘霖村，国民党反动乡团兵开枪打死村民梁景才，抢走粮食和牲畜一大批。

1948年4月3日晚，西边村党支部书记黄典伍、迈龙村队长黄学品带领村队30人包围迈龙乡伪乡政府。该伪乡政府交出长枪17支，短枪1支和一批弹药。

是年8月16日，粤桂边纵队二支队新五团，在太平地区南夏村附近伏击国民党六十二军一五三师某团特务连。粤桂边纵队二营四连连长肖国武，五连一排排长李学如，轻机手黄三九，传令兵廖光杰四位同志壮烈牺牲。他们四人的遗体安葬在南夏村荒坡。

是年，中共南路党组织和遂溪县东南区委的一些重要会议都在冯村后的鹰峰岭上或岭下山沟里召开。

1949 年农历十一月初六日早上，国民党南逃的喻英奇兵团的部分兵马，以大炮做掩护，强渡寇竹向海南岛逃窜，并将太平的山后、王村、仙村、百龙、太平圩、吕宅、造甲仔、甘园、洋村与通明等村庄的 74 名村民劫到台湾。

1949 年 12 月 19 日，湛江市解放，郊区由湛江市军事管制委员会管辖。

附录二 红色资源今犹在，树立丰碑育后人

麻章区人民在中国共产党领导下，为人民解放事业英勇斗争，根据原健在的革命者回忆佐证和各革命老区村庄所提交的革命斗争遗址材料凭证，上报的革命斗争活动遗址共 130 处，其中麻章镇 69 处，湖光镇 31 处，太平镇 30 处。

麻章（郊区）历届党委和政府非常重视革命斗争遗址保护、维修和利用工作。多年来麻章区老区建设办公室和老区老促会深入麻章、湖光、太平三个镇进行调查访问，取证确认，现场摄影，登记造册对全区 130 处革命斗争遗址提出建议方案，悬挂麻章区革命斗争遗址牌匾以纪念。现将全区 32 处主要革命斗争遗址简单介绍如下：

一、遂溪七小（现麻章中心小学）革命遗址

该校建于 1921 年，师生具有光荣的革命传统。1925 年冬，进步教师梁树本就向学生宣传俄国十月革命思想，传播马列主义，反动校长王栋拟开除进步师生。学生会举行罢课斗争，坚持一个多月，最后校方撤销开除进步学生的决定。1926 年 5 月至 6 月，中共南路特委在七小召开工人代表大会。1931 年，日本占领东北，该校师生提出"打倒日本鬼子"口号。1937 年七七事变后，该校成立遂溪七小抗日救亡宣传队。1938 年 8 月上旬，七小和晨光小学的 60 多名革命师生成立遂（溪）湾（广州湾）青年抗日

宣传团。1938 年 7 月，在广东省立江村师范学校读书的黄其江、陈其辉两位中共党员利用暑假回七小开展抗日救亡宣传和建立中共党组织。1939 年 1 月，中共遂溪七小党支部成立。同年 5 月，丰厚、甘霖等村庄成立党支部。1939 年 8 月，中共遂溪工委派出大批党员秘密参加在七小举办的乡政干部训练班，并在训练班中成立党支部。干训班结束后，学员被分派到各乡镇任职，使革命斗争的开展更加便利。此后，遂溪七小不断培养进步学生分赴各地开展革命斗争。

二、甘霖抗日农民夜校遗址

甘霖抗日政治夜校创办于 1938 年 3 月 22 日，是支仁山、何森、王国强等带领遂溪七小师生前去甘霖村成立的。甘霖因此享有"小延安"的美称。夜校多时达 300 多人。经甘霖抗日农民夜校培养，甘霖村抗日战争时期先后有 56 人加入中国共产党。1942 年，成立甘霖抗日游击队，甘霖抗日政治夜校还培养出一大批南路人民武装骨干，派出一批先驱到各地发展扩建革命根据地。2005 年，该校旧址被市政府评为文物保护单位。

三、中共遂东区军事情报站旧址——三佰洋下村建芬公祠

建芬公祠，位于麻章镇三佰洋下村前靠田边坡上的偏僻荒林内，始建于清朝末年，一进三间，砖木结构。1942 年 10 月，中共遂溪东区区委重要的军事情报站在三佰洋下村建芬公祠成立。

该站主要负责侦察日、伪军在赤坎、麻章、坡塘、志满等地军事据点的动态，及时将敌情向东区及县委汇报。1943 年 6 月冯家塘日军税站的情报、1944 年秋麻章圩伪军据点仓库存放子弹的情报，都是该站侦察送达的。1944 年 3 月该站积极发动 26 名青年加入村自卫队。1945 年 2 月，发动三佰洋中村村民支持抗日斗

争，并在解放战争中做好支前等工作。

四、大路前村前桥附近高地——伏击国民党遂溪县长、雷州挺进支队司令戴朝恩战场旧址

1947 年 3 月 7 日，中共遂溪县委和中共雷州特委沈汉英获悉国民政府遂溪县县长戴朝恩（外号"铁胆"）将于 3 月 8 日早上从赤坎乘车前往遂溪，立即派中共遂溪县委管军事的李晓农和郑世英率领两个区中队 70 多人设伏。8 日早上 9 时，戴朝恩如期进入伏击圈。伏击人员当场打死"铁胆"和几名护卫。高雷人民闻讯欢欣鼓舞。9 日，国民政府湛江市市长紧急扩充自卫队，实行武装"清乡"。傍晚派出 1500 多名军警到麻章、赤岭、大路前、甘霖、田寮、笃头等村进行武装"围剿"，各村交通站站长得知消息后，及时组织武装队员转移，避免了一场浩劫。

五、遂溪东区路西乡人民政府旧址——大路前村袁华炳旧居

1947 年 7 月，遂溪东区人民解放政府在大路前村袁华炳旧居建立遂溪东区路西乡人民政府办公室。主要工作有：1. 领导和组织群众开展武装斗争，反"清乡"，反"三征"。2. 领导和支持各交通站、联络站、医疗站、税站的工作。3. 发动组织群众筹集人力物力支前，为游击队武装输送青壮年武装人才。4. 筹集运送军粮，合理收税，为武装斗争提供财物保障。5. 发动群众开展减租减息运动，解放婢女。6. 打击土匪和地方恶势力，调解民间纠纷，维持社会治安。7. 做好安抚军烈属工作。

六、解放湛江战前筹备会议遗址——古河村徽泉公祠

1949 年 10 月中旬，中共湛江市工委在麻章古河村的微泉公祠召开紧急会议，要求大力发动群众，全力做好迎接湛江市解放。

七、中共遂溪县东南区区委办公旧址——克初村林昌宏家宅

1947 年 6 月，中共东南区区委成立，办公地点设在克初村林昌宏家。区委书记先后有唐克敏、王悦炎、黎江等人，他们经常坐镇主持东南区的全面工作，粤桂边区领导人温焯华、沈汉英、黄其江、马如杰、周德安、高佬陈、李树生、胡须陈、林铁、林梓祥、王信（女）、梁基、冯清、林平以及飞马连、新四连等武装部队常驻克初村。该村后边和左边全是茂密的山林，便于撤退和军训。1948 年 2 月，在克初村成立东南区交通情报总站，站长梁基。来往克初村的革命人员络绎不绝，迎来送往全由站长林昌宏和交通员林毛等 6 人负责。

1948 年底，东南区区委迁移到沙沟尾村。书记先后由李树生、林梓祥担任。

八、冯家塘炮楼——打响遂东区抗日第一枪遗址

（具体内容见第三章第四节"打响南路人民抗日武装主动出击的第一枪"）

九、英豪桥——后岭伏击战场

在抗日战争和解放战争期间，人民武装先后两次在英豪桥附近杨屋村后岭高地袭击伪军和国民党军。（具体内容见抗战时期袭击伪军军车和解放战争时期英豪桥伏击章节）

十、粤桂边纵队武器修理所遗址——符竹村黎康存旧居

1948 年春，粤桂边纵队党组织在偏僻的符竹村黎康存（又名"黎康仔"）旧居建立武器修理所，有修理员 7 人，在两年多时间里，共为粤桂边纵队修理各种枪支几百支。

十一、抗日游击队白虎连成立旧址——新赤水村高秉贵旧宅

1938 年，作为中共遂溪县领导人之一的王国强到新赤水村宣传办夜校，该村村民踊跃参加。1944 年春，新赤水村在高秉贵住宅前成立抗日游击队——白虎连，成员有 110 多人，高秉贵任连长。该连既利用村后茂密的原始山林做掩护，与甘霖抗日游击中队一起进行军事科目训练，又多次保护众多被敌追杀的革命志士和甘霖等村的被围剿的群众，并积极参加锄奸活动。该连还发动群众捐献钱物支持抗日斗争，共捐稻谷 3750 公斤，番薯 3000 公斤，衣服 60 件，鞋 50 多双。

十二、遂溪东南区武工队成立遗址——花村林氏宗祠旧

1947 年春，中共遂溪县在花村林氏祠堂成立遂溪东南区政工队（后改为"武工队"），杨瑞为队长，队员有 10 多人。后发展到 70 多人。1947 年 9 月 1 日，该武工队在当地各村游击队的配合下，在英豪杨屋后岭袭击国民党驻志满的潮满区联防队的两辆装甲车，并炸毁英豪桥，破坏敌人运输线。10 月，该武工队又在当地各村游击队的配合下，突袭敌人志满据点仓库，打伤国民党兵 7 人，缴获粮食 5000 多公斤。同月，该武工队在志满抓获叛变投敌的陈公英，并在调塾村路口处决。1948 年冬，该武工队在花村村队 20 多人、畅侃村村队 50 多人及其他村队的配合下，再次突袭了国民党驻志满的潮满区联防中队据点，当场击毙国民党潮满区区长兼联防队队长林天雄。

十三、东南区飞马连成立遗址——畅侃村陈氏宗祠旧址

1948 年，中共遂溪县东南区飞马连在畅侃村陈氏宗祠前成立，连长殷福，指导员王南炳，副连长蔡南。该连成立后，在配

合接应国民党 62 军邱德明、彭智浚部队起义和解放湛江方面做出贡献。

十四、七星乡人民解放政府遗址——西边村黄典伍故居

1946 年冬，遂溪中区七星乡人民解放政府在西边村成立，领导和组织群众开展武装斗争，反"清乡"，反"三征"，支持各交通站、联络站、医疗站、税站的工作，筹集人力、物力支前，为游击队武装输送青壮年武装人才，发动群众开展减租、减息运动，调解民间纠纷，维持社会治安，还多次配合武工队袭击志满国民党驻军，缴获武器、粮食送交南路解放军等。国民党保十团几次派重兵"围剿"西边村，使该村遭受重大损失。乡长黄典伍也在 1948 年率村游击队在大鹏村附近抵抗国民党军的行动中牺牲。新中国成立后，该村被评为烈士的有 5 人。

十五、遂东区医疗所遗址——合流村医疗所旧址

1947 年 5 月，中共遂溪东区在合流村建立 1 间医疗所，该所直属遂溪县人民政府领导，配有医务人员 10 多人；并在新赤水村、笃头、赤岭、沙沟尾等 21 个村庄也成立医疗站。该所和各站在解放战争中，为抢救和治疗人民武装受伤人员做出重大贡献。

十六、中共遂东区兵工厂遗址——北罗坑兵工厂

1948 年春，北罗坑村中共党小组组长黄礼光在梁汝新的指导下，将位于本村东南的犁头厂改为兵工厂，抽调村中有技术的人员黄尚祈、黄火生、曾仁、梁益、江发、吴勇等进厂修理枪支，翻新子弹，仿制俄式手榴弹等，为人民武装部队武器保障做出贡献。

十七、笃头纯厚公祠和四王庙交通站遗址

抗日战争时期，笃头政治夜校和遂溪青年抗敌同志会笃头分会（青抗会）均设在纯厚公祠。解放战争时期，它是南路人民解放军的重要医疗站之一。在 1947 年 11 月的笔架岭战役中，人民解放军的伤员大部分被安置在此治疗。1948 年，南路解放军袭击那郁桥，在战斗中受伤的战士也转到此站进行治疗至康复。1948 年 7 月至 1949 年 12 月底，因原设在私宅的笃头交通站已暴露，遂东区委指示该站转移到四王庙。此时，笃头交通站的一切革命活动均在此庙进行。该庙也是中共粤桂边委和遂溪县委重要的革命活动场所。该村的交通情报站还曾先后设在符盛、符仲、杨玉期的私宅内。

十八、赤岭村交通情报站旧址——显达公祠、郑贤林家宅、梁奶家宅

赤岭抗日交通联络站始建于 1942 年 6 月，站长郑贤林，主要在显达公祠活动，敌人发现后分别转到郑贤林和梁奶家里。1947 年 3 月 8 日（农历二月十五）伏击戴朝恩（铁胆）的情报就是郑贤林获悉并传递的。1947 年 11 月 4 日笔架岭之战，人民武装与敌保一、保二、保九总队激战，赤岭游击队 20 多人参加后勤担架队，运送伤员，当夜有 10 多个南路解放军伤员被运到赤岭村，最初安排在显达公祠治疗，后郑贤林和村游击队员把伤员转移到村后岭甘蔗地，成功躲过了当晚国民党的搜查。1948 年 7 月初，粤桂边纵队研究奇袭湛江，赤岭村组织村游击队队员 30 多人负责运送弹药、抢救伤员、打扫战场等。

十九、祝美村革命活动旧址——吴氏支祠、陈氏宗祠

1939 年春，中共广州湾党支部在吴氏支祠建立活动据点。1944 年上半年，祝美村游击小组在陈氏宗祠成立，有成员 25 人。1945 年春，中共遂溪县中区委派梁汝新到祝美村开展革命斗争，6 月，吸收陈星等 5 人入党。7 月，在吴氏支祠建立祝美村党支部，梁汝新任支部书记。8 月至 12 月又吸收吴炳芝、杨碧英等 4 人入党。1945 年秋，党组织又派杨瑞到该村巩固发展由队长吴公艺带领的 35 人游击小组。同时在陈氏宗祠组织读书会，学习宣传革命理论。在革命战争年代，祝美村有 27 人参军参战，有 9 人为革命光荣牺牲。

二十、料村革命活动旧址——三房春祠、原料村小学旧址

1941 年起，中共党员吴定赢在料村小学当校长，以教学为掩护，秘密开展革命活动，先后吸收进步教师黄天成，进步青年许意美、许妃广、许菊入党。1943 年 4 月成立料村党支部，1943 年 3 月 5 日，中共海康特派员庄梅寿在三房春祠召开中共海康县委干部会议。该祠是革命的摇篮，革命战争年代培养了大批革命战士，有许意美、许惠芳、许妃广、许菊、许盛江、许有喜、许百宝、许宁、许岱、许秋宰、许秋瑞、许汝炳、许易春、许有转、许百列，还有许有恒、许妃广、许必真、许有凯、许汝告、许福、程清芬、许安球等。许菊、许百列为革命光荣牺牲。

二十一、临东村革命活动旧址——王氏宗祠

1939 年春，临东村进步青年王桂芳受共产党委派，回村与进步青年王龙田在王氏宗祠办起改良的私塾学校，一边教书，一边开展革命活动。1939 年 4 月至 5 月，中共广州湾支部委员陈以大

到临东村开展革命活动。1940年3月，共产党员王桂芳（又名黄建涵）被派回村组织开办临海东村夜校，利用夜校开展抗日救亡宣传。1942年8月，陈醒吾组织成立农会，会长王达远，会员有王旺、王那贺、王那剑等40多人。1943年下半年，地下党决定在临东小学内设立交通联络站，林杰任交通联络员，后又吸收王纯伍为交通员。1945年春，在陈以大、林其材、陈醒吾、梁汝新等地下党的领导下，经过王桂芳等人的努力筹备，改良学校变成了全日制小学，王桂芳等人利用学校阵地，开展革命活动。比如为革命传递情报，发动群众捐钱献粮，掩护接送革命同志，如沈斌、沈汉英、黄其江、陈志群、黎江都经常通过该站掩护接送。该村还为前线输送50多名战士，为革命胜利做出了很大贡献和牺牲。

二十二、临西村革命活动旧址——孙氏宗祠、何氏宗祠、元相公祠、陈氏宗祠、何发育家宅。

1939年4月，中共广州湾支部派陈以大到临西村开展革命活动。1942年2月，中共南路特委派全国明到临西村以教书为掩护，开展革命活动。1943年8月，中央遂溪县委派李志民来临西村工作。1945年5月，梁汝新接替李志民工作，到临西村建立交通情报站，站址在何发育家，何发育为站长。1945年6月党小组成立，吸收何达江、孙树珊、孙守中入党，何达江任小组长。此后党小组逐步发展壮大，人数达到15人。后分成两个党小组，第一党小组何达江（组长）、孙守中、孙树珊、何宏俊、陈秋金、陈昌隆、何宏广、黄庆华，活动地址先后在孙氏宗祠（临西小学旧址）、何氏宗祠、陈氏宗祠（原临西村农会所在地）；第二党小组主要在元相公祠、何发育家宅开展革命活动。1949年10月14日，东南区交通情报员陈秋奢、何那春在元相公祠内被北月村内奸陈那连出卖，两人均被国民党捕获，经历了吊打、坐"老虎凳"等酷刑，20多天后，被杀害于铺仔圩。

二十三、蔡屋村交通联络站遗址——蔡成仕、蔡候贵故居、天后宫、蔡氏宗祠。

该站在抗日和解放战争中，是中共地下党组织和武装队伍重要的水路交通情报线路，建立于1942年上半年，站址设在蔡成仕、蔡候贵的家，蔡成仕为站负责人，蔡其壮、蔡成瑞、蔡候贵、胡屋婆为交通联络员。1944年初至1949年，在蔡屋交通联络站工作的有陈拨、杨瑞、何时、龙玉明、陈姐、陈炳章、梁培英、冯清、王戈木、林一株、林少宏、林挺、黄德光、梁桂等人，1947年，冯清兼任蔡屋片党总支书记，蔡屋交通站站长，蔡成仕为副站长。蔡屋村将40艘渔船组成船队，交由交通站使用。建站8年来，接送来往干部数以百计，如梁广、温焯华、吴有恒、黄其江、沈斌、沈汉英、支仁山、方兰、黎江，此外还运送伤员和战士，转运军用物资，协助税站打税，传递情报，从未出过任何事故，出色地完成了党交给的各项任务。蔡屋村交通站还曾在天后宫、蔡氏宗祠等处设立过。

二十四、遂溪农民革命军太平联络站——东岸村靖康公祠、端敏公祠、堤万公祠等旧址。

1929年8月，中共党员卢保昌参加遂溪农民革命军（领导人黄广渊、陈可章）。卢保昌以经营蒲织品生意为掩护，在东岸村靖康公祠成立遂溪农民革命军太平联络站。中共遂溪南区交通情报联络站设在东岸村私立培基初级小学（即现东岸小学前身）。1941年初，中共遂溪南委特派员陈同德与区委副书记周超群两位领导同志应聘为通平区东岸村私立培基初级小学教员，秘密成立中共遂溪南区交通情报联络站，卢廉泉为站长。他们白天在学校授课，夜间在东岸村端敏公祠办政治夜校。1943 年建立东岸村党支部，卢廉泉为党支部书记。与此同时组织了 14 人的抗日武装村队。卢秉动为村队长。东岸村党支部活动在端敏公祠，党支部从 1943 年到 1949 年 10 月先后发展中共党员 12 名。1942 年，中共遂溪南区特派员谢华胜在太平开展革命活动，先后设立 4 个情报联络站。1942 年设在东岸村（仙坡）肖树模家里，站长肖树模。1943 年设在东岸村（翁井）肖士尧的家里，站长肖士尧。同年设立的第三个站在东岸村（厚园）卢登涛家里，民协副会长卢登涛担任站长。1944 年初设第四个站在东岸（厚园）村卢登时家里，站长卢登时。在抗日战争时期至解放战争时期，又选择卢登时老家的北边瓦房作为军用物资仓库。谢华胜、陈志钦（培基小学教员）、蔡祖尚都先后在此站开展革命活动。

二十五、通平乡人民政府办事处（东岸村敏达公祠）遗址

1949 年 3 月，中共遂溪南区委决定成立通平乡人民政府，委任卢家成为乡长（东岸村人），吴寿淇（洋村东村）为副乡长，黄德武（东岸黄村人）为乡政府文书。秘密办事处设在东岸村敏达公祠。中共遂溪南区委委派蔡祖尚、谢鹏（海康县沈塘人）前来指导工作。至 1950 年初，才把通平乡人民政府办事处迁到太平圩何保罗楼房，开展支援解放军第四野战军解放海南岛的工作。

二十六、太平青抗分会暨交通情报联络站——太平圩隆泰（益文）书店遗址

1939 年，吴定瀛、黄其炜、黄其江以平明小学学生读书会为基础，在隆泰书店秘密成立遂溪青抗会太平分会，会长洪荣。同时成立太平圩交通情报联络站，站长吴定瀛（中共党员）。他的

身份暴露后，撤到料村小学任教师。由黄其炜任站长，黄其炜上卜巢山参加革命后，由隆泰书店老板许汝桐担任站长。许汝桐依靠亲属许乔森在通平区任区长的关系，将隆泰书店更名为益文书店（搬迁至太平圩鱼亭街）。此后，黄其炜、黄其江、莫志中、林飞雄等同志安全地在益文书店举行各种会议，接济上级党组织有关人员。

二十七、中共遂溪县委第一期党员训练班——洋村东村吴氏宗祠遗址

1940 年 1 月，中共遂溪县委在洋村东村吴氏宗祠举办全县共产党员第一期训练班。沈斌、沈潜、吴定赢、唐荣益、支秋玲（女）、招离、李家祥、谢华胜、凌俊卿等 40 人参加培训。是年在吴定赢家里建立中共遂溪县委秘密联络站，吴定瀛为站长。

二十八、中共南夏村党支部——南夏村业统公祠遗址

1943 年 10 月，中共党员陈开濂受党组织委派到南夏村任小学校长，以教师为掩护进行抗日救亡宣传。陈开濂先后单线吸收洪妃布、洪光辉、洪至臣、洪育双 4 人加入中国共产党。是年 10 月，在业统公祠成立中共南夏村党支部，陈开濂、洪至臣先后任支部书记。是年陈开濂又在洪荣家里建立中共遂溪县委交通情报联络站，站长洪荣。在南夏村党支部的教育培养下，共产党员洪荣、洪妃布、洪妃漏、洪国光为中国人民解放事业光荣牺牲。1957 年，南夏村被评为抗日游击根据地村庄。

二十九、遂溪南路游击大队攻克通明警察分局战斗遗址

明、清两代雷州水师重镇白鸽寨设在通明埠，1899 年沦为法国殖民地，清光绪二十五年十二月初八日上午，法帝军舰开进白

鸽寨，占领炮台，拆毁白鸽寨城垣，建筑新兵营（现通明小学校址），设立法国通明公局。1945 年 9 月 21 日，国民党政府收回广州湾租界，国民党在通明埠驻有一个连的兵力，成立通明警察分局。1945 年冬，遂溪县南区抗日游击队大队长莫志中率领游击战士，袭击国民党通明警察分局，活捉反动局长王明胜。其家属为保王明胜性命，同意交出大洋 5000 元，步枪 20 支，游击队便释放了王明胜。从此，王明胜回原籍隐居，不敢再担任局长一职。

三十、粤桂边区纵队二支队五团南夏伏击战遗址

1949 年 8 月 18 日，粤桂边区纵队二支队新五团在南夏界墙公路段，伏击国民党六十二军一五师（驻城月四区）某团特务连，该连有 90 多人。击毙营长以下官兵 40 多人，俘虏 10 人，缴获轻机枪 2 挺，长短枪 33 支，子弹一大批。此战由新五团政委唐荣益、副政委陈耀南和团长陈龙门亲自指挥。此战，新五团也付出了代价，二营四连连长肖国武、五连一排排长李学如、轻机枪手黄三九、传令兵廖光杰等 4 位官兵壮烈牺牲，2 名战士负重伤。

三十一、南文乡人民政府所在地—陈氏祖祠旧址

1944 年 9 月，中共文里党支部在陈氏祖祠宣布成立，陈华香任党支部书记。1947 年 5 月，中共遂溪南区委在陈氏祖祠宣布成立南（夏）文（里）乡人民政府。陈华香任乡长，洪国光任副乡长。是日，南文乡党总支部也成立了，陈华香任总支书记。2004年，陈氏祖祠重建，建筑面积 1240 平方米。

三十二、笔架岭战斗遗址

笔架岭位于麻章区与遂溪县交界处，该岭呈笔架状，海拔176.7 米。1947 年 11 月 3 日，中共遂溪县中心县委书记沈汉英，

率领粤桂边纵队新一团和新十二团与敌军周旋撤到笔架岭下调罗湾村。11 月 4 日上午 9 时，国民党兵从城里村方向开来，企图消灭粤桂边纵队新一团和新十二团，其中 300 名敌军已冲到解放军司令部所在地调罗湾村边。沈汉英即令新一团二连迎敌，其余部队迅速抢占笔架岭主峰。敌人向新一团和新十二团阵地发起冲击。上午 10 时许，敌保一总队两个大队 1000 人相继从城里、城月赶来，被新十二团及迈龙、外园、龙井村队狙击。同时，遂溪东区长周德安率领二团二连、区中队、便衣队迅速赶到笔架岭下参加战斗。二团二连又冲上笔架岭主峰同新一团坚守阵地。战至下午 6 时，国民党从湛江调来 400 名援兵，遭到遂溪县东区、中区的区中队及高阳、大鹏、符竹、甘霖、新老赤水等村游击队的狙击。整个战线超过 5 千米，战斗打得更为激烈。天黑前，新一团、新十二团主动撤出战场，敌人也在慌乱中撤回湛江市。

　　此战，打死打伤敌人 100 多人；解放军牺牲 48 人，负伤 30 多人，牺牲者中包括梁彪、杨伟昌、戴总保 3 名连长和苏保生 1 名排长。

附录三 老革命干部题词

陈 超

广东省湛江市人，1930年出生，粤桂边纵队老战士。曾历任总参谋部动员部参谋、处长、部长，兰州军区副司令员、中将。曾荣获三级解放勋章，胜利功勋荣誉章。

铭記老區歷史

传承革命精神

陈超己亥岁末书

陈超将军为《湛江市麻章区革命老区发展史》题词

附录四

回忆录选载

关于 1925 年至 1927 年大革命时期的一些情况

郑星燕

那时我年纪很小，在遂溪县立第七小学（现麻章中心小学）读书，正好处在大革命高潮，轰轰烈烈地开展工人、农民、学生、群众运动，给我的印象很深，对自己后来走上革命道路，起了直接的影响。我记得 1925 年冬春，国民革命军南下高雷，赶走了军阀邓本殷，后建立了国共合作的国民党县党部，但实际上是我们共产党人掌握领导权的。黄学增、韩盈等就是抓党的工作，在开展全县学生运动、农民运动，都搞得轰轰烈烈。工人运动也在遂溪及南路搞起来，包括法帝国主义租借地广州湾的海员工人、汽车工人、搬运工人等。当时，我们学习所在的麻章圩遂溪县立第七小学，是县革命运动中心之一。教师梁树本经常向我们宣传苏联的十月革命如何好，列宁如何伟大，废除了不平等条约，帮助弱小民族革命，宣传反帝、反封建、扶助农工等政策和主张。在社会上有影响的革命行动之一，是学生举行罢课，游行示威，高呼革命口号。

我记得大革命时期，我们第一次罢课是抗议和反对军阀豪绅的军队侮辱和殴打学生。约是 1925 年秋冬，当军阀邓本殷还统治着高雷的时候，军阀和当地豪绅豢养的一批士兵，在学生打球比赛，开运动会的时候，因蛮横无理地冲进运动场被阻拦，他们恼羞成怒，经过暗中准备，第二天故意寻衅，挑起口角，后有营、连长吹口哨为号，出动士兵包围冲击殴打学生，许多人受重伤以至被打到流血吐血。后来学生宣传、抗议，我的记忆中记得还发出了快邮代电进行揭露和控诉，反对军阀豪绅指使和组织士兵行凶殴打学生，要求惩办凶手。同时也反对校长王炼、教务主任王子初等为虎作伥，不但不敢为学生伸张正义，反而压迫、责难和开除学生。我们学生当即公开反抗，组织罢课，坚持大约一个月，直至把校长及教务主任赶走，才复课。后来还陆续罢过几次课，都是在大革命的影响下，在反对压迫，争取民主自由等号召下举行的。曾有一次发动罢课，又赶走了另一位校长郑商弘。罢课矛头虽然直接指向那些压迫学生和开除学生的校长，但也是同时反对那些支持校长的军阀官僚和土豪劣绅。我们受大革命的影响，罢课是有组织的，由学生会领导，有两次都把学生拉出外面宿营，宣誓，甚至共同歃血为盟，还成立学生罢课纠察队，一些纠察队员手持大刀、木棍，大刀上写着"打倒学阀"、"铲除学阀"等标语。我们的学校也是在这个时候开始从广州传来演出进步话剧，我的记忆中就曾演出过以东征奏捷和誓师北伐为内容的进步话剧。

约是 1925 年，先发生了"五卅惨案"，后发生了省港大罢工，这些革命运动，对南路的工人、农民和学生群众影响很大。在共产党的领导下，工人运动也开展活动起来，当时的广州湾（即现在的湛江市），是法帝国主义租借地，直接受法帝国主义的统治，所以反帝，特别是反对法帝国主义，十分强烈。可能是 1926 年，我记得曾在麻章圩"七小"召开过一次南路工人代表会议，有广州湾、赤坎、西营等地的海员工人、汽车工人和一些其他搬运苦力工人参加。那时广州湾的海员、工人，直接来往广州湾和香港之间，他们受省港大罢工的影响很大，很快接受了反帝的革命思想，很积极地起来支援省港大罢工。这次工人大会上，提出"打倒英帝国主义"、"坚决支援省港大罢工""打倒法帝国主义"、"收回广州湾"、"打倒军阀"、"打倒土豪劣绅"等口号，震动社会。工人大会之后，工人纷纷组织起来，举行示威，成立工会，扬眉吐气。农民运动也搞起来了，乐民、遂城一带开展得很好。农民曾有几次在我党领导下，组织起来，反对官嵌豪绅剥削农民，反对新增加的田亩捐以及反对什么煤油税、屠宰税、过境税等等。矛头指向军阀土豪、贪官污吏，似乎还反对和指控赶走过县长。麻章圩附近农民，也积极反对苛捐杂税、关卡林立。曾有一次圩日赶集，乘机发动了群众，大规模地把群众集合起来，搞过暴力包围，捣毁了收税关卡，胜利了，对遂溪和南路的群众起来反帝、反封建影响很大。凡是大的节日，如五一节、国耻日、惨案纪念日等，农民、学生都把队伍拉出来，举行群众大规模游行示威。1926 年至 1927 年，我曾多次参加游行示威，人人手执小旗，高呼口号，响亮喊出反对英帝国主义、反对法帝国主义、反对贪官污吏、土豪劣绅等等。有时直接点出一些反动的伪区、乡长的名字，如"打倒梁默斋"等。一些进步的教师、学生和工农群众，还搞过破除迷信，打毁神像。

大革命时期，农民、学生都很威风。那时到处都唱革命歌曲，如《打倒列强》、《工农兵联合起来》、《农民苦》等等。我直到现在还记得一些歌词，如："打倒列强，打倒列强，除军阀，除军阀"，"工农兵，联合起来，向前进，万众一心"。还有一些农民歌曲，如"六月割禾真辛苦"，"点点汗滴禾下土"（这一句记不大清楚了）等等。总之，当时遂溪的革命形势很好，成为广东省革命高潮的一个组成部分。特别是反帝、反封建，扶助农工，取消不平等条约，收回租借地等等的宣传教育，很广泛和深入，对列宁和苏联扶助弱小民族，废除不平等条约的宣传，对孙中山联俄、联共、扶助农工三大政策的宣传，也比较普遍。这给青年学生的思想影响很大，很深刻，使大批青年学生认识到中国要独立富强，民族要解放，就必须反帝、反封建，联俄、联共、扶助农工。我还记得在 1927 年"四·一二"、"清党"和大规模屠杀了共产党员之后，麻章圩"七小"新来了一位同学，叫吴克波，可能是从海南岛或者徐闻县来的，可能是共青团员或赤色革命群众，听说是为逃避"四·一二"的捕杀而来麻章，转入"七小"读书。他到"七小"后，不敢作公开活动，但我们经常和他接触，了解到他的思想是进步的，功课也好。后来，他又转到广州，30 年代考上了中山大学，继续进步和要求革命，可能入了党，最后被广州市反动当局和公安局长秘密捕杀了。

总之，1925 年至 1927 年以广东为策源地的大革命高潮运动，不但在广州汹涌澎湃，震动中外，在雷琼和遂溪，也是广泛深入发展，惊天动地，给工人、农民、学生和青少年一代影响很大，由此播下了许多革命种子，不断发芽、开花、结果。

注：本文节录中共遂溪县委党史研究室编印的《历史回顾》第 27 页。作者系中共广东省委党校原校长。

土地革命时期的革命烈士卢保昌

卢恩朋　卢子任

土地革命时期的革命烈士卢保昌，系麻章区太平镇东岸村人，1931 年加入中国共产党，1932 年英勇地牺牲了。

"发扬革命传统，争取更大光荣"。正值全党全军全国人民隆重地纪念中国共产党成立九十周年的大喜日子里，我们怀着激奋心情，惜昔抚今，深切地怀念土地革命时期的革命烈士卢保昌。

当年，雷州地区处于反动军阀邓本殷的黑暗统治下，遂溪农民革命运动仍处于沉默状态。1925 年 6、7 月间，黄学增、韩盈、黄广渊等同志接受中共广东省委派遣，相继回到遂溪六区秘密地开展革命活动。1925 年 11 月，国民革命军击溃邓本殷的部队，完成了收复南路任务之后，国民革命军邹武所属部队进驻遂溪县城。至此，遂溪县革命形势发生了变化，农民革命运动逐步地推向高潮。

1929 年 9 月初，遂溪农民革命领导人陈光礼挥师回廉江安铺一带，曾在邓本殷部队任团长的陈可章及其武装力量的配合下，攻克遂溪县城。不久，已是遂溪农民革命领导者之一的陈可章奉命潜入海南岛海口市，开展农民革命运动的秘密活动。

东岸村卢保昌（1893—1932），出生农民家庭，读过几年私塾。后与别人合股经营蒲织品生意。有一次，卢保昌将蒲织品送往海口市销售时，结识了遂溪农民革命军陈可章。在陈可章的教育动员下，卢保昌参加了遂溪农民革命军组织。从此，卢保昌以经营蒲织品生意为名，在东岸村靖康公祠挂牌收购蒲织品，实际是一个秘密的遂溪农民革命军太平联络交通站。陈可章、黄凌氏、纪继芜、黄杰等革命同志经常来往东岸村。他们秘密地送来一批又一批的枪支弹药和军用服装。分别贮藏在卢保昌家里和靖康公祠。卢保昌动员和教育东岸村青年农民卢登庄等 30 多人，先后分批参加遂溪农民革命军。至今东岸村还流传着卢保昌教给村里青少年的雷州歌。歌词二首："农民兄弟要翻身，赶快加入农民军；打倒财主和地霸，实现耕农有己田。""火烧勒古心不死，霹雳回湿又发枝；潮水有上也有落，台风回南看明年。"

1931 年春，卢保昌在海康县（今雷州市）雷城镇四婶客栈里，秘密地焚香宣誓，加入中国共产党（证明人，海康县原副县长纪继尧），1931 年初，黄凌氏（革命烈士黄广渊的母亲）率领遂溪农民革命军从东海岛牛牯湾出发，卢保昌带领太平农民革命军 10 多人，里应外合，攻打太平圩法帝统治广州湾时期所建立的太平公局。但攻而不克，黄凌氏等遂溪农民革命军撤回东海岛调那村。同年九月，黄凌氏被捕，被杀害于遂溪城南莲塘岭，时年 51 岁。

农民革命出英豪，武装喋血染山川。在遂溪农民革命军的策划和指挥下，1932 年（即农历四月初二日）。陈可章，卢保昌等人率领太平农民革命军 30 人，化装商贩和随从，潜入海康县雷城镇四婶客栈等地方，谋策攻打雷城镇反动势力。在这次战斗中，由于叛徒陈德桂告密（后来，此人投靠国民党。解放太平圩时，被遂溪南区游击队活捉枪决），遭受雷城镇反动势力追击搜捕。陈可章脱险，卢保昌被捕。卢保昌不为高官厚禄所动心，不为炮烙严刑所屈服。于当年农历四月初六日，卢保昌英勇就义于雷城镇校场坡，时年 39 岁（其遗孤子卢卜财才 9 岁）。后经中共海康县党组织进行巧妙周旋，才将革命烈士卢保昌遗体安葬在其祖先坟园（今太平中学北侧荒坡）。建国之后，遂溪县人民政府追认卢保昌为革命烈士，颁发革命烈士证书和抚恤大米，并给予卢保昌遗孀周氏定期补助每月生活费 5 万元（旧人民币）。《湛江市人民政府编制的革命烈士英名录》、《湛江市志》、雷州市历史博物馆、遂溪县革命烈士纪念碑分别记载：卢保昌是遂溪县太平地区农民革命军组织者。

"野火烧不尽，春风吹又生"。东岸村革命志士埋好卢保昌的遗体，继承革命先烈遗志，又走上了抗击日本、法帝侵略者的革命征程。1941年秋，东岸村建办一所私立培基初级小学。1943年秋，中共遂溪南区委委派陈同德、周超群两位共产党员，前来培基初级小学任教。他们秘密地吸收卢廉泉、卢秉动、卢志雅、肖树模等青年农民加入中国共产党。同年九月在东岸村端敏公祠成立中共东岸村党支部。1944年春，东岸村党支部选派青年农民卢克、卢伍仔、冯妃丑、卢妃林等31人，奔赴前线，参军参战，为中国人民解放军事业而光荣牺牲三位青年农民。农军拼搏燃星火，靖康祠堂马列传；长存浩气光史册，仰立丰碑启后人。

被补评为抗日战争时期游击根据地的东岸村，在建设中国特色的社会主义的新时代里，发生巨大变化：2005年，在麻章区人民政府资助下，兴建了一幢四层的东岸小学教学大楼，结束了东岸小学在旧祠堂上课的心酸历史；2007年，在广东省人民政府批拨大笔资金，重修了长达1.7千米的东岸村大海提，结束了几百年以来强台风大海潮侵袭的悲惨历史；基本上完成全村道路硬底化和进一步完善全村自来水的规范建设工程。2011年筹资一百多万元，兴建1500平方米的东岸村农贸市场和八层商品大楼，解决村民居住困难的历史问题。争取下半年再建设一座造价140万元的东岸村党支部大楼，把东岸村建设成为一个继承革命传统，民主和谐幸福的社会主义新农村。

长存浩气，启迪后人。革命烈士卢保昌的后人卢卜财，亦在中国共产党教育和培养下，一心继承先父的革命遗志，接过先父遗藏十五年的一支单响钢枪，于1947年奔赴中共遂溪南区游击队当战士，一直坚持战斗到湛江市解放。现在 89 岁共产党员卢卜财享受农村老复员军人的优待补助，革命烈士卢保昌的长孙卢恩朋担任东岸村党支部书记，仲孙卢秋成担任太平供电站站长，季孙卢秋德亦在《湛江日报》自办发行站当报刊发行员。他们在不同的工作岗位上，做出我们应有的奉献，我们都是沐浴在党的福祉下。我们的成长，可告慰革命先烈的在天之英灵。

名垂青史的遂溪七小

阮汝楹

遂溪县立第七小学（现湛江市郊区麻章中心小学），始建于1921年，名为国民学校，翌年才改为遂溪县第七小学，迄今已经历了六十五个春秋。在这历史长河中，七小的不少师生投身于革命，立下了可歌可泣的光辉业绩。

早在大革命时期的1925年，七小进步教员梁树本等和爱国青少年学生，就举行过多次的由学生会领导的罢课斗争，他们强烈反对学阀的压迫和当地土豪劣绅对学校内政的干涉，提出要民主、自由，大大打击了反动势力的气焰，为后来的抗日救亡运动打下了良好的思想基础。

1926年，南路特委在七小东楼楼下召开了工人代表会议，赤坎、西营（霞山）等地的汽车工人、搬运工人等代表四十多人参加了会议。会上，代表们控诉了法国殖民主义者侵略广州湾的罪行，提出"打倒法帝国主义"、"收回广州湾"等口号。会后，举行了示威游行，开展罢工斗争。

这次工代会的召开，对麻章地区影响很大，附近的农民也纷纷行动起来，用暴力摧毁反动派收税关卡。师生们积极声援工人、农民的行动，此后节日、圩期，农民、学生经常组织队伍举行示威游行，他们高呼革命口号，大唱《打倒列强》、《工农兵联合起来》、《农民苦》等革命歌曲。一些进步教员和学生还与工农群众一起，破除迷信、捣毁神像。

轰轰烈烈的大革命运动，给七小播下了有强大生命力的革命种子，培养了一批革命骨干，如毕业于七小的郑寿衡（又名郑为之，解放后曾任我国驻巴基斯坦、丹麦、阿根廷、比利时、卢森

285

堡等国大使），郑星燕（曾任佛山地委书记、广东省委党校校长），还有不少进步教员和学生投身革命，为国捐躯。

"九·一八"事变后，国难临头，全国抗日呼声四起，蒋介石的积极反共，消极抗日，屈膝投降的真面目暴露无遗。中国共产党提出一致抗日的主张，深得全国人民的拥护。是时，七小校长冯凌云及教师宋希濂、邓麟彰等组织学生积极开展抗日救亡运动。"七·七"事件发生后，七小校长张伸陶，教员何森、支仁山、王国强、招离、邹延炳、王乔、陈良田、郑体诗、陈宁清等10人组成的抗日救亡宣传队，到遂溪西海区一带进行宣传活动。尔后，由中共遂溪县工委黄其江、何森、殷杰、邓麟彰、王福秋等领导成立遂溪联合抗日救亡宣传工作团，团址设在七小。经常参加宣传活动的有遂溪各界青年六十多人，还有赤坎、麻章两地的部分学生。解放后曾任吴川县武装部政委的全如九（又名全国明），曾任安徽省池州军分区副司令员的陈木安（又名陈宏柱），都是当时七小的学生，他们跟教员一起开展声势浩大的抗日宣传活动。

抗日救亡宣传工作团分别组成演剧队、街头宣传队、下乡工作队、歌咏队和墙报组，并出版铅印四开版《救亡旬刊》、文艺小报《怒吼》等。演剧队在赤坎首次演出大型话剧《保卫卢沟桥》，当时参加演剧队工作的有何森、支仁山、招离、邹延炳、邓麟彰、宋希濂、王国强、王乔等。《怒吼》由杨村人（吴定瀛）负责编辑，招离负责刊头木刻，为《救亡旬刊》撰稿的有何森、支仁山、邓麟彰等。街头宣传队经常活跃在麻章、赤坎街头，大唱救亡歌曲，演出独幕剧《放下你的鞭子》、《张家店》、《重逢》等。有一次到遂溪江洪港演出《放下你的鞭子》和开展抗日救亡演讲后，群情激昂，高呼抗日救亡口号，声震四野，气势磅礴！在国家民族存亡的紧急关头，1938年夏，共产党员黄其江、陈其辉肩负着中共广东省委的重托，从广州回到遂溪，发展党组织，首先吸收邓麟彰、支仁山、唐才猷、何森、招离、殷杰、殷英等人入党，与一批爱国青年学生一起，为挽救国家民族危亡，高举抗日救亡义旗，共同发起成立了遂溪县青年抗敌同志会（简称"青抗会"）。"青抗会"是中国共产党领导的抗日革命群众团体，主要任务是发动工农群众建立革命阵地。"青抗会"组成农村工作队，下乡跟农民"三同"，帮助农民解决一些实际问题，还举办夜校，教农民识字，宣传革命道理和抗日救亡的主张，使他们觉醒起来。"青抗会"还出版《青年阵地》，组织宣传队深入农村、街道、学校进行抗日宣传活动。当时最活跃的是遂溪七小宣传队，他们组织师生经常深入农村、圩镇演出抗日话剧《察北之夜》、《一个游击队员》等。

1940年3月，七小师生参加了"青抗会"在黄略召开的声势浩大的反汪大会，声讨大汉奸汪精卫卖国投降的罪行，大大地激发了群众和师生抗日救国的热情。

1939年，遂溪县国民党当局为培植其势力，便在七小举办乡级干部训练班，打算把一批人派到基层去任职，以巩固其乡村政权。中共遂溪县工委根据抗日民族统一战线的要求，为了控制和掌握基层政权及武装力量，特派了一批共产党员和进步青年投考干训班。其中共产党员和七小教员参加干训班的有王国强、招离、何森、陈开濂、王福秋、王乔、陈兆荣，进步青年有梁乔栋、陈良喜等二十多人。

干训班充满激烈的斗争。国民党当局妄图把学员引向拥护他们的投降路线上去，我们党则坚持把学员争取、团结到抗日民族统一战线上来。中共遂溪县工委在干训班中秘密建立党支部，开始是招离、王国强、何森等十多位党员，后来发展到四十多位党员。党组织经过努力，团结了大多数学员，其中包括一部分原来倾向国民党的学员，使他们改变自己的政治立场，站到革命方面来，拥护共产党的抗日救国主张。遂溪国民党当局见状甚为恼火，强令干训班学员一律要参加国民党，否则不给分配工作。在此情况下，干训班党支部便组织学员与之作斗争，使他们的阴谋无法得逞。国民党当局见势不妙，便把原定三个月的干训班办了二个月就草草收场。最后经七小教员王国强、招离及陈开濂等坚持说理斗争，才迫使他们给学员分派工作。计有：王国强任黄略乡副乡长，招离任北静乡乡长，何森任布政乡乡长，陈开濂任界炮镇镇长……撤换了一批昏庸无能、贪污腐败的乡镇长。这就大大有利于开展地下革命斗争，并使当时的抗日救亡工作搞得更加有声有色。王国强、招离、何森离开七小后，七小的革命活动转移到附近农村，配合抗日和反奸斗争活动。抗日战争和解放战争时期，七小有不少进步师生都投身到轰轰烈烈的革命斗争中去。

1958年麻章划归湛江市郊区，是年10月1日，七小改名为湛江市郊区麻章中心小学。解放后，麻章小学发展很快，现有14个班，学生近800人，教职工30人。1980年，市人民政府特拨款修葺遂溪七小旧址，以作纪念。1985年，区、乡干部群众和机关单位集资，国家补助，建起了一幢三层，面积1323平方米的教学楼，大大改善了办学条件。麻章小学师生继承和发扬遂溪七小的革命光荣传统，全面贯彻党的教育方针和完成了教育任务。从1978年秋开始，积极开展整体教学改革试验。目前有"如何培养农村小学生语文、数学的自学能力"试验班四个；有使用北京景山教材"注音识字、提前读写"试验班一个。经多年的试验实践，效果较好，成绩显著。近几年来，我市各县、区以及市外、省外都有同行到来参观。

遂溪青抗会时期的甘霖夜校

梁甫

一九三七年七月七日，日本帝国主义发动了全面侵华战争。全国人民同仇敌忾，掀起了波澜壮阔的抗日救亡运动。其时，遂溪第七小学爱国青年教师支仁山、何森、招离、王国强等人，组织下乡宣传队，开展抗日救亡活动。他们于一九三八年春夏之间，来到遂溪第三区甘霖村，利用晚上时间，向群众宣传抗日救亡道理。一九三八年八月，遂溪青抗会成立后不久，支仁山、招离、王国强等人便按照青抗会的布置，前来甘霖村举办农民夜校，以此为阵地，开展抗日宣传工作。

夜校的校址设在原永宁乡初级国民小学（即梁氏宗祠）。办学初时，农民不理解办学的意义，曾产生不正确的看法。男的抱着"少惹是非"的思想，多数不愿进夜校：女的则受封建势力的束缚，不敢进夜校，说什么：自古以来，都是男子治外，女子治内，从来没见过女人读什么夜校，抗什么战。一些思想反动的人，则到处散布流言蜚语，造谣说："读夜校的人，一定会被骗去做'猪仔'，被拉去当壮丁。"由于这样，一段时间内进夜校的人很少。

支仁山等同志对此情况进行了分析，认为群众尚未了解夜校的宗旨和好处，夜校的老师又是外地人，要想马上就打开局面是不容易的：同时他们又清楚地知道，甘霖村人民历来受剥削、受压迫，很少有机会读书，是渴望读书识字的，只要深入细致地做群众的思想工作，群众就会积极参加夜校，因而他们没有气馁，设法依靠村中的积极分子来办夜校。他们把长工许旺和贫苦农民梁甫、梁玉英等组织起来，分成若干个小组，分头做群众的思想工作，发动群众参加夜校。同时，夜校老师还主动与农民一起劳动，与户主同桌共餐，随时随地向群众宣传抗日道理。他们把共产党抗日救国的主张，深入浅出地向群众解释、宣传。这样，农民便渐渐觉得老师是可亲可敬的，互相间建立了阶级感情。此外，支仁山、何森、王国强等同志，还在夜校张贴墙报，揭露日军和汉奸卖国贼的种种罪行。

经过一番努力之后，群众便乐意听讲抗日救国的道理了，参加夜校的人也日渐增多了。此时，群众的思想觉悟已有所提高，敢于同一些封建思想作斗争了。如吴婶（吴森）的丈夫在开始时听说女人也要上夜校，便指着吴婶的鼻子说："如果你不守本分，我就打断你的脚骨！"但是，经过夜校老师和吴婶的耐心说服教育，吴婶的丈夫终于同意她参加夜校学习，并且允许吴婶带十多个妇女在自己的家里补习文化和唱歌。在吴婶的带动下，不少妇女也冲破了封建枷锁的束缚，纷纷加入夜校。附近的田寮、洋溢、水粉、大路前等村的群众，也前来参加夜校学习。于是，甘霖夜校的学员很快便发展到三百多人，成为当时遂溪一间规模较大、开办得较早的学校。

夜校的教材大多是自编的，内容有宣传抗日的，有讲革命道理的。教师教群众识字、唱抗日歌曲，或讲打日本鬼子的故事，教学形式生动活泼。夜校老师把学文化和政治结合起来，寓政治教育于文化教育之中，尽量使人人都关心抗日救国大事。每到晚上，夜校里书声琅琅，歌声嘹亮。农闲时，夜校还编演了一些抗日话剧，使广大群众的思想觉悟不断提高。

夜校办起来之后，约在一九三八年九月间，便又成立了遂溪青抗会甘霖通讯站。当时通过民主选举，选出夜校学员梁德庆任青抗会甘霖通讯站站长，黄南保、陈昌元任宣传股长，梁甫任组织股长，梁汝芳任财务股长。由于时值国共两党第二次合作时期，青抗会甘霖通讯站以合法的形式出现后，参加的人相当广泛，既有一般群众，又有乡绅，甚至连村中的保长也参加了。青抗通讯站成立后，经常组织青抗会员进行歌咏比赛，并组织了男女歌咏队到陈村仔、丰厚、九东等村参加联欢大会。

兴办夜校，加上青抗通讯站的成立，使抗日救国的宣传发动工作更加活跃了，教育形式也更加多样化了。为了更好地发动群众，组织群众，夜校老师（即青抗会工作队员）还组织群众成立兄弟会、姐妹会、巡夜队、帮工队等。此外，还成立了消费合作社。当时，夜校老师为了减少群众被商人剥削，为群众的日常生活提供方便，因而向群众大力宣传办消费合作社的意义，并通过青抗通讯站组织一个筹备小组，由许旺、梁汝芳、梁明辉等具体负责筹备工作。在夜校的发动下，群众纷纷入股，不久，消费合作社正式开业，负责人是梁明辉。

在举办夜校、宣传发动群众抗日的同时，夜校老师支仁山、王国强等人还在夜校中培养先进农民学员，于一九三九年春，吸收许旺、梁甫、梁汝宏、梁汝新四人入党，继而成立了甘霖党支部，由许旺任支部书记。

一九三九年春节期间，遂溪青抗会在平石门头岭举行一次大露营，一连三天，有歌咏、实弹射击等活动项目，甘霖夜校有梁甫、黄桂、梁戈、梁有等二十多个学员参加。一九三九年夏，甘霖村组织一支宣传队，由青抗队员许旺、黄南保负责。宣传队除了在本村活动之外，还多次到附近的大路前、洋溢、田寮、田头、龙湾、南畔、赤水等村，作唱歌、演剧等宣传活动。一九四○年初，遂溪县国民党当局扬言要解散青抗会和夜校。中共遂溪中心县委采取对策，在黄略召开了"反汪"大会。会上，群情激愤，不断高呼："坚持抗战，反对投降；坚持团结，反对分裂；坚持进步，反对倒退"的口号。甘霖夜校的全体学员个个带着刀叉参加了这次大会，会后纷纷表示："誓死保卫夜校，巩固夜校。"

不久，支仁山、王国强等同志奉命撤离甘霖，夜校也随之改变了活动方式，晚上以办武术馆为掩护，集中大批青壮年一面学武术，一面继续开展救亡工作，以另一种方式秘密进行革命活动。因此，甘霖村此时的抗日救亡工作仍然开展得有声有色。

注：本文录自中共遂溪县委党史研究室编印的《遂溪青抗会》第139页。作者系湛江地区财办原副主任。

麻章乡政干部训练班的些情况

招离

1939 年下半年，国民党为了巩固其乡保政权，在麻章七小举办一期乡政干部训练班。我们党为了在遂溪农村巩固和发展根据地，就必须进一步掌握乡保政权，取得合法地位，掩护地下活动，决定派人打进去，以待训练班结束后，派出各乡、保工作。通过考试进入训练班的有在七小教书的王国强、何森和我。有从遂溪各地来的共产党员、进步教师青年陈兆荣、梁乔栋、陈开濂、潘立忠、王福秋、王乔、郑世英、张鸿谋等人。

我们在干训班里有个党支部，主要是对进步青年影响，发展党组织。

干训班结业之后，各乡保派来的国民党员很快派出工作。而我们不是国民党员，则强迫参加国民党才给派出工作。

原来国民党早在干训中有所活动，急想拉拢队员参加国民党组织。对此，我们曾开展抵制活动，用蒋介石的"人不分男女老少，地不分东南西北，都要一致抗日"的话来驳斥和抵制参加国民党组织。同时，我们还针对他们"同日本人打仗，不需要打，只要长期拖下去，就可把日本拖死、拖败"的荒谬言论，进行有力地批判。在青年队员中影响很大，一部分进步青年转到我们方面来。

在即将派出工作的时候，"要参加国民党才派出工作"的问题又提出来，我们一方面展开争论，另一方面把情况向党组织汇报。组织决定：我们参加干训班的是为争取乡、保政权，巩固和发展革命工作。应极力争取，若争取不过来，也可以填表应付他们一下，我们按组织的布置继续争取派出工作。

第一次，我们到塘口（国民党政府迁至塘口）找到国民党政府的秘书长（海康人），要求给我们派出工作。他拿出表来要我们填，我们不但不接受而且和他展开辩论。他论理不过，恼羞成怒，把表甩在台上，跑回房里去，组织又向我们提出，他坚持反动立场不让步，我们还要坚持斗争，耐心做争取工作。

第二次，我们又到国民党政府，要求派出工作。还是那位秘书长接见我们，又以填表威胁，我们再与他争辩。他发火了，把表甩在地上。我们还是不理他那套，并及时地向组织汇报。领导上说：确实争取不过来，填表应付也可以。

第三次，我们又找到那秘书长，他说："填表吧！"我们几人出去商量后，决定把表带回填。

第四次，我们可能是将填好的表带去，但没交出。这次没见到秘书长，而是见到我的同学李贤俊。他是在国民党县政府管理档案，他对我说："我见到你的委任令，派到北静乡当乡长"我听到已派出工作，不再找秘书长，填好的表也没交出就回来了。

关于填表的问题，各人的回忆有所不同。据陈开濂说已拿表回界炮填写：梁乔栋说，没填过表：还有些人员说，已填表交出去。

我回到北静乡任乡长期间，掩护过一个工作组在当地建立遂廉边游击据点。他们是罗梅寿、王保华、洪德、钟国书和陈理祥等。1940年国民党已投靠日军，积极反共，已公开的人员都隐蔽或撤退。此时，西安乡和北静乡合并为北安乡，组织上通知我撤至东海。

乡政训练班主任是国民党县政府县长符麟瑞兼任，他是一个又笨又反动的家伙。有一次，我和王乔回到县里，他对我说："你要注意！"并拿出一张十行纸卷起半页，以半页给我们看，说："你们看，人家已注意你了。你们思想有问题。"我们说：

"主任，我们是你的学生，有什么问题你还不知道吗？我们积极抗日是光明正大的。"他又说："人家不是这样看吧！你们要注意呀！"

乡政训练班从 8 月开始至年底结束。在半年的斗争过程中，我们完成了组织上交给我们的任务。

注：本文录自中共遂溪县委党史研究室编印的《历史回顾》第 101 页。作者系湛江市科委原主任。

遂溪甘霖村阻击战

钟永月

1949 年 10 月中旬，粤桂边纵队为策应国民党六十二军警卫营起义，除派部分主力接应外，还命令第一支队第一团开赴遂溪甘霖村的遂湛公路上狙击从遂溪城开赴湛江之援敌，以保障起义部队和边纵主力侧翼的安全。狙击任务重大，时间紧迫，为保证一团很好完成任务，第一支队司令员兼政委黄明德同志和其他一些指挥员，亲临廉江那贺乡一团的驻地，传达狙击任务并具体与一团指挥员策划作战方案。至于怎样狙击，黄司令员作了具体部署。他希望全团指战员发扬我军艰苦奋斗、英勇善战、不怕牺牲的精神。部队到达甘霖村后，要利用蔗林作掩护，做好歼灭援敌的战斗准备。

团长陈荣典根据黄司令员的部署，首先安排夜行军计划。从那贺驻地到甘霖村共 50 多千米，要求部队在 10 月 16 日早 8 时前赶到目的地，夜行军以每小时 4 千米计算，共需要 12 小时左右。15 日下午 5 时，部队出发了，经过一夜的艰苦行军，终于在 16 日天刚亮时到达目的地。甘霖村是抗日战争时期建立的老区村，群众对子弟兵的到来十分热情，从住地、食饭、侦察敌情等方面都给予妥善安排和帮助。

是时，湛江前线的枪声正急，我们一团指挥员不顾行军的疲劳，立即率领连以上干部前往村东的遂湛公路上进行战斗部署。公路西侧高地生长着茂密的甘蔗，利于伏兵。东边的高地是公路制高点。一连为主攻，占领这个制高点，其余 5 个连隐蔽在甘蔗地一带，负责掩护一连狙击敌人。

10 月 16 日 9 时，遂溪援敌 100 多人分乘两辆汽车沿遂湛公路驰援湛江。当敌人到达甘霖村路段时，遭到我军伏击，两辆汽车的轮胎被击穿，打死打伤若干敌人。敌人跳下汽车分两路向我军阵地发起冲锋，一路向东企图占领公路两边两个高地，一路向西企图占领甘蔗地。一连在连长李利和指导员罗连的指挥下，抢先占领了高地。敌军派一个加强排抢夺高地，我一连居高临下以猛烈火力射击，击毙了十几个敌人。敌人在慌乱中丢下伤亡人员和两挺轻机枪向公路沟逃去。在甘蔗地伏击的一团 3 个连也击退了敌人一个排的进攻。正当一连乘胜追歼向路沟逃跑的敌人的关键时刻，指导员罗连的头部被敌人的手枪子弹击中，立即昏倒在地。恰在这时，敌人派飞机一架前来增援，在蔗地上空盘旋，但因双方阵地接近，敌机不敢投弹，只是低飞向一团阵地扫射并投放烟雾弹。我一团与敌机打交道是第一次，指战员还未掌握用步枪和机枪打飞机的技术。但他们凭着勇气，用步枪和机枪对空射击，敌机怕被击中不敢低飞。当时，正在前线指挥的钟永月政委及时发现罗连头部受伤，他冒着敌机扫射的危险，迅速背着罗连，以蔗地作掩护转移到团部医疗小组的隐蔽地，经过急救，罗连才脱险。敌机刚飞走，驻湛江的国民党军队一个加强营又前来增援，其先头部队已开始与我警戒部队交战，并与龟缩在公路沟的残敌取得了联系，准备向我一连阵地反扑。我一团指挥员命令部队坚守阵地。双方激战数十分钟，敌人始终未能冲破一连防线。下午3 时，一团接到边纵司令员梁广命令："一团已经完成狙击任务，立即撤出战斗向西北方向转移"。

　　注：本文录自中共湛江市委党史研究室编《风范长存》第235 页。作者系广州市越秀区武装部原部长。

五团成立　首战告捷

——粤桂边区纵队二支五团南夏伏击战纪实

周济清

一九四九年元旦，朱德总司令发布"将解放战争进行到底"的号令。一九四九年四月，中国人民解放军横渡长江，紧接着解放国民党老巢南京。然而盘踞在华南地区的国民党并不甘心失败，仍作最后的垂死挣扎。为扩大我军力量，配合大军南下解放全中国，粤桂边区纵队二支队五团于一九四九年七月中旬正式宣告成立。

五团成立的消息传开，遂溪广大群众人心大振。这支活跃在遂溪地区的原遂南、遂北两个独立营为基础的游击队，改编为二支五团之后，人数已从原来的三百多人增至五百二十多人，装备方面配有轻机枪九挺，步枪四百五十多支，一时军威大振，如虎添翼。此时此刻，广大指战员渴望在暂短时间内可寻找有利战机，给国民党反动派一次沉重的打击，就在这时候，突然接到城月地下党组织送来的情报：国民党一九五三师驻城月的一个警卫连奉命移防，决定某日由一名营长带领开往太平圩。该部配有轻机枪三挺，步枪七十多支云云。这就给五团创造了战机。

团部接到情报，政委唐荣益、团长陈龙门立即召开紧急作战会议。会上，政委唐荣益、副团长陈景春、副政委陈耀南等先后发表了意见，最后，团长陈龙门作出作战部署。陈团长首先根据情报分析敌人所走的路线，确定了城太路南夏路段是敌人必经之地，也是这次战斗歼敌的地点；二、对地形地貌进行了分析。指出南夏路南边的南夏村，后塘仔村距高公路只有六、七十米，两村相距不足一华里，都是革命村庄，打起仗来，我方会得到群众的支持。可贵的，还有南夏村附近公路有条天然小林线，可供我军埋伏，这些都是我军作战的有利条件。但整个地势均属平原，加上驻城月敌军距离作战地点只有八千米，驻太平圩敌军距离只有五千米。因此，仗打起来必须速战速决，否则对我方很不利；三、敌我双方力量对比。我方人多枪多士气高，又有群众支持，而敌人士气低落且失民心。但敌人装备优良，弹药充足，又是一九五三师警卫连，受过严格训练，素质比国民党一般军队要强。通过权衡利弊，陈团长蛮有把握地说：总之这是一场对我军有利之仗，我们提前埋伏，以逸待劳，袭其不备，速战速决。接着作了具体战斗部署：一、宣布团指挥部设在南夏村，有利指挥作战；命令一营进驻南夏附近的后塘仔村，由景春副团长指挥，主要任务待敌人进入我军伏击圈后来个背后袭击，同时，指定一营派出一个排，准备阻击城月敌人援兵，二营派一个排阻击敌人太平援兵，另派一个排插进田头尾村阻止敌人遗逃时占领该村炮楼进行顽抗；三、命令二营营长廖文均率领二营埋伏于南夏村附近公路两旁的小林线，由四连拦头伏击，五连左侧伏击，形成曲尺状阵势打击敌人。七月二十五日晨，天刚朦胧亮，团长陈龙门、副政委陈耀南早已爬上树顶朝城月方向眺望。约十时左右，果然不出所料，一股敌军约九十余人大摇大摆地从城月方向开出，朝太平方向而来。当敌人走近距离界墙铺仔约一华里时，陈团长立即派传令兵通知早已埋伏好的队伍，做好战斗准备。不一会，敌人进入伏击圈了，只听见我军信号弹腾空一发，二营战士则用最猛烈的火力，像迅雷不及掩耳之势给敌人打个措手不及。枪响人倒，当即击毙击伤敌人十余人。敌军为挽敷危局、吹响号角，发起冲锋，企图冲破我军营阵地，但在我四、五连炮火的压制下，敌人前进不得，拔腿后撤。这时我一营战士从后面包抄上来，在陈副团长的一声冲锋令下，敌军腹背受敌，土崩瓦解，死伤遍地，其中三名指挥官全部被击毙。敌人失去指挥，如无头苍蝇乱成一团，四处奔命，其中一股十余人朝田头尾村西北方向逃跑，被我营二连追上全部俘虏。还有一股溃军十余人带轻机枪一挺、步枪十余支直逃向田头尾村，企图以该村炮楼为掩护，负隅顽抗。我军原布置进该村的一个排又因追击别的逃军离开了阵地，因而敌人进入了该村。正在这时刻，敌人救兵约三四百人从城月方向开来了，敌人边走边朝前面开炮。这时，我军从容不迫，按既定目标扬长而去。撤退中，南夏一带村庄的革命群众沿途为我们送茶水，伤员们也被安全送到后方医院。

整个战斗不足一小时，共击毙敌军官兵四十余人，生俘十余人。缴获轻机枪二挺。步枪四十余枝：手枪三支，各种弹药一大批。南夏伏击战旗开得胜，但我方也付出了相当代价：二营四连长肖国武、五连一排长李学如，轻机手黄三九，传令兵廖光杰四位同志壮烈牺牲。同时，还有二位战士负伤。今天，当我们每每回忆起这场战斗情景，一方面它再次激励着我们这些经过战争洗礼的幸存者的革命斗志，发挥余热革命到底，另一方面，希望唤醒同志们永远不要忘记为革命壮烈牺牲的先烈们，愿革命后代继承先烈遗志，沿着党的路线，为建设美好的社会主义、共产主义的明天做出无私的奉献！

注：本文选自遂溪县老游击战士联谊会编《革命斗争故事集》。

遵照中国老促会《关于编纂全国 1599 个革命老区县发展史的安排意见》（中老促字〔2017〕15 号）文件的规定和广东省老区建设促进会、广东省老区建设办公室（粤老促〔2018〕5 号文件）暨广东省《革命老区县发展史》丛书编纂大纲的精神，在麻章区委、区政府的高度重视和大力支持下，由麻章区老促会等单位有关人员，组成《湛江市麻章区革命老区发展史》编写委员会，区分管领导柯召副区长亲自挂帅，原区政协主席、区老促会会长余康培具体负责，带领该书编写成员深入乡村和各有关部门调查了解、搜集资料。在获取老区发展史料的基础上，根据省老促会的要求，我们先后委托太平镇老促会会长卢子任、麻章区老促会副会长高关保汇总执笔编写，2019 年 6 月写出初稿，经《湛江市麻章区革命老区发展史》编辑办公室的主编、副主编反复讨论、修改、补充后，又经全区各部门、单位负责人初审、复审点评修改，再经市老促会组织的专家组进行终审。最后终审人员同意签名付印，我们才如释重负。在编写《湛江市麻章区革命老区发展史》时，得到市政协原常务委员蔡进光的帮助，在此特予衷心感谢。

在《湛江市麻章区革命老区发展史》的编写过程中，由于革命亲历者健在的较少，对于麻章地区各个革命历史时期发生的事件、人物和有关资料，我们虽经反复讨论、多次核对，但终因麻章地区革命斗争历程时久事繁，关系人物万千，因此不能一一记述，我们对此深感遗憾。加上我们编写时间仓促，水平有限，经验不足，接触革命斗争历史不广，理解能力不强，难免有疏漏之处。在此，恳请麻章地区健在的亲历革命斗争的老领导、老干部、老同志以及相关学者和广大读者予以赐教，批评指正。

编 委 会

2020 年 6 月

广东人民出版社　党政精品图书

围绕中心，服务大局，做最具高度、深度和温度的主题出版物

中宣部主题出版重点出版物

《中华人民共和国通史》
（七卷本）

·全国第一部反映中华人民共和国70年光辉历程的多卷本通史性著作
·中央党校、中央党史和文献研究院权威专家倾力打造

《账本里的中国》

一册册老账本，串起暖心回忆，讲述你我故事，体味民生变迁。

《全国革命老区县发展史丛书·广东卷》

·挖掘广东120个革命地区的红色记忆
·中国老区建设促进会牵头组织

《红色广东丛书》

·广东省委宣传部重点主题出版物
·传承红色基因，弘扬革命精神

本书配有智能阅读助手，为您1V1定制

《湛江市麻章区革命老区发展史》阅读计划

帮助您实现"时间花得少，阅读体验好"的阅读目的

建 议 配 合 二 维 码 一 起 使 用 本 书

您可根据自己的学习需求，量身定制专属于您的阅读计划：

阅读服务方案	阅读时长指数	为您提供的资源类型	帮助您达到以下学习目的
1. 高效阅读	阅读频次 较低　每次时长 较短　总共耗费时长 ■■	总结类	快速学习和掌握红色精神。
2. 轻松阅读	阅读频次 较高　每次时长 适中　总共耗费时长 ■■	基础类	简单了解革命老区的历史。
3. 深度阅读	阅读频次 较高　每次时长 较长　总共耗费时长 ■■	拓展类	继承和发扬红色精神，推动老区发展。

针对您选择的阅读计划，您可以享受以下权益：

立刻获得的主要权益

▶ **专享本书社群服务**：提供创造价值与私密的深度共读服务，群内分享阅读干货，发起话题探讨

▶ **1套阅读工具**：辅助您高效阅读本书，终身拥有

每周获得的主要权益

▶ **专属热点资讯**：16周社科文学类资讯推送，每周2次

▶ **精选好书推荐**：16周文学社科热门好书推荐，每周1次

长期获得的主要权益

线下读书活动推荐：精选活动，扩宽知识开拓视野　不少于1次

抢兑礼品：免费抽取实物大礼不少于2次限时抽奖

微信扫码

添加智能阅读助手

只需三步，获取以上所有权益：

1. 微信扫描二维码；
2. 添加智能阅读助手；
3. 获取本书权益，提高读书效率。

❶ 鉴于版本更新，部分文字和界面可能会有细微调整，敬请包涵。